DEUTSCHE VERSLEHRE

ERWIN ARNDT

Deutsche Verslehre

EIN ABRISS

VOLK UND WISSEN VERLAG GmbH
Berlin 1990

Der Autor, Prof. Dr. habil. Erwin Arndt,
ist an der Humboldt-Universität zu Berlin tätig.

HERAUSGEGEBEN VON DER EDITION LITERATUR- UND
KULTURGESCHICHTE IM VERLAG VOLK UND WISSEN
Redaktion: Dr. Johannes Mittenzwei
Redaktionsschluß der 12. Auflage: 10. Juli 1990

Arndt, Erwin:
Deutsche Verslehre : e. Abriß / Erwin Arndt. –
12., durchges. Aufl. – Berlin : Volk und Wissen,
1990. – 256 S.

ISBN 3–06–102793–9

12. Auflage

Durchgesehener Nachdruck der achten, neu bearbeiteten und erweiterten
Auflage von 1981
© Volk und Wissen Verlag GmbH, Berlin 1960, 1968, 1981, 1984, 1990
Printed in Germany
Alle Rechte vorbehalten.
Schrift: 9/11 p Garamond Antiqua
Gesamtherstellung: Dresdner Druck- und Verlagshaus GmbH
Einband: Günter Wolff†
Korrektur: vwv Bettina Böker unter Anleitung von Gerhard Neitzke
Typografie: Atelier vwv, Gerhard Neitzke
LSV 8003
Bestell-Nr. 708 823 6

Dichter über Dichtung (statt eines Vorworts)

Den Musenschwestern fiel es ein,
Auch Psychen in der Kunst, zu dichten,
Methodic zu unterrichten;
Das Seelchen blieb prosaisch rein.
Nicht sonderlich erklang die Leier,
Selbst in der schönsten Sommernacht;
Doch Amor kommt mit Blick und Feuer;
Der ganze Kursus war vollbracht.
        (Goethe)

Der Rhythmus leistet bei einer dramatischen Produktion noch dieses Große und Bedeutende, daß er ... den Dichter und seinen Leser nötiget, von allem noch so Charakteristisch-Verschiedenen etwas Allgemeines, rein Menschliches zu verlangen. Alles soll sich in dem Geschlechtsbegriff des Poetischen vereinigen, und diesem Gesetz dient der Rhythmus sowohl zum Repräsentanten als zum Werkzeug, da er alles unter Seinem Gesetze begreift. Er bildet auf diese Weise die Atmosphäre für die poetische Schöpfung, das Gröbere bleibt zurück, nur das Geistige kann von diesem dünnen Elemente getragen werden.
        (Schiller an Goethe am 24. November 1797)

Ich benötigte gehobene Sprache, aber mir widerstand die ölige
Glätte des üblichen fünffüßigen Jambus. Ich brauchte Rhythmus,
aber nicht das übliche Klappern.

(Brecht, Über reimlose Lyrik
mit unregelmäßigen Rhythmen. 1939)

Die Poetik ließe sich freilich als eine Kombination untergeordneter Künste betrachten, z. B. der Metrik, der Sprachkenntnis, der
Kunst uneigentlich zu reden, witzig und scharfsinnig zu sein;
werden diese Künste gut verbunden mit Geschmack angewandt,
so wird man das Produkt Gedicht nennen müssen.
Wir sind freilich gewöhnt, nur dem Ausdruck des Höchsten, der
eigentlichen, eigentümlichen Erfindung unter vorgedachten Bedingungen den Namen eines Gedichts zu geben.
Freilich wird auf jeder höhern Stufe der Bildung die Poetik ein
bedeutenderes Werkzeug, und ein Gedicht ein höheres Produkt.
Manches wird erst dem dichterisch Gestimmten oder dem Verfasser – Gedicht, was es sonst nicht ist.

(Novalis, Fragmente)

Inhalt

C. DIE METRISCHEN FORMEN

I. Vom Stabreimvers bis zum Meistergesang (Vom 9. bis zum 16. Jahrhundert)

II. Die deutschen Verse von Opitz bis zur Gegenwart

Die wichtigsten Versreihen

A. ZUR EINFÜHRUNG IN DEN VORLIEGENDEN ABRISS

1. Verskunst und Verslehre

Verse gab es, bevor man es für nötig befand, ihre Baugesetze zu ergründen und in Regelbüchern festzuhalten. Das zeigt nicht nur die antike Versgeschichte, das bestätigt auch die deutsche Entwicklung. So sind uns die Gesetze der germanischen Stabreimkunst überhaupt nicht überliefert; sicher sind sie zu ihrer Zeit nicht einmal aufgezeichnet worden. Erst mühsame Einzelforschung konnte sie im 19. Jahrhundert neu entdecken. Theoretische Arbeiten über den Vers der hochfeudalen mittelhochdeutschen Blütezeit um 1200 gibt es erst aus dem 14. Jahrhundert; und die Regeln des zunftbürgerlichen Meistergesanges schrieb ADAM PUSCHMANN, ein später Meistersinger aus Görlitz und ehemaliger Schüler von Hans Sachs, zum ersten Male vollständig 1571 nieder, als die Kunst der Meistersinger bereits zusehends verfiel. Die Regeln des bürgerlichen Gelehrten und Dichters MARTIN OPITZ, die er für den neuen deutschen Versbau in seinem für die deutsche Dichtungsgeschichte programmatischen „Buch von der deutschen Poeterey" (1624) aufstellte, sind ohne den damals weithin bekannten holländischen Vers, der in der Betonung dem deutschen Sprachempfinden nahekam, als Grundlage und Vorbild nicht denkbar. So setzt auch unsere moderne Verswissenschaft, die sich in der ersten Hälfte des 19. Jahrhunderts herausbildete, die großen kunst- und formenschöpfenden Leistungen der deutschen Klassik, der Blüte unserer bürgerlichen Nationalliteratur, sowie das auch in der Romantik neuerwachte Interesse für die altdeutsche Dichtung und deren Formgesetze voraus.
Aber auch die Entwicklung der Verskunst selbst, die sich seit dem

Ausgang des 18. Jahrhunderts vollzogen hat, darf von einer modernen Verslehre nicht übersehen werden. Mit den freien Rhythmen entstanden neue Versarten, für die die herkömmliche Bestimmung des Verses nicht mehr zutrifft und die unsere Vorstellung vom Wesen des Verses neu geformt haben. Oftmals ist nicht mehr sicher zu entscheiden, ob überhaupt noch Verse vorliegen oder ob die nach Sprechreihen abgeteilten Zeilen nicht eher auf rhythmisierte Prosa hindeuten. Arno Holz glaubte sogar Goethes und Heines freie Rhythmen nicht frei „von jenem falschen Pathos, das die Worte um ihre ursprünglichen Werte bringt", und forderte, zum „natürlichen Rhythmus" fortzuschreiten, der frei von jedem metrischen Zwang sein sollte. Unbewußt verwirklicht habe dieses Prinzip nach Holz' Meinung vor ihm bereits Detlev von Liliencron mit seinem Lyrikon „Betrunken". Von den Bedürfnissen unmittelbarer Wirksamkeit der Dichtung ausgehend, versuchte später auch Bertolt Brecht eine nachträgliche theoretische Begründung für seine „reimlose Lyrik mit unregelmäßigen Rhythmen" zu geben.

Ein Blick in jede Anthologie moderner Lyrik lehrt, daß die Gedichte, in denen auf eine geregelte rhythmische Abfolge verzichtet wird, überwiegen, z. B.:

> Alle Tiere kommen aus den Fabeln zurück
> Unterm Dach macht mir ein Uhu Kopfzerbrechen
> Marder tanzen im Visier.
> Im Apfelbaum sitzt eine Amsel, sie weiß:
> dies ist ihr Jahr.
> Liebe Amsel, weißt du daß du auf meinem
> Apfelbaum sitzt?
> Schon gut – mein Traum, in dem ich dich ansehe
> ist so verzweigt wie der Apfelbaum
> und du schwingst darin und die Zweige
> schwingen wie Flügel.
> Ich will dich nicht haben, ich will dich nur sehn
> mit demselben Traum.
>
> (Born, Frühlingsgedicht,
> in claasen Jahrbuch der Lyrik 3, Düsseldorf 1981)

Es läßt sich kein metrischer Rahmen mehr mit Sicherheit herausschälen, so daß sich diese Gebilde der alten Bestimmung des Verses entziehen. Wir sind demnach gezwungen, derlei Gedichte entweder der Prosa zuzurechnen oder die Auffassung vom Wesen des Verses zu differenzieren und zu erweitern.

Allerdings ist die Sache nicht ganz so einfach, daß in allen Fällen eine klare Ja- oder Nein-Entscheidung möglich wäre. Wir haben mit einer breiten Übergangszone zwischen Vers und Prosa zu rechnen, so daß nur durch genaue Einzelanalyse entschieden werden kann, inwieweit der Verscharakter noch erkennbar ist. Gedichte in reiner Prosa können natürlich von der Verslehre nicht mehr erfaßt werden, wobei eingeräumt werden soll, daß auch die Prosa grundsätzlich zur Lyrik fähig sein mag. Wir stimmen jedoch Heinz Kahlau zu, wenn er die angehenden Poeten auffordert: „Wer als Dichter mit freien Versen anfängt, sollte sich in Metrik und Reim üben." Denn so gewiß auch die neuen Gegenstände der Versdichtung nach neuen Mitteln, also auch nach freigestalteten Versen verlangen, so gewiß können diese neuen Mittel „kaum darin bestehen, das Aufgelöste weiter aufzulösen".[1]

Eine moderne Verslehre muß in Rechnung stellen, daß das Versempfinden keine statische Größe ist, sondern wie alle Erscheinungsformen der menschlichen Kommunikation historischen Wandlungen unterworfen ist. So vermögen wir nicht mehr ohne weiteres den Rhythmus und die Wirkung des althochdeutschen Stabreimverses nachzuempfinden. Umgekehrt hätte ein griechischer Rhapsode dem deutschen Hexameter, einem späten Nachfahren eines von ihm gepflegten Versmaßes, völlig hilflos gegenübergestanden. Nicht einmal unser Verhältnis zum Vers selber ist ja konstant geblieben. Bis ins hohe Mittelalter hinein galt es als selbstverständlich, daß die kunstmäßige, anspruchsvolle Dichtung in Versform abgefaßt wurde. Dichterische Prosa ist uns aus althochdeutscher und germanischer Zeit überhaupt nicht überliefert, die Prosafassung des Lanzelot-Romans bildet in mittelhochdeutscher Zeit eine absolute Ausnahme. Erst mit dem Aufkommen einer neuen Geschmacksrichtung, die mit dem Aufstieg des Bürgertums zum Träger und Konsumenten der Literatur zusammenhing, ging man im 15. Jahrhundert dazu über, die höfischen Versromane und

[1] Heinz Kahlau: *Der Vers Der Reim Die Zeile. Wie ich Gedichte schreibe.* Berlin 1974, S. 78. Vom eigenen Beispiel ausgehend, beschäftigt sich Heinz Kahlau sehr intensiv mit den Möglichkeiten, die die freie rhythmische Gestaltung der Poesie eröffnet.

Versnovellen in Prosa umzuschreiben. Ein Jahrhundert später entstanden die ersten eigenständigen deutschen Prosaromane. Doch hat es noch bis weit ins 18. Jahrhundert hinein gedauert, bis der bürgerliche Prosaroman die Gleichberechtigung neben den Versgattungen der künstlerischen Literatur errang. Romane in Versen haben heute Seltenheitswert.

Auch im Drama beobachten wir eine Verlagerung von der Vers- zur Prosafassung. Bis zum 18. Jahrhundert war der Vers – natürlich stets in verschiedener Gestalt – unabdingbares Formelement des Dramas. Wir wissen, daß Lessing sich für die Abfassung seines „Nathans" durch den Zwang des Alexandriners, des damals üblichen Dramenverses, eingeengt fühlte und erwog, ganz auf den Vers zu verzichten, bis er im Blankvers ein für seine Absichten geeignetes Versmaß fand, das er ganz prosanah gestaltete. Auch Goethe kam erst nach langem Abwägen zum Blankvers. Die erste Fassung seiner „Iphigenie" war versuchsweise in stark rhythmisierter Prosa geschrieben. Aber der Blankvers seinerseits ist nun keineswegs allen Dramenstoffen angemessen. Das bürgerliche Trauerspiel, wie wir es seit der Aufklärung kennen, verzichtete – entsprechend seinem neuen, auf die bürgerliche Wirklichkeit gerichteten Inhalt – ganz auf die gebundene Sprachform. Von dieser Zeit an trat das Drama in Prosa neben das Versdrama.

Wird heute der Vers gewählt (vgl. Dramen von Brecht, Becher, Strittmatter), so erhalten künstlerische Überhöhung und sprachliche Stilisierung des Dramas ein ganz anderes Gewicht als etwa zur Zeit Goethes, Schillers, Kleists oder Hebbels. Die Haltung eines Teils des Publikums kennzeichnet eine Anekdote, die seit dem Ende des vorigen Jahrhunderts überliefert ist: An der Kasse eines Berliner Theaters fragt ein vorsichtiger Besucher noch einmal mißtrauisch nach: „Das Stück ist doch nicht in Versen?" Von der Kassiererin erhält er die beruhigende Antwort: „Doch – aber man merkt es nicht!" Im Herbst 1945 rühmte ein bekannter Berliner Theater- und Literaturkritiker an Paul Wegeners Nathan-Verkörperung: „Den etwas holprigen Lessingschen Blankvers löst er wieder auf in jene Lessingsche Prosa, aus der er entstanden ist." Andererseits wird aber dem Vers in Strittmatters „Katzgraben" zuviel eigenständige Aussagekraft zugemutet, wenn im Programmheft zur Aufführung des Berliner Ensembles auf die Frage, wozu die Verssprache diene, geantwortet wird: „Die Verssprache hebt die Vorgänge unter so einfachen, ‚primitiven‘, in den bisherigen Stücken nur radebrechenden Menschen wie Bauern und Arbeitern auf das hohe Niveau der klassischen Stücke und zeigt das Edle ihrer Ideen. Diese bisherigen ‚Objekte der Geschichte und der Politik‘ sprechen jetzt wie die Coriolan, Egmont, Wallenstein. Für den Vers fällt viel Zufälliges, Unwichtiges, Halbgares weg, und nur was die große Linie aufweist, ist im Vers wiedergegeben. So ist die Verssprache wie ein großes Sieb. Ferner klärt sie alle Aussagen und Gefühlsäußerungen, wie ein schönes Arrangement die Vorgänge zwischen den Menschen des Stücks klärt. Und sie macht manches Wort einprägsamer und unvergeßlicher und den Ansturm auf die Gemüter unwiderstehlicher.“ Welche Funktion dem Vers in diesem Drama wirklich zukommt, kann hier nicht untersucht werden. In unserem Zusammenhang kommt es allein darauf an, den Wandel in der Stellung zum Vers sichtbar zu machen.

Daß auch in der Lyrik neben den metrisch fest bestimmten Vers eine freie rhythmische Gliederung tritt, die die Nähe zur Prosa deutlich erkennen läßt, haben wir schon gesehen. Wie fremd eine solche prosaische Gestaltungsweise noch dem Menschen von rund 180 Jahren war, zeigt ein Brief von Wilhelm von Humboldt vom 10. Oktober 1800 an Goethe: In Friedrich Schlegels „Athenäum“ lobt er Naturbetrachtungen auf einer Schweizer Reise, die ihm stellenweise gut gefallen haben. Doch fügt er fragend hinzu: „Warum schreibt man aber nicht in Versen, wenn man einmal einen so dichterischen Ton annimmt?“

Die Entwicklung der Verskunst findet auch in der Verslehre ihren Niederschlag. Selbst hier begegnen wir, geboren aus dem berechtigten Streben, eine zu starre und enge Metrik zu überwinden, der Tendenz, die Versformen aufzulösen, wie sie etwa in WOLFGANG KAYSERS „Kleiner deutscher Versschule“ (7. Aufl. München 1961) zum Ausdruck kommt. Völlig zu Recht erkennt Kayser in der „Variation in der Gleichheit“ das „Grundgesetz aller rhythmischen Schönheit“, aber in dem Kapitel, wo er versucht, das „gefällige Umgehen der Grenze“ am Beispiel zu demonstrieren, erkennt man, wie auch für den Wissenschaftler die Gleichheit, d. h. das Gesetz, innerhalb dessen Grenzen variiert werden soll, schwindet. Den Rhythmus des folgenden kleinen Liedes von Clemens von Brentano versucht Kayser mit diesem Schema graphisch zu er-

fassen, in dem x für eine betonte Silbe, x für eine nur schwach betonte und x für eine unbetonte Silbe stehen:

Singet leise, leise, leise,
Singt ein flüsternd Wiegenlied,
Von dem Monde lernt die Weise,
Der so still am Himmel zieht.

Singt ein Lied so süß gelinde,
Wie die Quellen auf den Kieseln,
Wie die Bienen um die Linde
Summen, murmeln, flüstern, rieseln.

$$
\begin{array}{l}
\overset{\backslash\ \ \prime\ \ \prime\ \ \prime}{x\,x\,x\,x}\,/\,x\,x\,/\,x\,x\,/ \\[4pt]
\overset{\prime\ \ \prime\ \ \backslash}{x\,x\,x\,x\,x\,x\,x}\,/ \\[4pt]
\overset{\prime\qquad\prime}{x\,x\,x\,x}\,{}^{\text{I}}\,x\,x\,x\,x\,/ \\[4pt]
\overset{\prime\ \ \prime\ \ \prime}{x\,x\,x\,x\,x\,x\,x}\,/ \\[4pt]
\overset{\prime\ \ \prime\ \ \prime}{x\,x\,x}\,{}^{\text{I}}\,x\,x\,x\,x\,x\,/ \\[4pt]
\overset{\prime\qquad\prime}{x\,x\,x\,x}\,{}^{\text{I}}\,x\,x\,x\,x\,/ \\[4pt]
\overset{\prime\qquad\prime}{x\,x\,x\,x}\,{}^{\text{I}}\,x\,x\,x\,x\,/ \\[4pt]
\overset{\backslash\ \ \prime\ \ \prime\ \ \prime}{x\,x}\,{}^{\text{I}}\,x\,x\,/\,x\,x\,/\,x\,x\,/
\end{array}
$$

Da das Schema sowohl in der „Kleinen deutschen Versschule" als auch in Kaysers „Sprachlichem Kunstwerk" durch Druckfehler entstellt ist, haben wir es
Kaysers Intentionen folgend berichtigt. Seine Aufzeichnung macht deutlich,
daß nicht nur die Abstufung der betonten gegen die unbetonten Silben an der
Gliederung der Verse beteiligt ist, sondern daß auch die wechselnden Einschnitte innerhalb der Verse eine Rolle spielen. Einen tieferen Einschnitt deutete Kayser durch / an und einen schwächeren durch I. Schon diese Notierung
läßt erkennen, daß kaum ein Vers in seinem Klangbild vollständig einem anderen gleicht. Dabei ist die Aufzeichnungsmethode noch höchst unvollkommen,
weil sie die charakteristische Abstufung der betonten und unbetonten Silben
gegeneinander nicht vollständig erfaßt. Nicht zuletzt beruht aber auf dem nur
geringen Abstand der Hebungen und Senkungen voneinander der liedhafte
Eindruck, der dieses Gedicht auch ohne eigentliche Melodie fast als gesungen
erscheinen läßt. In dem Bestreben, die rhythmischen Feinheiten der Einzelgestaltung nachzuzeichnen, geht jedoch für Kayser die Einheit des metrischen
Rahmens weitgehend verloren. Unbestreitbar liefert eine Zeile mit vier beton-

ten Silben, denen jeweils eine unbetonte Senkungssilbe folgt, das metrische Grundgerüst, das aber von Kaysers graphischem Schema nicht mehr widergespiegelt wird.

Zustimmen können wir Kayser in der Deutung des Eingangs- und Ausgangsverses. Beide geben mit ihrer klar bestimmten Ausprägung der Betonungsverhältnisse dem ganzen zweistrophigen Gedicht den festen Rahmen und determinieren den Rhythmus eindeutig. Warum soll aber in der letzten Zeile nicht auch das Anfangswort *summen* einen vollen Ton bekommen? Sicher klingt der Grundrhythmus dieser „trochäischen Verse" in der ersten Zeile am deutlichsten an. Keineswegs handelt es sich um „fallenden Rhythmus", dessen Bausteine fallende Trochäen wären. Das eigentliche Gewicht ruht erst auf der zweiten betonten Silbe, und von da ab schwingt die rhythmisch-melodische Linie sanft aus und unterstreicht in ihrer Weise den liedhaften Eindruck. Die erste Vershebung (= betonte Silbe im Vers) wird nur leise angedeutet, ist aber nichtsdestoweniger vorhanden, wenn auch Hebung und Senkung zusammen in die Nähe eines doppelten Auftaktes rücken. Diese kunstvolle Gestaltung des Verseinganges bewirkt, daß Hebungen und Senkungen nicht so weit voneinander entfernt sind, wodurch der liedhafte Charakter dieser Verse unterstützt wird.

Nun ist aber nicht einzusehen, warum in den folgenden Zeilen die erste Hebung überhaupt nicht mehr anklingen soll und die Unterschiede in der Betonung der Silben völlig nivelliert werden. Auch hier hören wir doch, um mit Kayser zu reden, die Betonungen „sozusagen schon voraus, wir erwarten, wir verlangen sie", stehen im Banne „jener Ordnung, die den Vers beseelt". Kaysers Rhythmenbild aber überdeckt diese Ordnung, löst sie zugunsten einer rein subjektiv bestimmten einmaligen Interpretation auf. Gleichzeitig stellt er damit falsche rhythmische Ordnungen her, wenn er meint, daß die dritte Zeile jeweils in zwei Teile dieses Baues x x x́ x zerfiele (Von dem Mónde lernt die Wéise). In Wirklichkeit besteht der Reiz auch dieser Zeilen darin, daß wir zwar die Hebung als solche jeweils voraus erwarten, aber immer wieder von ihrer aktuellen Verwirklichung, die nicht vom Sprachinhalt unabhängig gedacht werden kann, überrascht sind. Tatsächlich sind die leichteren Hebungen (*von* und *lernt*) nicht hart und voll ausgeprägt, aber man spürt sie dennoch aus dem Rhythmus der Verse heraus, der ja auch die anderen betonten Silben nicht besonders abhebt, sondern sie liedhaft dem Gesamttonfall, der auch durch eine gewisse Erhöhung der unbetonten Silben mitbestimmt wird, einordnet.

Mit Kaysers Verzicht auf die Wiedergabe der festen metrischen Ordnung dieser Verse schwindet auch die historische Bezugsmöglichkeit, die Anknüpfung an die Formelemente einer besonderen Art des Volksliedes, die den entstehungsgeschichtlichen Hintergrund für die vorliegenden Verse bildet. Damit erliegt auch die Verslehre selber der Gefahr der Auflösung, verliert den Boden der Zeitlichkeit und Geschichtlichkeit. Aus diesem Grunde halten wir es für angemessener, zunächst von einer festen „Norm" auszugehen, sofern sie sich ungezwungen erkennen und herausschälen läßt. Sie darf aber nicht als starr aufgefaßt werden, sondern dient nur als Ausgangspunkt für weitere Untersuchungen und genauere Interpretationen.

Alles spricht dafür, daß sich der Vers nicht von selbst aus dem Tonfall der freien Rede entwickelt hat. Mit Jean Fourquet und anderen sind wir davon überzeugt, daß das Versmaß von außen gekommen ist, daß es ursprünglich nur in Verbindung mit Arbeits-, Tanz-, Bewegungs- oder Tonrhythmen existiert hat, bis es schließlich allein durch sprachliche Mittel verwirklicht, variiert und im Sprechvers selbständig weitergebildet worden ist. Der Rahmen des Verses kann unabhängig von seiner jeweiligen sprachlichen Verwirklichung seinerseits das Muster für neue Verse abgeben, die sich wegen ihrer neuen sprachlichen Gestaltung wieder vom konkreten Rhythmus ihrer Vorgänger unterscheiden. Man vergleiche etwa den vollständig anderen Klang der deutschen Hexameter gegenüber dem der antiken Verse.

In einer ausgearbeiteten Verslehre müssen beide Bestandteile des Verses, sein metrischer Rahmen und die jeweils konkrete sprachliche Füllung, zu ihrem Recht kommen und in ihrer historischen Entwicklung verfolgt werden. Die an sich verständliche Reaktion gegen eine allzu ölige Glätte einiger Versschmiedereien und gegen das seelenlose Geklapper inhaltlich nichtssagender Verschen findet in der Wissenschaft ihr Pendant in der Abkehr von einem bloßen Registrieren blutentleerter metrischer Schemata. Doch wird man sich vor Extremen hüten müssen.

Aus dem Wandel der Versformen und vor allem aus dem damit verbundenen Wandel in der Auffassung vom Rhythmus der Verse erwächst der Wissenschaft die Aufgabe, die Gesetze des Verses und seiner Entwicklung behutsam aufzudecken und bewußtzumachen. Niemand wird leugnen, daß in der Musik die Kenntnis der Kompositionsgesetze der Fuge den ästhetischen Genuß nur fördern kann. Auch mit der Verskunst, sei es nun in der Epik, im Drama oder in der Lyrik, darf man es sich nicht zu leicht machen; oberflächliches Hinhören genügt oft nicht, denn es liegt im Wesen des Verses, daß er nicht nur einmalige Setzung und Schöpfung ist, sondern daß er zugleich seine traditions- und geschichtsbedingten Formen mitbringt, ohne deren Kenntnis der Rhythmus oft nur

unvollkommen wahrgenommen werden kann. So hat es zu Beginn
unserer jungen germanistischen Forschung erst einer gewissen Zeit
bedurft, bis man erkannt hatte, daß das althochdeutsche Hildebrandslied nicht in Prosa, sondern in höchst kunstvollen und aus-
drucksstarken Rhythmen, in Stabreimversen nämlich (vgl. § 12,
S. 124), abgefaßt worden ist.

Doch wir brauchen gar nicht so weit in die Vergangenheit zurück-
zugehen. Wer vermöchte zum Beispiel allein aus der Sprachgebung
den richtigen Rhythmus der folgenden Zeilen herauszulesen: *Eine
Welt zwar bist du, o Rom; doch ohne die Liebe wäre die Welt nicht
die Welt, wäre denn Rom auch nicht Rom?* Zwar spüren wir irgendwie die Rhythmisierung heraus und merken, daß keine einfache
Prosa vorliegt, doch wissen wir noch nicht, wie wir wirklich betonen sollen und wie die sprachlichen Gruppen voneinander abzu-
grenzen sind. Die Unsicherheit beginnt bereits mit der ersten Silbe.

Trägt sie einen Ton *(Éine Wélt...)*, oder sollen wir, was in der

Prosa natürlicher wäre, erst Welt betonen *(Eine Wélt zwar bist
du)?* Vorausgesetzt, es sind Verse, wäre eine Zeilenabteilung denkbar, wie sie in freien Rhythmen vorkommen könnte:

> Eine Welt zwar bist du,
> o Rom,
> doch ohne die Liebe
> wäre die Welt nicht die Welt,
> wäre denn Rom auch nicht Rom.

Dieses Beispiel lehrt zugleich, daß wir einzelne Verszeilen nicht
künstlich isolieren dürfen, weil ein Vers niemals für sich allein
steht, sondern seine genaue Ausformung immer erst im Ganzen
erhält. In Wirklichkeit ordnet sich der angeführte Satz nämlich
zwei Verszeilen ein, einem Hexameter und einem Pentameter, die
zusammen ein Distichon bilden und als elegisches Versmaß von
Goethe in seinen „Römischen Elegien" (vgl. § 22c, K. 190 f.) verwendet wurden:

Éine Wélt zwar bíst du, o Róm; doch óhne die Líebe

Wäre die Wélt nicht die Wélt, wäre denn Róm auch nicht Róm.

(Goethe. Aus: Römische Elegien)

Die moderne Verswissenschaft ist noch nicht einmal anderthalb Jahrhunderte alt. Ihr eigentlicher Begründer wurde KARL LACH-MANN mit seiner Arbeit „*Über althochdeutsche Betonung und Vers-kunst*" von 1831. Ging es den bisherigen Verslehren darum, zeit-gemäße Regeln für die Dichter aufzustellen, Normen zu finden, so versuchte man nunmehr in erster Linie eine wissenschaftliche Be-schreibung der vorhandenen Verse, um so zu einem besseren Ver-ständnis der Dichtkunst zu kommen und damit mittelbar zur Be-reicherung ihrer Möglichkeiten in der Gegenwart beizutragen. Neu war vor allem der Blick für das Geschichtliche. Damit wurde aus der rein normativen Metrik eine Versgeschichte, die wissenschaft-liche Betrachtung überhaupt erst ermöglichte.

In der Folgezeit erwies es sich jedoch als äußerst hemmend, daß für den deutschen Vers die geeigneten Begriffe fehlten, mit denen man sein Wesen annähernd richtig erfassen konnte. So gingen auch noch nach Lachmann viele Metriker bei den Griechen und Lateinern in die Schule und borgten sich von ihnen die Grund-begriffe aus. Auch im deutschen Vers wollten sie *Jamben, Trochäen, Spondeen, Daktylen, Anapäste usw.* erkennen und übersahen dabei, daß sie ihn nach völlig wesensfremden Maßstäben beurteilten. Damit konnte man der heimischen Verskunst in keiner Weise ge-recht werden; denn diese genannten *Versfüße* gelten nur für die antiken Sprachen, wo sie die Länge oder Kürze der Silben an-geben. Da der deutsche Vers solche „Messung" der Silben nach ihrer Sprechdauer nicht kennt – oder doch nur sehr bedingt kennt –, deutete man wie schon 1624 Martin Opitz das Zeichen für eine lange Silbe (–) in eine Hebung (= betonte Silbe) und das Zeichen für eine kurze Silbe (◡) in eine Senkung (= unbetonte Silbe) um (vgl. dazu auch S. 119). Danach hielt man Formen wie *Väter* für Trochäen (–◡ und Formen wie *Gebót* für Jamben (◡–). Diese Umdeutungen stießen in manchen Fällen auf unüberwind-liche Schwierigkeiten, z. B. bei der Nachbildung der antiken Spon-deen (– –).

Daraus ergaben sich Mißverständnisse und mancherlei falsche Be-urteilungen der deutschen Verse.[1] Fast noch schlimmer war, daß man in den Darstellungen der deutschen Verse eng Zusammen-

---

[1] Vgl. dazu Andreas Heusler, *Deutscher und antiker Vers. Der falsche Spondeus und an-grenzende Fragen.* Straßburg 1917.

gehöriges auseinanderriß und scharf zwischen jambischen und trochäischen Versen trennte. Begann der Vers mit einer Senkung (Auftakt), so zählte man ihn zu den jambischen Versen und teilte so ab:

$$\text{Wer nié sein Brót mit Tránen áß}$$
$$\cup - \cup - \cup - \cup -$$

(Goethe)

Im *Schema* erschienen nur aufsteigende Glieder (Jamben): Senkung und Hebung, Senkung und Hebung usw. Das führte nun gar dazu, daß man von *steigendem Rhythmus* sprach und jambischen Versen unbesehen steigenden Rhythmus zuschrieb. Man kann sich jedoch leicht davon überzeugen – nämlich durch einfaches Hinhören auf den Tonfall dieses Verses –, daß weder Rhythmus noch Satzmelodie bis zum Ende gleichmäßig ansteigen. Die schwerste Hebung liegt wohl auf *nie*, während die Tonführung im folgenden Versstück doch eine mehr abklingende Linie zeigt (vgl. auch S. 76 f.).

Setzte der Vers sofort mit einer Hebung ein, so zählte man ihn zu den trochäischen Versen und teilte so ab:

$$\text{Hérz, mein Hérz, was sóll das gében?}$$
$$- \cup - \cup - \cup - \cup$$

(Goethe)

Im *Schema* erschienen jetzt nur absteigende Glieder (Trochäen): Hebung und Senkung, Hebung und Senkung usw. Von diesem Schema her kam man zur Gleichsetzung von trochäischen Versen mit Versen von *fallendem Rhythmus*.

Jeder kann sich jedoch leicht davon überzeugen, daß gerade der angeführte Vers – schon bedingt durch den Frageton – eine steigende melodisch-rhythmische Linienführung aufweist.

Steigender und fallender Rhythmus sind eben nicht davon abhängig, ob der Vers mit einer Senkung oder mit einer Hebung beginnt. Das antikisierende Schema der Versfüße führte auch hier zu falschen Vorstellungen und Unterscheidungen. Es gibt im *deutschen Versbau* keine Trochäen, keine Jamben, Spondeen, Daktylen oder Anapäste im eigentlichen Sinne dieser Begriffe. Deshalb sprechen wir im folgenden auch nicht von Versfüßen, sondern mit Andreas Heusler von Verstakten (s. S. 79 ff.), verstehen darunter aber nur durch Abstraktion gewonnene Hilfsbegriffe, die eine erste Orientierung und damit ein besseres begriffliches Erfassen des deutschen Verses ermöglichen sollen. Die realen und beim versgerechten Vortrag wirklich hörbaren Bausteine des Verses sind die Sprechtakte (Glieder) und die anderen Sprechgruppen höheren Ranges (s. S. 72 ff.).

Die Namen *jambisch* und *trochäisch* haben sich jedoch so eingebürgert, daß sie sich im Augenblick zur Verständigung nicht völlig vermeiden lassen. Man darf wohl auch ohne Gefahr alternierende Verse, die mit einer Senkung, also mit Auftakt beginnen, als jambisch bezeichnen und Verse, die sofort mit einer Hebung einsetzen, trochäisch nennen. Jambisch heißt demnach weiter nichts als: Vers *mit* Auftakt, und trochäisch nichts anderes als: Vers *ohne* Auftakt. Damit wird über die rhythmische Linienführung noch gar nichts ausgesagt, so daß von hier aus keine Mißdeutungen mehr entstehen können (vgl. dazu S. 94 ff.).

Hier ist nicht der Ort, auf die Leistungen, Verdienste, Grenzen und Mängel der jungen Verswissenschaft nach Lachmann im einzelnen einzugehen. Doch sollen so verdienstvolle Darstellungen der deutschen Verskunst wie die von VILMAR und GREIN (von F. KAUFFMANN fortgesetzt), J. MINOR und HERMANN PAUL nicht unerwähnt bleiben. Diese Bücher erschienen in der ersten Auflage noch alle vor der Jahrhundertwende und wurden später noch mehrfach aufgelegt. Sind sie in ihren Grundlagen auch vielfach veraltet, so sind sie für geschichtliche Einzelfragen doch noch heute wertvoll.

Die letzten bedeutenden Handbücher, die eine Gesamtübersicht versuchten, erschienen vor mehr als 40 Jahren. Es handelt sich hier um zwei Werke, die in ihrer Zielsetzung, in ihrer Anlage und Methode vielfach in schroffem Gegensatz zueinander stehen.

Von 1925 bis 1929 gab ANDREAS HEUSLER seine dreibändige *„Deutsche Versgeschichte"* heraus, die in kluger Beschränkung auf das Rhythmische vor allem den historischen Fragen nachgeht. Heusler scheidet aus seiner Metrik von vornherein alles das aus, was Prosa und Vers in ihrer Schallform gemeinsam haben. „Die Seite der Schallform, womit es die Verslehre zu tun hat, ist der Zeitfall, der Rhythmus", schreibt er.

Diese Darstellung ist das für die heutige Forschung unentbehrliche Handbuch, das schon auf Grund seiner reichhaltigen Materialsammlung unersetzbar ist.

Von ganz anderer Zielsetzung ging FRANZ SARAN aus. Seine *„Deutsche Verskunst"* (1934) will ein „Handbuch für Schule, Sprechsaal und Bühne" sein und muß sich deshalb auch mit allen Einzelfragen des Vortrages beschäftigen. Schon 1907 hatte Saran die Überwindung der „mageren Metrik" durch eine Versbetrachtung gefordert, die alle Seiten der künstlerischen Schallform erfaßt. So bezieht er das Melodische, die Klangfarbe, den Sprechklang usw. in seine Darstellung mit ein. Die formgeschichtlichen Fragen spielen bei einer solchen Aufgabenstellung natürlich nur eine untergeordnete Rolle.

Tatsächlich führen manche Erkenntnisse über Heusler hinaus und dringen tiefer in das Wesen des Verses ein, als es vorher möglich war. Doch ist bei allen Darlegungen Vorsicht geboten, weil Saran, verleitet durch die schallanalytische Methode seines Lehrers EDUARD SIEVERS, nur zu oft über das Beweisbare hinausgeht und in die Verse hineinhört, was objektiv nicht in ihnen enthalten ist. Saran selbst glaubte, die feste „innewohnende Form" eines Kunstwerkes zu finden und die einzig mögliche Form des Vortrages zu erfassen, indem er sich in den Text einfühlte, ihn auf sich wirken ließ, ja, sich körperlich auf das gestaltete Wort einstimmte, damit der Vortrag genau dem Formempfinden des Dichters entspräche.

Voll und ganz trifft hier Heuslers hartes Urteil zu („Kleine Schriften", S. 423), wonach die Schallanalyse „die unter hohem Druck betriebene Kunst des Sicheinredens (zu deutsch Autosuggestion)" sei. – Was nämlich Saran wirklich analysiert und als objektiv hinstellt, ist im Grunde nur die Schallform eines einmaligen Vortrages, ist seine eigene, subjektive Auffassung dieser Schallform. Am deutlichsten werden diese Schwächen, wo er in seinem Buch „Das Übersetzen aus dem Mittelhochdeutschen" (Halle 2. Aufl. 1953) mittelhochdeutsche Verse nach dieser Methode betrachtet.

Trotz dieser grundsätzlichen Einwände bleibt Saran aber das Verdienst, auf wichtige Erscheinungen im deutschen Vers aufmerksam gemacht zu haben. Ganz an den Erkenntnissen von Eduard Sievers und Franz Saran vorbeizugehen, wie es OTTO PAUL in seiner „Deutschen Metrik" (1930, 7. Aufl. 1968) tut, heißt u. E. auf wichtige Ergebnisse der Deutschen Verswissenschaft verzichten. Nachdem diese beiden Handbücher erschienen waren, gab man sich zunächst mit dem Erreichten zufrieden, indem sich die Metriker entweder zu Heusler oder zu Saran bekannten. Die schon erwähnte „Deutsche Metrik" von Otto Paul ist im Grunde nur ein Abriß nach Heuslers Versgeschichte, der keine wesentlich neuen Gesichtspunkte hinzubringt. OTTO LIEBSCHER dagegen erhoffte sich in seiner „Verskunst auf der Bühne" (Tübingen 1953) nur von der Methode Franz Sarans einen Weg zur Steigerung der Sprachleistung in der Schauspielkunst. Erst in neuester Zeit versuchten namhafte Germanisten wie ULRICH PRETZEL und WOLFGANG MOHR, Heuslers Ansätze weiterzuführen und in Aufsätzen und Vorträgen neue Grundlagen für die künftige Forschung zu legen.

In seinem Beitrag in der „Deutschen Philologie im Aufriß" (2. Aufl., Berlin/Bielefeld/München 1962, Sp. 2357 ff.) zur „Deutschen Verskunst" erstrebt

U. Pretzel weniger einen lückenlosen Gesamtüberblick als vielmehr eine kritische Prüfung und Wertung der Heuslerschen Theorien und Ergebnisse. Durch feinfühlige Interpretationen der rhythmischen Spannungsverhältnisse, wie sie zum Beispiel in der „schwebenden Betonung" (vgl. § 9 b, S. 100) zum Ausdruck kommen, gelingt es ihm, manche Heuslersche Einseitigkeit zu überwinden. Überraschend rückt er den altgermanischen Stabreimvers (vgl. § 12, S. 124) in die Nähe der freien Rhythmen des 18. Jahrhunderts. Pretzels im Grunde richtige Kritik an Heuslers zu enger und starrer Fassung des Taktbegriffes, die Heusler zwang, im Stabreimvers immer wieder Pausen anzunehmen, führt Pretzel nun seinerseits zum anderen Extrem, auf die taktmäßige Gliederung dieser Verse ganz zu verzichten und nur noch im „Zahlgefühl der Zwei, das in dem Hörer wie schon vorher in dem Dichter lebendig wird (zwei Ikten in jedem Halbvers) und sich ihm einhämmert, obwohl die zwei Betonungen nicht im gleichen zeitlichen Abstand aufeinander folgen", den rhythmischen Ordnungsfaktor zu sehen. Das rein abstrakte Zahlgefühl allein dürfte sich aber kaum als vers- und rhythmenbildendes Element bewähren. Besonders dankbar darf man Pretzel für die sorgsame Zusammenstellung der Fachliteratur sein, die in dem Sammelwerk nicht weniger als 14 Spalten umfaßt.

Genannt seien noch die Artikel zur Verskunst in Merker/Stammlers „Reallexikon der deutschen Literaturgeschichte", dessen zweite Auflage (Berlin 1955 ff.) von Wolfgang Mohr mitbetreut wurde. Ergänzt wird diese Suche nach neuen Wegen in der Versbetrachtung und Versdeutung durch zwei Darstellungen von Christian Wagenknecht und von Dieter Breuer, die beide 1981 in München erschienen sind (s. unsere Literaturhinweise, S. 249 f.).

Eine Fülle wichtiger Beobachtungen zum metrischen Rhythmus bringt eine Einzeluntersuchung über „Profile des deutschen Blankverses" von Robert Bräuer: „Tonbewegung und Erscheinungsformen des sprachlichen Rhythmus" (Berlin 1964). Bräuer zeigt am Beispiel, daß die rhythmische Linienführung eines Verses trotz gleichen Grundmaßes kaum jemals vollständig der eines anderen Verses gleicht, weil die betonten wie die unbetonten Silben in ihrem Gewicht jeweils unterschiedlich gegeneinander abgestuft sind. Gerade „die Schwankungen der rhythmischen Bestimmtheit verleihen dem Vers zweifellos einen Teil seines ästhetischen Reizes". Dabei beruhen Bräuers Ergebnisse zunächst nur auf dem Versuch, lediglich vier Stufen unterschiedlicher Betonungsverhältnisse exakt zu unterscheiden. Nachdrücklich macht er auf die bisher kaum beachtete Tatsache aufmerksam, daß im Vers nicht nur die Hebungen gegeneinander abgestuft sind, sondern daß auch die Senkungssilben unterschiedlich betont werden. Auch hier reicht die Skala von 1 bis 3 und in Sonderfällen sogar bis zur Stufe 4, der stärksten Beschwerung (Vgl. § 2, S. 65 ff.).

Bräuer weist nach, daß die „Senkungsgewichte weit häufigeren und stärkeren Veränderungen unterliegen als die Iktenhöhen", weshalb die Verslehre auch die sprachliche Realisation der Senkungen stärker beachten sollte. In unserem normalen metrischen Schema, das ja in der Regel nur ganz global Hebungen und Senkungen unterscheidet, kommen diese Feinheiten der Abstufungen, die aber erst die Schönheit rhythmischer Gestaltung bedingen, natürlich noch nicht zum Ausdruck.

Beachtenswert ist ferner, daß der reale Rhythmus nicht auf die Wiederkehr von Füßen oder Takten zurückgeführt wird, in denen, von gewissen Schwankungen abgesehen, Hebung und Senkung ziemlich regelmäßig wechseln, sondern daß er richtig als Verkettung der Einheiten erklärt wird, die sich um eine Vershebung herumlagern. Goethes Blankvers aus der „Iphigenie" teilt Bräuer so ab:

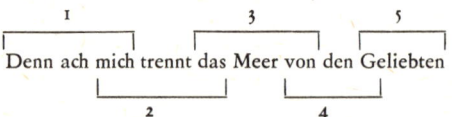

In ähnliche Richtung weisen auch Pretzels Überlegungen. Ob man freilich immer mit einer Dreiheit von *unbetont-betont-unbetont* zu rechnen hat und in der Welle die „ideale Urform des Rhythmus" sehen soll, erscheint allerdings fragwürdig. Solche Ansichten beruhen auf unzulässigen Vereinfachungen und Vergleichen. Richtig ist jedoch Bräuers Abwendung von der rein isolierenden Hebungs- und Senkungsbetrachtung, denn „eine Vershebung erhält ihre rhythmische Bedeutung erst im Fluß der Bewegung, ihre Wirkung ist nur im Zusammenhang mit den beiden sie umgebenden Senkungen zu erfassen. Dieser wichtige Umstand ist von den Forschern, welche in Jamben und Daktylen, Trochäen und Anapästen zu hören gewöhnt waren, bisher außer acht gelassen worden". (S. 207). Dabei kann es durchaus vorkommen, daß manche Verssenkung, absolut und für sich gesehen, schwerer ist als eine „leichte Hebung" (vgl. S. 99) im selben Vers. Dennoch läßt die Gesamtumgebung, auf die es allein ankommt, die rhythmische Abstufung deutlich erkennen. Wenn wir also – stark vereinfachend – von betonten und unbetonten Silben im Vers oder von Hebungen und Senkungen sprechen, so darf daraus nicht abgeleitet werden, daß diese im Vers immer gleich unterschiedliches Gewicht hätten und daß ihre Stärke absolut gemessen werden dürfte (Vgl. auch § 3 und § 6). Zu beachten ist darüber hinaus, daß der Wechsel von Hebungs- und Senkungssilben nur deshalb möglich ist, weil diese Silben höheren Sprechgruppen als den Bestandteilen von Sätzen eingelagert sind. Auch die vom Vers geforderte mehr oder weniger regelhafte Abstufung solcher Sprechgruppen gegeneinander trägt zur rhythmischen Gesamtgliederung bei und kann in den metrisch nicht mehr vorbestimmten freien Rhythmen sogar zum führenden Element werden, das den Rhythmus und den Vers konstituiert (vgl. § 1, bes. S. 54 ff.).

Einen eigenen Weg ging WOLFGANG KAYSER mit seiner „Kleinen deutschen Versschule" (7. Aufl. München 1961), indem er sich scheinbar voraussetzungslos dem Vers näherte. Leider vereinfachte er mancherorts allzusehr und ging auf wichtige Fragen überhaupt nicht ein. Teilweise knüpfte er auch an die alte, überholte Schulmetrik an, rechnete mit „Versfüßen", deren Leistung er oftmals recht einseitig auslegte, ohne alle rhythmischen und inhaltlichen Faktoren zu beachten. Vorwärts weisen dagegen seine Interpretationen rhythmischer Gestaltungsmerkmale, selbst dann, wenn sie – wie wir schon sahen – nicht frei von rein subjektiver Deutung sind und das Grundmaß zu leichtfertig überspielen.

Von der Stilistik her gibt ELISE RIESEL in ihrer „Stilistik der deutschen Sprache" (2. Aufl. Moskau 1963, S. 367 ff.) einen knappen Überblick über die „stilistischen Ausdruckswerte der metrischen Formen" und erfaßt damit eine Seite der deutschen Verskunst, die in den bisherigen Darstellungen der Metrik immer zu kurz gekommen ist. Entschieden rückt sie die Frage nach dem Verhältnis der metrischen Form zum sprachlich ausgedrückten Inhalt in den Vordergrund und macht damit die marxistische Methode der Interpretation von Kunstwerken für die Verslehre fruchtbar. Ihrem Einteilungsprinzip und ihren Benennungen wollen wir uns allerdings nicht anschließen. Zu welchen vertieften Einsichten in das Wesen des Verses und in seine Funktion für das Gesamtkunstwerk man kommt, wenn man die Versform als Komponente des ästhetischen Erlebens würdigt und nicht isoliert betrachtet, zeigt auch ERNST STEIN mit seinem schon erwähnten Buch „Wege zum Gedicht" (Berlin 1966), das vor allem für den Lehrer bestimmt ist und über die Darstellung des Gegenstandes hinaus noch treffende Hinweise und Ratschläge für die Behandlung der Formen im Unterricht gibt. Ein Problem, das weder in der Literaturgeschichte noch in der Musikgeschichte bisher die gebührende Beachtung gefunden hat, behandelt JOHANNES MITTENZWEI in seiner Monographie „Das Musikalische in der Literatur. Ein Überblick von Gottfried von Straßburg bis Brecht" (Halle 1962). An sorgfältig ausgewählten Beispielen aus der deutschen Dichtungsgeschichte zeigt er die enge – im geschichtlichen Verlauf allerdings höchst wechselvolle – Beziehung, die zwischen Musik und Poesie von jeher bestand. Mittenzwei bezieht auch die Prosa in seine Betrachtung mit ein. Es ist nicht zu übersehen, daß ein großer Teil der Versdichtung, angefangen vom Minnesang bis hin zum Volkslied, nur im gesungenen Vortrag lebte, so daß Wort und Weise von vornherein eine Einheit bildeten. Andere Gedichte wurden entweder für die Vertonung geschaffen oder wurden doch nachträglich – oftmals in recht unterschiedlicher Weise – vertont. Andererseits sind die bezaubernden Sprachmelodien zahlreicher Gedichte, die allein schon im gesprochenen Vortrag zum Ausdruck kommen, nicht denkbar ohne das feine Gefühl ihrer Schöpfer für Rhythmus und Musikalität. Zumindest seit Goethes lyrischem Schaffen wissen wir, „daß nicht mehr die bloße sprachliche Gestaltung des Inhalts allein genügt, sondern daß noch ein dritter, künstlerischer Faktor eine große Rolle spielt: die *innere Melo-*

die" (Mittenzwei, S. 207). Das heißt mit anderen Worten, daß die eigentümlich suggestive Musikalität der Verse keiner zusätzlichen musikalischen Komposition mehr bedarf, sondern daß sie, wie auch unser Brentano-Gedicht „Singet leise, leise, leise..." (S. 17 f.) gezeigt hat, allein vom Versrhythmus und vom Klang der Sprache getragen wird. Mittenzwei macht aber auch darauf aufmerksam, daß solche innere Melodie im gelungenen Kunstwerk stets eine starke inhaltliche Bindung voraussetzt. In der Romantik und in der spätbürgerlichen Kunstübung wurde das Streben nach Musikalität der Sprache oft zum Selbstzweck erhoben, so daß die rationale und inhaltlich gegenständliche Aussage des Gedichtes dem rein formalen Klangrausch geopfert wurde. Die Musik tritt hier nicht mehr wie bei Goethe im klassischen Kunstwerk in den Dienst des Wortes, sondern die Sprache steht nur noch im Dienst einer rational nicht mehr bestimmbaren Musikalität, so daß die festen Konturen verschwimmen.

Ein Grundzug ist allen modernen Verslehren gemeinsam: die Abkehr von der bloß schematischen Einzelbehandlung künstlich isolierter Formen und die Hinwendung zur sinnvollen Einordnung in den Gesamtzusammenhang. Im Vordergrund steht nicht mehr allein das abstrakte Schema, sondern der lebendig gestaltete Rhythmus in seiner ganzen Klangfülle. Freilich laufen die von den einzelnen Forschern beschrittenen Wege noch oftmals auseinander. Über viele tieferdringende Fragen herrscht noch Uneinigkeit. Besondere Schwierigkeiten bereitet überdies die Terminologie. Dieselben Sachverhalte, zum Beispiel die Formen der Kadenz (vgl. S. 97 ff.), werden oft unterschiedlich bezeichnet, oder dieselben Namen werden abweichend voneinander definiert.
Trotz der vielen Fortschritte ist eine umfassende und allseitig befriedigende Darstellung der Verskunst noch nicht möglich. So will der vorliegende Abriß vorläufig eine Lücke schließen und soll dem Studenten, dem Lehrer und dem interessierten Leser als Hilfsmittel dienen, sich von der deutschen Verskunst und ihrer Vielfalt ein erstes Bild zu verschaffen. Dabei stützen wir uns im wesentlichen auf die Handbücher von Andreas Heusler und Franz Saran, bereichert um die Anregungen, die uns die jüngere Forschung vermittelt hat. Selbstverständlich wird damit die eigene Sicht in keiner Weise geleugnet.
In einem Abriß muß alles Problematische so weit wie möglich zurückgedrängt werden. Wir sehen uns gezwungen, zu definieren und festzusetzen, wo wir erklären und entwickeln müßten, zu be-

haupten, wo wir vorsichtig abwägen sollten. Überdies kann ein
Abriß nur die wichtigsten metrischen Formen behandeln und nur
die notwendigsten Begriffe und Namen erklären.

II. Form und Funktion im Vers

Wir betonen ausdrücklich: es werden nur Formelemente untersucht und dargestellt, denen allein noch kein bestimmter Ausdruckswert zukommt. Ihre Aussagekraft erhalten die Formen erst
durch ihren Inhalt. Inhalt und Form bedingen einander, bilden
eine dialektische Einheit; der Inhalt aber ist der bestimmende
Faktor. So ist es auch möglich, daß eine und dieselbe Versform je
nach ihrem Inhalt verschiedene Ausdrucksmöglichkeiten haben
kann.

In den beiden folgenden Gedichten finden wir z. B. dasselbe Vers- und Strophenmaß; nach Inhalt und Stimmung sind sie jedoch deutlich verschieden. (Die
Akzente bezeichnen die jeweils betonten Silben.)

Herr, der du mir das Leben	Der Mond ist aufgegangen,
Bis diesen Tag gegeben,	Die goldnen Sternlein prangen
Dich bet ich kindlich an;	Am Himmel hell und klar;
Ich bin viel zu geringe,	Der Wald steht schwarz und schweiget;
Der Treue, die ich singe,	Und aus den Wiesen steiget
Und die du heut an mir getan.	Der weiße Nebel wunderbar.
(Gellert, Abendlied)	(Claudius, Abendlied)

Beide Strophen haben dieses metrische Schema:

x xx xx xx	Reimform: a
x xx xx xx	a
x xx xx x	b
x xx xx xx	c
x xx xx xx	c
x xx xx xx x	b

Es darf also keineswegs geschlossen werden, daß einer Form – wir sprechen hier nur von metrischen Formen – von vornherein ein bestimmter Ausdruckswert innewohne. Wie sich der Aussagewert des Kunstwerkes erst durch die richtige Forminterpretation voll bestimmen läßt, so erhält eine Form ihre Bedeutung auch erst durch ihren Inhalt. *Den Formelementen kommt noch kein bestimmter Ausdruckswert zu.* Das schließt nicht aus, daß bestimmte Traditionen der Form einen gewissen Eigenwert schaffen, wie wir gleich sehen werden.

Das ganze Fassungsvermögen der oben zitierten, so fest gefügten und genau vorgeprägten Strophenform wird besonders deutlich, wenn wir zum Vergleich ein Volkslied aus dem 15. Jahrhundert heranziehen, in dem sich diese Strophe mit ihrem Rhythmus und mit ähnlicher Melodie zum ersten Male findet.

> Innsbruck, ich muß dich lassen,
> Ich fahr dahin mein Straßen
> In fremde Land dahin.
> Mein Freud ist mir genommen,
> Die ich nit weiß bekommen,
> Wo ich in Elend bin.
>
> (Volkslied)

Zu beachten ist, daß auch die letzte Zeile vier Hebungen hat. Im gesungenen Lied kommen nämlich auf die Silbe „E" in „Elend" zwei Hebungen (ursprünglich sogar noch mehr):

wo   ich in E -   -   -   - lend   bin.

Achten wir nur auf den Zeitfall, so kommen wir zu diesem Schema:

$$x \quad \begin{array}{|c|c|c|c|} \hline ' & ' & ' & ' \\ xx & xx & xx & x \\ \hline \end{array}$$

Wo ich in E- lend bin

Nach diesem Vorbild verfaßte im 16. Jahrhundert J. Heß ein geistliches Sterbelied:

> O Welt, ich muß dich lassen,
> Ich fahr dahin mein Straßen
> Ins ewig Vaterland,
> Mein Geist muß ich aufgeben,
> Dazu mein Leib und Leben,
> Setzen in Gottes Hand.
>
> (J. Heß)

Melodie und Rhythmus gehören seitdem zu den beliebtesten Strophen im evangelischen Kirchenliedschaffen. Auch Paul Flemings „In allen meinen Taten" und Paul Gerhardts „Nun ruhen alle Wälder" folgen dieser Weise. Bekanntlich wurde Matthias Claudius von dem zuletzt genannten Liede zu seinem volkstümlichen „Abendlied" angeregt, dem dann 1790 Abraham Peter Schulz eine neue, eigene Melodie gab.

Trotz der Unterschiedlichkeit des Inhalts hat die Form aber doch etwas von ihrer ursprünglichen Stimmungskraft behalten. Eine genauere Betrachtung der Lieder lehrt, daß die meisten von ihnen durch ein gemeinsames Motiv verbunden sind: durch das Motiv der Trennung, des Abschiednehmens. Ursprünglich ist es der Abschied des Handwerksburschen von der Heimatstadt („Innsbruck, ich muß dich lassen"), danach der Abschied von dieser Welt („O Welt, ich muß dich lassen"); Paul Fleming dichtete sein Lied „In allen meinen Taten" 1633 vor seiner Reise nach Persien; schließlich ist es das Thema des Abschieds vom Tage. Und als Abendlied ist es wieder zum Volkslied geworden.

Hier spürt man etwas von dem gewissen Eigenwert der Form, wie sie – von einer bestimmten Tradition begünstigt – den verschiedensten Inhalten Ausdruck zu geben vermag und trotzdem eine gewisse, stimmungsgebundene Eigenständigkeit bewahrt. In erster Linie ist es jedoch der einmalige Inhalt oder Gehalt, der die formale Anknüpfung und Weiterführung erlaubt oder hervorruft, so daß der Weg von dem einen Gedicht oder Lied in seiner konkreten Gestaltung zum ebenso konkret gestalteten neuen Gedicht führt.

So ist es auch zu erklären, daß das Andreas-Hofer-Lied „Zu Mantua in Banden" den Rhythmus und die Melodie für viele Arbeiterkampflieder geliefert hat, lebte doch schon in diesen Versen etwas von der Trutz- und Kampfstimmung, der die revolutionäre Arbeiterbewegung dann einen neuen Inhalt gegeben hat, so z. B. in dem Lied von der jungen Garde des Proletariats: „Dem Morgenrot entgegen, ihr Kampfgenossen all!" Wie hier die Strophe, so erhalten auch die kleinen metrischen Formen, wie „schwebende Betonung", „Enjambement" usw. (s. § 9), ihren wirklichen Aussagewert und die Ausdrucksfunktionen erst durch ihre Bezogenheit auf das Ganze. Sie sind wie alle Stilfiguren von Hause aus mehrdeutig. Doch sind ihre Möglichkeiten nicht unendlich vielfältig, so daß sie sich bei Beachtung aller Faktoren ziemlich genau einschätzen lassen. Dabei darf nicht übersehen werden, daß eine Form ganz allgemein auf Grund ihrer traditionellen Verwendung zur historisch bedingten Ausdrucksmöglichkeit menschlicher

Empfindungen werden kann. Wir haben schon bei unserer Strophenform („Der Mond ist aufgegangen") gesehen, wie diese Form
zunächst nur ein bestimmtes Thema, einen bestimmten Inhalt aufgenommen hat. Goethe wies einmal darauf hin, daß sich der Inhalt
seiner „Römischen Elegien" in einem anderen Versgewande wahr-
lich frivol ausnehmen müsse. Die Geschichte des Sonetts z. B. ist
reich an Mißgriffen in dieser Hinsicht und zeigt sehr deutlich, daß
nicht jeder Inhalt, nicht jede Stimmung in ein Sonett gepreßt werden kann (vgl. S. 198 ff.).

Will man nun die Möglichkeiten und Grenzen einer Versform erkennen, so muß man sich bewußt sein, daß der historische Faktor
mit zu berücksichtigen ist. Die meisten Formen haben schon ihre
feste Tradition und eben dadurch eine gewisse Eigenwertigkeit
erhalten. (Wir weisen wieder auf die verschiedensten Wandlungen
der Strophe des Liedes „Innsbruck, ich muß dich lassen" hin.)
Man kann die Bauweise eines Sonetts z. B. nicht einfach logisch
erklären, sondern sie nur als Folge der geschichtlichen Entwicklung dieser Gedichtform verstehen.

Ein Musterbeispiel dafür, wie die Verwendungsmöglichkeit einer
Versform durch historische Faktoren mitbestimmt wird, ist die Entwicklung des *Alexandriners* (s. auch S. 163). Im 17. Jahrhundert
aus dem Französischen und Holländischen übernommen, wurde
er im Deutschen zum Hauptvers von großem Ausdrucksreichtum,
der sowohl höchst pathetisch als auch im Lustspiel leicht tändelnd
gebraucht werden konnte. Doch im 17. Jahrhundert wurde dieses
Versmaß von den vorwiegend gelehrten und auf den Hof orientierten Dichtern inhaltlich so bestimmt, daß es z. B. die bürger-
lich-opponierenden Dichter des Sturm und Drang nicht mehr verwenden konnten.

Bekannt ist Schillers treffende Charakterisierung – aber eben nur für seine Zeit
zutreffend – in dem Brief an Goethe vom 15. Oktober 1799 über die Bearbeitung
von Voltaires „Mahomet": „Die Eigenschaft des Alexandriners, sich in zwei
gleiche Hälften zu trennen, und die Natur des Reims „aus zwei Alexandrinern
ein Couplet zu machen, bestimmen nicht bloß die ganze Sprache, sie bestimmen
auch den ganzen inneren Geist dieser Stücke, die Charaktere, die Gesinnungen.
das Betragen der Personen. Alles stellt sich dadurch unter die Regel des Gegensatzes, und wie die Geige des Musikanten die Bewegungen der Tänzer leitet, so
auch die zwischenklichte Natur des Alexandriners die Bewegungen des Ge-

müts und die Gedanken. Der Verstand wird ununterbrochen aufgefordert und jedes Gefühl, jeder Gedanke in diese Form wie in das Bette des Prokrustes gezwängt."

Und mit diesem Symbolgehalt stellt sich der Alexandriner dann auch unwillkürlich bei Goethe schon im „Urfaust" ein, so in Wagners Versen, hier doppelt charakterisierend:

> Ach Gott, die Kunst ist lang,
> Und kurz ist unser Leben!

Tritt der Alexandriner hier noch nicht im Schriftbild hervor, so kann das Alexandrinerpaar (= Couplet), von Wagner etwas später gesprochen, auch vom Äußeren her nicht mehr übersehen werden:

> Verzeiht! es ist ein groß Ergötzen,
> Sich in den Geist der Zeiten zu versetzen,
> *Zu schauen, wie vor uns ein weiser Mann gedacht,*
> *Und wie wirs dann zuletzt so herrlich weit gebracht.*
>
> (Goethe, Urfaust)

Am Ende des vierten Aktes im Faust II weist schon die Wahl dieses Versmaßes auf das Überständige der dargestellten mittelalterlichen Belehrungsszene hin. Damit scheint das Schicksal des Alexandriners, der im Barockzeitalter und noch in der Aufklärung das Gesicht der Dichtung maßgeblich mitgeprägt hat – noch der junge Goethe wählte ihn zum Versmaß einiger Lustspiele –, endgültig besiegelt zu sein. Zur Aufnahme positiver Inhalte ist er kaum noch fähig. Und dennoch gelingt es einem Dichter unseres Jahrhunderts, dieses Versmaß mit neuem Leben zu füllen. Aber auch er nutzt es nur für ganz bestimmte Inhalte. Als Huldigung für den großen Dichter des Zeitalters des Dreißigjährigen Krieges wählt Johannes R. Becher den Alexandriner als Baustein für ein Sonett auf Andreas Gryphius und bringt damit dessen Lieblingsversart zu neuen Ehren. Wir zitieren aus diesem Sonett die für Bechers Verhältnis zu Gryphius besonders charakteristischen vier Zeilen:

> Du, der das deutsche Wort geschmiedet und geprägt
> In feste Formen goß, ein Guß für alle Zeiten –
> Das Wort war dir bekannt, das zürnend niederschlägt,
> Das Wort, das überzeugt, uns wandeln kann und leiten.
>
> (Becher)

In anderen Gedichten auf große Genien der Vergangenheit, die ebenfalls in Bechers „Sonett-Werk" (Berlin 1956) enthalten sind, findet sich der Alexandriner dagegen niemals; ein Hinweis darauf, wie bewußt Becher in diesem Falle das Versmaß gewählt hat.

Wie kongenial Becher das Erlebnis der Menschen jenes leidgeprüften Jahrhunderts nachvollzogen hat, beweisen seine beiden Sonette „Tränen des Vaterlandes 1937", mit denen er direkt auf ein rund dreihundert Jahre älteres Alexandrinersonett von Andreas Gryphius antwortete. Wie selbstverständlich benutzt er auch hier wieder den Alexandriner als Baustein. Doch während Gryphius ganz in der Klage verharrte, zeigt sich Bechers neue gesellschaftliche Position, aus der er selbst im tiefsten Leid Hoffnung auf die Zukunft seines Vaterlandes zu schöpfen vermochte, besonders am Schluß des zweiten Sonetts. Zum besseren Vergleich stellen wir jeweils die letzten sechs Zeilen beider Sonette einander gegenüber:

> Hier durch die Schanz und Stadt rinnt allzeit frisches Blut.
> Dreimal sind schon sechs Jahr, als unser Ströme Flut
> Von Leichen fast verstopft, sich langsam fortgedrungen;
> Doch schweig ich noch von dem, was ärger als der Tod,
> Was grimmer denn die Pest und Glut und Hungersnot,
> Daß auch der Seelenschatz so vielen abgezwungen.

> (Gryphius, Tränen des Vaterlandes, Anno 1636. Text nach: Tränen des Vaterlandes, Deutsche Dichtung des 16. und 17. Jahrhunderts, ausgewählt von Johannes R. Becher, Berlin 1955)

> Das vierte Jahr bricht an. Um Deutschland zu beweinen,
> Stehn uns der Tränen nicht genügend zu Gebot.
> Da sich der Tränen Lauf in so viel Blut verliert.
> Drum Tränen haltet still! Laßt uns den Haß vereinen,
> Bis stark wir sind zu künden: „Zu Ende mit der Not!"
> Dann: Farbe, Klang und Wort! Glänzt, dröhnt und jubiliert.

> (Becher, Tränen des Vaterlandes, Anno 1937)

Noch öfter stellt sich im Werk Johannes R. Bechers der Alexandriner ein, und zwar vornehmlich dort, wo er sich mit der Tradition der deutschen Vergangenheit beschäftigt, zum Beispiel in dem 1952 entstandenen Gedicht „An die deutsche Sprache", oder – und diesmal wieder mit einer direkten Anspielung auf Gryphius' Dichtung – in den 1948 zuerst gedruckten Sonetten „An die Dichter des ersten Dreißigjährigen Krieges" und „Wir Dichter des zweiten Dreißigjährigen Krieges". Nunmehr hielt Becher dieses Versmaß auch für geeignet, dem Leid der Menschen seiner Zeit Ausdruck zu verleihen oder die schicksalsschwere Frage nach der Zukunft der Nation zu stellen. Man vergleiche dazu die Sonette „Das große Sonett", „Blüte des Vaterlands" und „Der Friede".
Ganz offensichtlich bekommt dieses Versmaß bei Becher eine ganz andere Aussagefunktion als bei Goethe im „Faust". Das kommt daher, daß Becher eine vor Goethe liegende lyrische Spielart des Alexandriners zum Vorbild nahm, so wie sie im 17. Jahrhundert bei Andreas Gryphius und dessen Zeitgenossen ausgeprägt war. Im 17. Jahrhundert waren aber auch z. B. knappe zweizeilige Sinn-

sprüche (Vgl. § 20 b) im Maß des Alexandriners abgefaßt, so daß es durchaus denkbar ist, erneut auch an diese Tradition jener ehemals vielseitigen Versform anzuknüpfen. Daß es sich dabei nicht um einfache Nachahmung handeln kann, sondern daß der Alexandriner entsprechend seinem neuen Inhalt jeweils auch ein neues rhythmisches Profil erhält, versteht sich von selbst. Nicht zuletzt darin liegt die Kraft eines echten Dichters, daß er die Formen von innen her umschmelzen kann.

Unsere Beispiele machen deutlich, daß wir grundsätzlich nicht nur mit einer einsträngigen Entwicklungslinie zu rechnen haben. Die traditionelle Verwendungsweise eines Versmaßes kann durchaus im Laufe einer längeren geschichtlichen Entwicklung äußerst vielschichtig geworden sein, so daß es nicht immer leicht fällt, den genauen Anknüpfungspunkt zu bestimmen, denn nicht immer liegen die Fakten so klar auf der Hand wie in unseren Beispielen. In einem anderen Zusammenhang hat FRIEDRICH BEISSNER bei der Betrachtung der „Geschichte der Elegie" (2. Aufl., Berlin 1961) mindestens drei Kräfte hervorgehoben, die im künstlerischen Gebilde zusammenwirken: den eigenen neuen Antrieb, den tragenden Widerhall und das erweckende Vorbild. Ohne Zweifel kann auch die äußere Formung, in unseren Beispielen sogar das Versmaß, ein wesentlicher Bestandteil ← freilich niemals der ausschließliche – dieses erweckenden Vorbildes sein. Es leuchtet ein, daß ein solches Vorbild nicht als irgendwie verschwommener Allgemeinbegriff eines abstrakten Schemas existieren kann, sondern daß es von seinem Inhalt her immer ganz bestimmt historisch geprägt ist und dadurch Konturen erhält, die nur diesem einen Kunstwerk eigen sind. Was Beissner für die Elegie als künstlerische Gattung konstatiert, gilt im übertragenen Sinne auch für gewisse Versformen und ihre durch die Tradition bestimmte Verwendungsweise. Demnach gibt es zumindest zwei „Wirkungsmöglichkeiten der Überlieferung, die unmittelbar anschließende und die zurückspringende". Beide sind auf eigentümliche Weise miteinander verflochten. „Die Vergangenheit wirkt also nicht nur durch ununterbrochene, unmittelbare Überlieferung, sondern auch durch den immer nur auf andre Weise möglichen Rückgriff auf ein noch weiter zurückliegendes Vorbild".

Dafür liefert die Versgeschichte noch viele Beweise; erinnern wir uns nur daran, daß Goethe die Anregung zu seinen Dichtungen in Knittelversen, die bei ihm bezeichnenderweise nur bestimmten Inhalten offenstehen, direkt durch das Studium der Verse von Hans Sachs empfing, aber nicht wie Hans Sachs die Silben zählte, sondern auf den noch älteren freien Knittelvers zurückgriff, der nicht an eine feste Silbenzahl gebunden war (vgl. S. 167). Wie selbstverständlich stellt sich dieses Versmaß 1776 bei der „Erklärung eines alten Holzschnittes, vorstellend Hans Sachsens poetische Sendung" ein, wo Goethe von den im Knittelvers erlaubten Freiheiten der sprachlichen Füllung zunächst nur sparsamen Gebrauch macht. Das Versmaß paßt sich hier dem bewußt archaisierenden Stil an, der auch in der Reimbildung und in einer gewissen Vorliebe für altertümliche Wörter, Wendungen und Satzkonstruktionen zum Ausdruck kommt und damit ganz zum dargestellten Inhalt paßt.

Eine doppelte Funktion erfüllen die Knittelverse in Fausts Eingangsmonolog. Zu ihrem Teil wirken sie mit, das Zeitkolorit zu schaffen, andererseits betonen sie von Anfang an Fausts Volksverbundenheit; denn der Knittelvers galt zur Goethezeit als mehr volkstümlicher Vers. Dort, wo im Faust die Stimmung ins rein Lyrische umschwingt (V. 386 *O sähst du, voller Mondenschein...*), gehen die Knittelverse in weitgehend alternierende jambische Vierheber über. Daß sich der Knittelvers auch für Goethes volkstümliche Balladen vortrefflich eignet, beweisen z. B. seine „Legende vom Hufeisen" und „Johanna Sebus". Doch selbst im „West-östlichen Diwan" stellen sich diese rhythmisch freien Verse unvermittelt ein, denn

> Um ihre Pflicht nicht zu versäumen,
> Um einem Deutschen zu gefallen,
> Spricht eine Huri in Knittelreimen.
>
> (Goethe)

Natürlich erhalten diese Verse damit eine ganz andere Ausdrucksfunktion als die vorher besprochenen Verspartien. Es zeigt sich, daß man sich vor unbedachten Gleichsetzungen hüten muß.

Wieder andere Aufgaben übernimmt der Knittelvers in Schillers „Wallenstein". Er wird benutzt, um das sprachliche Kolorit für „Wallensteins Lager" zu geben, während im Gegensatz dazu die Personen in den „Piccolomini" und in „Wallensteins Tod" nur in Blankversen sprechen, die eine gehobene Ausdrucksweise charakterisieren.

Unser folgendes Beispiel zeigt, wie die Auseinandersetzung mit der Form direkt in die inhaltliche Aussage eines Gedichtes einbezogen wird. Zur Zeit der Klassik und Romantik galt das Sonett nicht nur als eine sehr beliebte, sondern auch als eine äußerst strenge Form, durch deren Meisterung viele ihre dichterischen Fähigkeiten nachzuweisen versuchten, denn Metrum und Reimverschränkungen mußten genau eingehalten werden, eine Kunstübung, die Goethe einmal – übrigens in einem Sonett – mit Recht abgelehnt hat:

Ich schneide sonst so gern aus ganzem Holze,
Und müßte nun doch auch mitunter leimen.

Daraus darf man aber keine generelle Abkehr vom Sonett ablesen, sondern abgelehnt wird nur die seelen- und geistlose Verwendung einer Gedichtform
ohne das sie tragende große echte Gefühl. Denn wenig später zeigt Goethe
selbst, was diese Kunstform zu leisten imstande ist (Vgl. Goethes Sonett „Natur
und Kunst", S. 200).
Im Jahre 1808 setzte er sich in dichterischer Form noch einmal mit dem Problem auseinander, indem er den Zweifel durch die Liebenden aufheben läßt,
die allein die Synthese zu vollziehen vermögen.

Die Zweifelnden

Ihr liebt, und schreibt Sonette! Weh der Grille!
Die Kraft des Herzens, sich zu offenbaren
Soll Reime suchen, sie zusammenpaaren –
Ihr Kinder, glaubt, ohnmächtig bleibt der Wille.

Ganz ungebunden spricht des Herzens Fülle
Sich kaum noch aus; sie mag sich gern bewahren,
Dann Stürmen gleich durch alle Seiten fahren,
Dann wieder senken sich zu Nacht und Stille.

Was quält ihr euch und uns, auf jähem Stege
Nur Schritt vor Schritt den lästgen Stein zu wälzen,
Der rückwärts lastet, immer neu zu mühen?

Die Liebenden

Im Gegenteil, wir sind auf rechtem Wege!
Das Allerstarrste freudig aufzuschmelzen,
Muß Liebesfeuer allgewaltig glühen.

(Goethe)

Ähnlich setzt sich Johannes R. Becher in dem auf S. 201 abgedruckten „trun-
kenen Sonett" mit der Tradition des Sonette-Dichtens auseinander. Und wer
genau hinhört, wird bemerken, daß der Widerstreit, der die alte Form durchrüttelt und sie fast zu sprengen droht, in dem zweiten Quartett auch formal zum
Ausdruck kommt, denn gerade in diesen Zeilen wird die strenge Reimver-
schränkung aufgegeben, gewissermaßen von innen her umgestaltet.

Wir stellen also fest: Für jede Versform sind mindestens zwei
Faktoren wichtig. Jede Versform hat neben der subjektiv-stilisti-
schen Seite, die durch den einmaligen Inhalt, durch die Sprechsituation und die persönliche Eigenart ihres Urhebers bedingt ist,

ihre objektiv-historische Seite. Nur ganz selten schafft sich ein Dichter seine Formen vollkommen neu. In der Regel wählt er aus schon vorhandenen Formen aus, bildet sie nach und entwickelt sie dadurch weiter oder läßt sich von den vorhandenen Formen zu neuen Schöpfungen anregen. Immer tritt er damit in ein Verhältnis zu bestimmten Traditionen. Die Verslehre muß beide Faktoren berücksichtigen.

Unsere grundsätzlich historische Sicht bedeutet nicht, daß wir immer erst lange Zeiträume überblicken müssen, um zu vertieften Einsichten zu gelangen. Selbst die Abfolge mehrerer Strophen in ein- und demselben Gedicht kann als historisches Phänomen erfaßt und verstanden werden. Für die erste Strophe steht die Wahl der dem Inhalt adäquaten Form noch frei, in den nächsten Strophen oder Versen ist der Dichter schon an einen bestimmten Rhythmus gebunden und steht unter dem Gesetz einer selbst gewählten oder selbst geschaffenen Tradition.

In seinem Gedicht „Die Stadt" gelingt es Theodor Storm, im Rhythmus der ersten Strophe den einförmigen und in seiner Stimmung leicht bedrückenden Wellenschlag des ständig anrauschenden Meeres einzufangen:

> Am grauen Strand, am grauen Meer
> Und seitab liegt die Stadt;
> Der Nebel drückt die Dächer schwer,
> Und durch die Stille braust das Meer
> Eintönig um die Stadt.
>
> (Storm)

Hebung und Senkung wechseln regelmäßig ab, und dieser Wechsel kommt auch zwischen den Zeilen nicht zur Ruhe, denn sie sind miteinander „verfugt" (am grauen Meer Und seitab ...). Zwar endet jede Zeile mit einer Hebung, doch beginnt dafür jeweils die nächste Zeile mit einer Eingangssenkung. Noch wesentlicher ist für den Gesamteindruck, daß der Abstand in der Betonung zwischen den Vershebungen und Verssenkungen annähernd gleich und damit sehr deutlich ausgeprägt ist. Dadurch kommt eine gewisse Monotonie in das Gedicht, die ihre künstlerische Berechtigung darin hat, daß sie die Gesamtstimmung akustisch widerspiegelt. Dennoch enthält der Rhythmus gewisse Unregelmäßigkeiten, ja Störungen, die aber wiederum in dem beschriebenen Naturvorgang ihr Vorbild haben. Nicht jede Welle rollt an, bricht sich und verebbt dann wieder; manchmal treten leichte Verzögerungen ein. Dem gleicht in der letzten Zeile unserer Strophe die Wirkung der „schwebenden Betonung" (eintönig), die für den Gesamtaufbau der Strophe daneben noch andere Aufgaben zu erfüllen hat (vgl. § 9 b und 9 c, S. 100 ff. und 108).

Bestimmt ist es kein Zufall, daß sich gerade in dem Wort, das gewissermaßen das Schlüsselwort für die ganze Strophe bildet, der Abstand zwischen Eingangssenkung und nachfolgender Hebung deutlich verringert. Indem beide Silben fast gleich stark betont werden, wird diese Vorstellung vom rhythmischen Fluß der Rede besonders auffällig herausgehoben. Wir können die Gegenprobe machen und versuchen, durch Veränderung der Wortwahl die leichte metrische „Störung" zu beseitigen: *Und durch die Stille braust das Meer ganz ruhig um die Stadt oder: im Gleichton um die Stadt.* Jetzt erkennen wir erst die Kunst des Dichters. Denn abgesehen von der Unangemessenheit der Wortwahl verlieren die Verse durch diese kleine metrische Änderung viel von ihrer ursprünglichen Ausdruckskraft.

Die bedrückende Einförmigkeit kommt aber auch im Gruppenbau zum Ausdruck. Gleich die erste Zeile wird durch den deutlich markierten Einschnitt hinter *Strand* in zwei rhythmisch fast gleiche Hälften geteilt. Nachdem der Grundrhythmus in dieser Weise unterstrichen worden ist, erübrigt sich für die folgenden Zeilen eine so strenge Unterteilung, weil der Rhythmus der ersten Zeile noch weiter im Gedächtnis nachhallt. In der ersten Zeile der zweiten Strophe (Es rauscht kein Wald, es schlägt im Mai...) stellt sich diese Gruppengliederung erneut ein.

Das Bild des ewig rauschenden Meeres wird nicht zuletzt durch die Melodieführung und durch das kunstvolle Ausnutzen der Möglichkeiten der fünfzeiligen Strophe eingefangen. Ton- und Melodieführung steigen allmählich auf, wachsen an und fallen wieder in der nächsten Zeile, die um eine verwirklichte Hebung kürzer ist:

Derselbe Vorgang wiederholt sich, doch mit einer wesentlichen Ausnahme. Rhythmus und Kraft stauen sich, das Abklingen wird hinausgezögert, und erst die letzte Zeile schwingt voll aus und erreicht die eigentliche Lösungstiefe. Dadurch fällt auch vom Inhalt her gerade auf die fünfte Zeile ein besonderes Gewicht:

Schwebende Betonung und die stauende Wirkung des Enjambements tun ein übriges, um diesen Eindruck zu verstärken. Unterstrichen wird die innere Gliederung der Strophe durch die Reimbildung ab aab.

Wieder machen wir eine Gegenprobe und beobachten, was geschieht, wenn wir den Text so ändern, daß nur noch eine zweiteilig gleichgebaute vierzeilige Strophe übrigbleibt:

39

> Am grauen Strand, am grauen Meer
> Und seitab liegt die Stadt;
> Und durch die Stille braust das Meer
> Eintönig um die Stadt.

Ebenso könnte man in der zweiten Strophe

> Es rauscht kein Wald, es schlägt im Mai
> Kein Vogel ohn' Unterlaß;
> Die Wandergans mit hartem Schrei
> Nur fliegt in Herbstesnacht vorbei,
> Am Strande weht das Gras.

die dritte und vierte Zeile zusammenziehen zu: *Die Wandergans nur fliegt vorbei.* Mit der natürlichen Einbuße an inhaltlicher Anschaulichkeit geht ohrenfällig eine Verflachung der rhythmischen Wölbung einher, die den Grundrhythmus in Frage stellt und dem Inhalt nicht mehr angemessen ist. Man könnte nun fragen: Wenn wir den Inhalt der Worte und Sätze löschen, so daß nur noch die Betonungsabstufungen und die Melodie zu erkennen sind, können dann Rhythmus und Tonführung allein die Vorstellung vom eintönigen Rauschen des Meeres vermitteln? Das wäre vom Sprachkunstwerk zu viel verlangt. Erst Inhalt, poetische Auffassung und die äußeren Formmerkmale zusammen erreichen die komplexe Wirkung des Kunstwerkes und bedingen einander. Ohne den genauen Inhalt der Verse zu kennen, wäre es zum Beispiel dem Sprecher gar nicht möglich, Rhythmus und Tonfall in dieser Weise zu Gehör zu bringen. Aber diese einmal gewonnene Erfahrung von der Aussagekraft der Form, die in der ersten Strophe nur durch die Verbindung mit ihrem konkreten Inhalt zustande kommt, überträgt sich nun auch auf die nächsten Strophen des Gedichts, aus denen wir jetzt ebenfalls das Meeresrauschen heraushören, obwohl diese Vorstellung hier weniger deutlich ausgesprochen wird. Überspitzt könnte man sogar formulieren: wäre uns nur die letzte Strophe überliefert, die erste aber verlorengegangen, so könnten wir in ihr den Grundrhythmus des gesamten Gedichts entweder überhaupt nicht oder nur mit abgeschwächter Intensität erfassen, denn es tritt ja ein neuer Inhalt hinzu, der seinerseits den Grundrhythmus nicht einfach mechanisch wiederholt. Indem der Grundrhythmus aufgenommen wird, wird er gleichzeitig variiert und der neuen Stimmung angepaßt, die gerade in der dritten und letzten Strophe wesentlich gelöster und bejahend ist:

> Doch hängt mein ganzes Herz an dir,
> Du graue Stadt am Meer;
> Der Jugend Zauber für und für
> Ruht lächelnd doch auf dir, auf dir,
> Du graue Stadt am Meer.

Die strenge Gruppenteilung in der jeweils ersten Zeile der beiden vorangegangenen Strophen ist aufgehoben, die vorher etwas eintönige Gewichtverteilung auf Hebungen und Senkungen wird aufgelockert. Die rhythmische
Strenge der ersten Strophe wird der neuen Stimmung entsprechend nunmehr
gefällig umspielt, ohne daß sie freilich gänzlich aufgehoben würde. Beim Fort-
schreiten von Strophe zu Strophe gewinnt das Gedicht auch in seiner rhythmischen Linienführung bei gleichbleibendem Metrum und gleichbleibendem
Grundrhythmus ständig eine veränderte Gestalt. Hierin zeigt sich die Aufnahme
und Fortentwicklung einer durch die erste Strophe (nur für dieses Gedicht) begründeten Tradition.

Daß diese Tradition aber nicht auch für andere Gedichte gilt, die metrisch denselben Bau, ja sogar dieselbe Zeilengliederung und Reimbindung haben, beweist Storms Gedicht „Die Nachtigall" (vgl. § 26 c, S. 220), in dessen fünfzeili-
ger Strophe überhaupt nichts vom eintönigen Meeresrauschen zu spüren ist.
Will man den Rhythmus dieses Gedichtes in seiner Wirkung genau erfassen, so
hat die strenge Einzelinterpretation aufs neue zu beginnen, wobei der anders-
geartete Inhalt und die Stimmung der Verse sorgfältig zu berücksichtigen sind.
Andererseits folgt aus unserer Interpretation des Gedichts nicht, daß das Meeresrauschen und die dargestellte Stimmung nur von dieser einen Form adäquat
widergespiegelt werden können. Davon kann man sich leicht durch einen Blick
in unsere vielgestaltige Versdichtung überzeugen.

Zwar verbinden sich in jedem Einzelkunstwerk Form und Inhalt
stets zu einer dialektischen Einheit, aber diese Einheit stellt sich
von Fall zu Fall jeweils neu her, und keineswegs haben wir mit
einer unwandelbaren 1:1-Entsprechung zu rechnen. Nicht zuletzt
liegt der ästhetische Reiz eines Kunstwerkes in dem feinen Widerstreit zwischen diesen beiden Polen, der sich in seinem Charakter
zudem ständig ändert.

Die Verswahl ist natürlich immer nur eine Komponente der Formgebung, manchmal sogar eine recht untergeordnete. Daher ist die
Verslehre von der Natur ihres Gegenstandes her kein in sich selbst
abgeschlossener Wissenschaftszweig; sie betrachtet das dichterische Kunstwerk unter dem besonderen Aspekt der Versform.
Als Ganzes ist sie Teil der Literaturwissenschaft. Es gibt daher
keine selbständige Geschichte der metrischen Formen, weil Entstehung, Entfaltung und Vergehen metrischer Gebilde durch die
Gesamtentwicklung der Literatur bedingt und hervorgebracht
werden. Die Geschichte der Formen kann also nur als Teil der Geschichte der Dichtkunst verstanden werden.

Es muß die Aufgabe der Forschung bleiben, noch tiefer in das komplizierte und vielfältig gebrochene Wechselverhältnis zwischen Versform und Inhalt einzudringen, um auch hier die Kausalbeziehungen aufzudecken. Damit ließe sich auch ein sicherer Standort gewinnen für die Beantwortung der immer wieder zu stellenden Frage nach der einem bestimmten Inhalt adäquaten metrischen Formung. Wohl gibt es schon einige Hinweise und Beobachtungen von Dichtern, etwa von Johannes R. Becher oder von Bertolt Brecht, auch bietet die wissenschaftliche Darstellung von Elise Riesel oder von Ernst Stein Ausblicke auf diese Problemstellung; dennoch reicht das Material bei weitem nicht aus, um schon jetzt zu umfassenden neuen Ergebnissen zu gelangen. Viele Einzeluntersuchungen werden noch nötig sein, bis sich ein gesichertes Fundament legen läßt.

Unsere Darstellung soll zunächst nur über die wichtigsten Begriffe orientieren, soll einen mehr beschreibenden als bereits deutenden Überblick über die meist gebrauchten Vers- und Strophenformen und über die wichtigsten Baugesetze des deutschen Verses geben. Damit wird aber tatsächlich nur ein allererster Schritt vollzogen, der nach weiterem Vorwärtsschreiten in der angedeuteten Richtung verlangt.

Unserer Zielsetzung entsprechend wurde im wesentlichen nach systematischen Gesichtspunkten geordnet. Die strenge Form des Erklärens wurde aufgelockert durch Einfügung zahlreicher Vers- und Textproben. Um die Vielfältigkeit der Ausdrucksmöglichkeiten recht augenfällig zu zeigen, haben wir auch längere Verspartien aufgenommen. Zwar verstößt dieses Verfahren gegen die altgewohnte Form einer Metrik und vor allem gegen die Form eines Abrisses, hat dafür aber den Vorteil, daß es dem Leser ständiges und ermüdendes Nachschlagen erspart, zumal die Ausgaben der genannten Werke nicht immer gleich zur Hand sein werden. Außerdem möchten wir den Leser dadurch in die Lage setzen, sich selbst ein Urteil zu bilden. Gerade diese Proben sollen die Darstellung abrunden und anschaulicher machen.

B. GRUNDLAGEN UND GRUNDFRAGEN DER DEUTSCHEN VERSKUNDE

§ *1 Bestimmung des Verses und des Rhythmus*

Wir unterscheiden zwischen *Vers* und *Prosa,* zwischen *gebundener* und *ungebundener Rede.*

Der Vers hebt sich von der Prosa zunächst durch sein Schriftbild ab. Verse werden zeilenmäßig voneinander abgesetzt. Doch diese Zeilenschreibung ist ein rein äußerliches Merkmal. Das Wesen des Verses kann nicht vom Schriftbild, sondern allein von seinem Klangbild her erfaßt werden; denn der Vers ist nicht für das Auge, sondern für das Ohr bestimmt, Versdichtungen sind sprachmusikalische Kunstwerke, die erst im lebendigen Vortrag – gesprochen oder gesungen – ihre Schönheit ganz offenbaren.

Der *Reim* liefert kein Kriterium für den Vers. Wir brauchen hier nur an die reimlosen Versmaße (Blankvers, Hexameter usw.) zu erinnern.

Vers und Prosa unterscheiden sich allein durch ihre rhythmische Gestaltung; jedoch ist es nicht so, daß nur dem Vers Rhythmus zukommt, der Prosa aber jeglicher Rhythmus fehlt. Auch die Prosa drängt nach rhythmischer Gestaltung (siehe z. B. die Luther-Bibel, Goethes „Werther", Hölderlins „Hyperion", die Sprache H. von Kleists, Th. Manns usw.). Vers und Prosa aber unterscheiden sich durch verschiedene rhythmische Linienführung. Im Vers ist der Rhythmus nach ganz bestimmten Gesetzen fest geregelt. Für jeden Vers läßt sich ein *festes Geripp* herausschälen, das in den ihn umgebenden und korrespondierenden Versen seine Entsprechung findet. Dieses Gerippe nennen wir das *Grundmaß,* auch den *metrischen Rahmen.* Einige Forscher sprechen hier auch vom *orchestischen Rhythmus.*

Diesen metrischen Rahmen erhalten wir dann ziemlich rein, wenn
wir die Verse mechanisch skandieren:

Ánmut spáret nícht noch Mühe,   xx xx xx xx

Léidenscháft nicht nóch Verstánd, xx xx xx x

Dáß ein gútes Déutschlánd blühe, xx xx xx xx

Wíe ein ándres gútes Lánd.   xx xx xx x.
            (Brecht, Kinderhymne)

Es ríef die Zéit ihn án, dáß er beríchte: x xx xx xx xx xx

In schlíchten Wórten sprách er díe Gedíchte. x xx xx xx xx xx

Das Állerschwérste áber wár: das Schlíchte, x xx xx xx xx xx

Und díeses Schlíchte wár: die Méisterscháft. x xx xx xx xx x
            (Becher, Das Schlichte)

Pfíngsten, das líebliche Fést, war gekómmen: es grünten und blühten

Féld und Wáld; auf Hügeln und Höh'n, in Büschen und Hécken

Übten ein fröhliches Líed die néuermúnterten Vögel;...
            (Goethe, Reineke Fuchs)

Der metrische Rahmen der Zeile besteht im letzten Beispiel aus
jeweils sechs Takten:

| xxx | xxx | xxx | xxx | xxx | – x |
| – x | – x | xxx | – x | xxx | – x |
| xxx | xxx | – x | – x | xxx | – x | vgl. S. 186 ff.)

Der Rahmen verbindet die einzelnen Zeilen; eine Zeile, ganz für
sich allein stehend und aus ihrem Zusammenhang herausgelöst,
kann niemals ein Vers sein bzw. als Vers erkannt werden. Jede
Verszeile weist über sich hinaus, verlangt ihre Ergänzung. Ein
metrischer Rahmen ist nur dem Verse, niemals der Prosa eigen.
Der Rahmen tritt im Vers beim Lesen oder beim Vortrag selten
rein hervor, weil wir eben nicht mechanisch skandieren dürfen.
Das Grundmaß wird vom freien Rhythmus der Sprache umspielt.

Dadurch entstehen innerhalb des Versrahmens mannigfache Abstufungen und Variationen. Zwei Bestandteile begründen demnach den Vers:

1. Der *Aufbau des metrischen Rahmens,* des *Grundmaßes,* den wir mit Franz Saran auch den *orchestischen Rhythmus* nennen.

2. Die *rein sprachliche Gliederung,* die wir mit Franz Saran auch als *akzentuelle Gliederung* bezeichnen.

Der metrische Rhythmus, der das Wesen des Verses bestimmt, ist ein Mischrhythmus. In ihm vereinigen und durchdringen sich orchestische und akzentuelle Gliederung.[1]

Daraus ergibt sich auch der richtige Vortrag der Verse: wir dürfen weder mechanisch skandieren noch Verse als reine Prosa lesen. Beide Bestandteile müssen im Vortrag zu ihrem Recht kommen.

„Erkennt der Sprecher die Gesetzmäßigkeit der Versform und deren Zusammenwirken mit dem natürlichen Sprechrhythmus, hat er die Möglichkeit, durch bewußtes Einsetzen entsprechender Klangfaktoren den Reiz versrhythmischer Klangstrukturen deutlich zu machen und damit die ästhetische Wirksamkeit der Dichtung zu erhöhen".[2]

Auf der anderen Seite muß, wer Verse schreiben will, nicht nur die Versmaße kennen, sondern er muß vor allem die prosodischen Regeln beherrschen, die es ihm ermöglichen, die ganze synonymische und rhythmische Variantenfülle seiner Sprache für sein poetisches Anliegen voll auszuschöpfen, indem er die geeigneten Formen auswählt. Seit der Antike gehört denn auch die Prosodie, d. h. die Lehre von der angemessenen Sprach- und Stilgebung im Vers, zu den festen Bestandteilen jeder Verslehre. Wie die Versgeschichte ausweist, haben sich die Ansichten über die prosodische Eignung von Silben, Wörtern und Sätzen für den Aufbau von Versen mehrfach geändert. Das hängt nicht nur mit der Entwicklung und mit dem Charakter der Sprache selbst zusammen, sondern auch mit der Einsicht, die man in den Bau der eigenen Sprache hatte. Hinzu kommt der Versuch zur Nachahmung fremder Vorbilder, vor allem lateinischer und später auch französischer Verse, von denen man nicht nur die Versmaße, sondern auch man-

---

[1] In der Bestimmung des Verses folgen wir weitgehend Franz Saran.

[2] *Einführung in die Sprechwissenschaft.* Von einem Autorenkollektiv unter Ltg. von Helmut Stelzig. Leipzig 1976, S. 256.

che prosodische Regel übernahm, auch wenn sie nicht eigentlich für die deutsche Sprache gemacht und geeignet war. Die Prosodie sollte sich jedoch auch mit den stilistischen Aspekten des Satzbaues und Wortgebrauchs im Vers beschäftigen.[1] Zum Beispiel ist bekannt, daß im Deutschen der Satz im Vers weit variantenreicher auftreten kann als in der Prosa. Solche weiterreichenden Freiheiten des Satzbaues führen nicht nur zur poetischen Erhöhung des Stils, sondern erlauben es auch, in Verbindung mit dem Inhalt den Ideengehalt in spezifischer Weise zum Ausdruck zu bringen. Nicht jedes Wort ist von seiner Stilfärbung oder von seinem kommunikativen Gewicht her geeignet, sich dem Stil der Verse einzufügen oder den Reim zu tragen. Deshalb beschäftigte sich z. B. schon Martin Opitz in seinem kleinen Büchlein von 1624 sehr ausführlich mit der „zubereitung und ziehr der worte".

Im Idealfall fallen für uns heute die Regeln, nach denen Verse gemacht (Regeln für die Versifikation, die die prosodischen Regeln voraussetzen) werden, und die Regeln, nach denen die Verse rezipiert und vorgetragen werden (Vortragsregeln), zusammen. Darauf aber, daß diese neuzeitliche Errungenschaft, die in ihrem Kern auf die von Martin Opitz begründete Versreform zurückgehen dürfte, zumindest für einige Perioden und Strömungen in der Versgeschichte zwischen dem 14. und 17. Jahrhundert durchaus nicht so selbstverständlich war, hat Christian Wagenknecht am Beispiel der „Renaissanceverse" von Georg Rudolf Weckherlin (1584–1653) hingewiesen.[2] In den Verslehren jener Zeit wurden allein die Regeln für die Prosodie und für die Versifikation aufgezeichnet. Da wir kaum Hinweise darauf haben, wie diese Verse vorgetragen werden sollten, ist von der Forschung die rhythmische Ausdruckskraft solcher Verse, die sich ja erst im lebendigen Vortrag voll erschließt, recht unterschiedlich gedeutet worden. Während die einen, die sich vor allem auf Andreas Heusler beriefen, bei Versen, die in diesen Jahrhunderten nach französischem

[1] Zu den übergreifenden Fragen des Verhältnisses von Sprache und Stil vgl.: Wolfgang Fleischer und Georg Michel (Hrsg.): *Stilistik der deutschen Gegenwartssprache.* Leipzig 1975; E. Riesel und E. Schendels: *Deutsche Stilistik.* Moskau 1975; Erwin Arndt: *Zu einigen Aspekten der sprachkünstlerischen Gestaltung.* In: Werner Herden (Hrsg.): *Probleme der Literaturinterpretation* (Einführung in die Literaturwissenschaft in Einzeldarstellungen). Leipzig 1978, S. 94 ff.

[2] Christian Wagenknecht: *Weckherlin und Opitz. Zur Metrik der deutschen Renaissancepoesie.* München 1971.

Vorbild eine feste Silbenzahl aufwiesen (s. S. 159), nur alternierenden Vortrag gelten lassen wollten, der es mit den deutschen Be-
tonungsgesetzen nicht so genau nahm und deshalb auch Tonbeugungen zuließ (s. § 6, S. 88), halten wir es mit Wagenknecht
für wahrscheinlicher, daß z. B. ein Dichter wie Weckherlin durch
sein weitgehend durch französische Vorbilder bestimmtes Versi-
fikationsprinzip genügend Spielraum erhielt, beim Vortrag den
Rhythmus seiner Verse ihrem Inhalt gemäß frei auszuprägen.
Dadurch ist es Weckherlin durchaus gelungen, „seine Worte innerhalb der metrischen Freiräume ... dem Duktus und Gestus des
Sprechens gemäß zu verteilen"[1]. Besonders für die versgeschicht-
liche Betrachtung früherer Verse ist also im Einzelfall genau zu
untersuchen, wie sich die Regeln für die Versifikation zu den Regeln für den Vortrag verhalten.

Man kann das Verhältnis zwischen dem metrischen Rahmen und
dem konkreten Einzelvers auch als Beziehung zwischen Norm
und Realisation fassen, wie es FELIX TROJAN in Anlehnung an
FERDINAND DE SAUSSURE vorschlägt (Zeitschrift für Phonetik, 6
[1952], S. 180 ff.). Schon in der Antike bemühte man sich um die
Erklärung dieses Gegensatzes von Schema und konkretem Einzelvers. Die aristotelische Schule kam hier zum Begriffspaar *Gestalt*
(*Gestaltetes* oder *Form*) – *Material*. Die Platoniker stellten *Urbild*
(auch Idee) und *Gestalt* gegenüber. In allen Fällen jedoch war der
eigentliche Ursprung der *Idee,* des *Urbildes,* der *Form,* der *Norm*
usw. unbekannt und wurde deshalb vielfach metaphysisch erklärt.
Solche idealistisch-metaphysischen Auffassungen vom Ursprung
und Wesen des Verses haben sich z. T. bis heute erhalten. Begriffs-
paare wie *Form* und *Gestalt, Idee* und *Gestalt,* ja selbst *Norm* und
Realisation können zu falschen Vorstellungen führen.

Denn in Wirklichkeit geht kein echter Dichter von einem blut-
leeren, abstrakten Schema aus, um einen neuen Vers zu gestalten.
Sein direktes Vorbild ist ein konkreter Einzelvers mit all seinen
rhythmisch-melodischen Variationen und Differenzierungen. Der
Weg führt von einem konkreten Vers wieder zum konkreten Vers
und nicht erst über ein Schema. Ein Schema ist immer erst nachträglich durch Abstraktion gewonnen worden und soll nur zum
besseren Verständnis hinführen. Als Otfrid seinen deutschen Reim-

[1] Ebd., S 37.

vers schuf, hatte er den Rhythmus reimender lateinischer Hymnen im Ohr und nicht ein papierenes Schema vor Augen. Als Matthias Claudius sein Abendlied sang, da ging er von Paul Gerhardts Lied „Nun ruhen alle Wälder" direkt aus und zeichnete sich nicht erst ein metrisches Schema von dieser Strophe. Und so schaffen viele Dichter ihre Werke nach bekannten Melodien.

Daraus folgt: Es gibt überhaupt keinen *reinen Vers*, kein *reines Grundmaß. Der metrische Rahmen* (s. § 4) *tritt immer nur in Verbindung mit anderen spezifischen Eigenschaften auf.*

Mit Heusler das Wesen des Verses allein in der „takthaltigen Rede" zu sehen, wäre demnach zu eng. Entweder ist der Takt eine rein mechanische Größe und bezeichnet den etwa gleichen Abstand von Hebung zu Hebung, oder er wird, wie in unserem Abriß, als rein abstrakter Begriff gefaßt und kann damit niemals Grundelement des lebendigen Rhythmus sein. Außerdem lassen sich nicht mehr alle Verse taktmäßig gliedern.

Hier wird es nötig, den Rhythmusbegriff genauer zu fassen. Auch ständiger gleichmäßiger Wechsel von gegeneinander abgestuften Taktteilen kann monoton wirken und dem echten rhythmischen Erlebnis geradezu entgegenwirken. Nach unserer Auffassung entsteht Rhythmus erst dann, wenn ein solcher Wechsel tatsächlich oder beim ästhetischen Nachvollzug frei variiert wird. Dazu gibt es vielfältige Mittel, zum Beispiel können sich die Abstände von einer Hebung zur anderen leicht verschieben. Die Schwereverteilung der Silben wird sich fast nie vollständig gleichen. Unterschiedliche Tonhöhen und die Einordnung in eine Sprechmelodie tragen zur weiteren Auflockerung bei. Ebenso sind der Inhalt der Silben und Wörter, ihr spezifischer Klang und Tonfall nicht unwichtig. Die Variation in vorbestimmter Gleichheit ist somit ein wesentliches Merkmal des Rhythmus schlechthin und des Versrhythmus im besonderen. Dabei nutzt der Vers die Voraussetzungen, die die sprachliche Gliederung für die Ausprägung rhythmischer Klangfiguren mitbringt. Der Rhythmus untergliedert eine sprachliche Äußerung „in kleinere Sprecheinheiten und faßt sie wieder zu höheren Strukturen zusammen. Er wirkt im zeitlichen Nacheinander der einzelnen Glieder, kennzeichnet den Bewegungsablauf der Sprache. Als Gliederung und Verbindung drängt die rhythmische Bewegung zur Gestaltbildung und Strukturierung. Die Wiederkehr ähnlicher Glieder – besonders beim Versrhythmus – gehört zu seinen Merkmalen, die vor allem seine Nacherlebbarkeit und seinen Nachvollzug erleichtern. Bei sehr freier Handhabung der rhythmischen Formung wird die Wahrnehmung der Wiederkehr des Ähnlichen schwieriger."[1]

Allerdings bestehen in der Wissenschaft und auch im allgemeinen Sprachgebrauch zwei voneinander abweichende Ansichten über das Wesen des Rhythmus. Die einen fassen den Rhythmus als ein Naturphänomen auf und verweisen auf die regelmäßige Wiederkehr des Wellenschlages, des Wechsels von Tag und Nacht, der Jahreszeiten, auf den Herzschlag oder auf das Pulsieren des Blutes. Hier wird Rhythmus weitgehend mit jenem regelmäßigen Wechsel gleichgesetzt, den man in naturwissenschaftlicher Terminologie besser mit Periodizität umschreiben könnte. Die anderen halten den Rhythmus für eine spezifische Form des ästhetischen Erlebens.

Wir neigen zur letzten Ansicht und glauben, daß dem Rhythmus zwar Naturphänomene zugrunde liegen, daß diese selbst aber noch nicht seine konkrete Erscheinungsform ausmachen. Periodische Vorgänge, bei denen zwei oder mehr Elemente zu einer Ganzheit gekoppelt werden, in der die Teile abwechselnd bestimmend sind, existieren zunächst rein objektiv und unabhängig von der menschlichen Wahrnehmung, und zwar sowohl außerhalb des Menschen als auch im Körper des Menschen, z. B. im Pulsschlag des Blutes oder als Tätigkeit unseres zentralen Nervensystems. Das rhythmische Erlebnis kommt aber erst dadurch zustande, daß vom Menschen, vom Subjekt also, der eine Vorgang mit dem anderen in Beziehung gebracht wird. HELLMUTH BENESCH hat das in seiner Studie „Das Problem des Begriffes Rhythmus" (Wissenschaftl. Zeitschrift der Friedrich-Schiller-Universität Jena, Jg. 4, 1954/55, Gesellschafts- und Sprachwissenschaftliche Reihe) durchaus richtig gesehen, auch wenn er den Gebrauch des Wortes Rhythmus auf diese Periodizität, von ihm als „Objektrhythmus" bezeichnet, ausdehnte: „Zu dem Eigenrhythmus kommt

---

[1] *Einführung in die Sprechwissenschaft*, 1975, S. 252. Die Autoren dieses Buches neigen allerdings dazu, den Rhythmusbegriff zu weit zu fassen und ihn mit dem „klanglich wahrnehmbaren Gliederungsprinzip jeder sprachlichen Äußerung" gleichzusetzen (S. 255 u. 252), wodurch das Besondere der eigentlichen rhythmischen Gestaltung überdeckt wird.

nun der Fremdrhythmus, zu dem Objektrhythmus drinnen der Objektrhythmus draußen, zu der einen Ganzheit die andere. Und durch das Zusammentreffen der beiden an ihrer Schnittlinie entsteht das Neue: der Subjektrhythmus". Wir schlagen zur eindeutigen Unterscheidung vor, nur für dieses Neue, für den Subjektrhythmus also, den Namen „Rhythmus" beizubehalten. In diesem Sinne hat auch JOST TRIER in seinem Beitrag „Rhythmus" in der Zeitschrift „Studium generale", 2. Jg. 1949, erklärt, zum Rhythmus gehöre, daß er intendiert und erlebt werde, denn im Begriffe des Rhythmus liege etwas Tätiges, Strebendes; Rhythmus werde hervorgebracht, aber nicht nur hingenommen.

Wenn Rhythmus einseitig mit der einen oder der anderen Erscheinungsform der objektiven Materie gleichgesetzt wird, so liegt darin in jedem Fall eine unzulängliche Vereinfachung. Das Biologisch-Motorische im Menschen bildet zwar unbestreitbar eine notwendige Voraussetzung für das Zustandekommen des Rhythmus, ist für das Gesamterlebnis aber doch nur eine Komponente, die nicht einseitig isoliert oder verabsolutiert werden darf. Im Rhythmus werden demnach die Naturphänomene oder andere periodische Vorgänge, zum Beispiel die des taktmäßigen Arbeitens, des Tanzens oder der menschlichen Bewegung, bereits in einer nur für den Menschen spezifischen Form erlebnismäßig verarbeitet und somit auch bewältigt. Nicht zuletzt entspringt gerade daraus das für alles Rhythmische kennzeichnende Lustgefühl, womit man sich zum Beispiel beim Marschieren oder bei der Arbeit die Anstrengung erleichtern kann.

Auffällig ist auch, daß die meisten Rhythmen – und das entspricht dem Dasein des Menschen als Gemeinschaftswesen – in Gemeinschaft entstehen und weitergebildet werden, so daß dem Rhythmus von vornherein ein gemeinschaftsbildendes Element innewohnt. Darauf hat als einer der ersten der Nationalökonom KARL BÜCHER in seinem noch heute lesenswerten Buch „Arbeit und Rhythmus" (Leipzig/Berlin 1896, 6. Aufl. 1924) hingewiesen. Bücher wies nach, welche Bedeutung der Arbeitsprozeß und vor allem die Formen der Arbeit für die Herausbildung und Entwicklung mancher Rhythmen und des Rhythmusgefühls ganz allgemein gehabt haben. Rhythmische Gestaltung der Arbeit beschränkt nicht nur den physischen Käfteverbrauch des einzelnen, sondern ermöglicht auch die gleichzeitige Kraftaufbietung aller Beteiligten, wie man es zum Beispiel beim Rudern beobachten kann. Gleichzeitig zwingt der Rhythmus wegen seiner allgemeinen Verbindlichkeit zu gleicher Arbeitsleistung und steigert oder mindert die Arbeitsintensität.

Daß wir aber auch hier nicht mit einer monotonen, nur taktmäßigen Gestaltung zu rechnen haben, sondern daß die Monotonie durch Variation aufgelockert und umspielt wird, können wir an uns selber gut beobachten. Beim Marschieren treten wir – objektiv registriert – mit beiden Füßen gleich stark auf, bilden uns aber ein, den linken Fuß besonders zu beschweren, weil dieser Schritt unserer Gewohnheit entsprechend immer auf den betonten Taktteil der begleitenden Musik oder des begleitenden Liedes fällt. Der rhythmische Wechsel ist also in diesem Fall nicht von vornherein vorhanden, sondern die konkrete Abstufung, die Variation in vorbestimmter Gleichheit, wird erst durch uns geschaffen. So sind auch die primitivsten Arbeitsgesänge oder Tanzbegleitungen niemals völlig monoton, sondern – und gerade darin zeigt sich die fortschreitende ästhetische Verarbeitung – sie werden immer kunstvoller und variabler.

Für uns gehört der Rhythmus in das Gebiet der Ästhetik und nicht zuerst in das der Naturphänomene. Wenn man ganz allgemein und im undifferenzierten Sprachgebrauch auch Naturvorgänge so bezeichnet, so liegt darin eine Übertragung des ursprünglichen Sinnes. Aus diesem Grunde sprachen wir bei der Interpretation des Stormschen Gedichtes auf S. 38 ff. nicht vom Rhythmus der Wellen und des Meeres, denn nicht das Rauschen des Meeres selbst ist für sich allein schon rhythmisch, sondern es liefert nur die Grundlage für die rhythmische Erfassung dieser Naturerscheinung in der Kunst. Dadurch wird auch erklärt, warum ein und dasselbe Naturphänomen jeweils in verschiedener rhythmischer Gestalt vorkommen kann: Von anderen menschlichen Voraussetzungen aus sind eben unterschiedliche Aufassungsweisen und damit auch unterschiedliche Rhythmisierungen möglich. Rhythmus ist für uns eine spezifische Form der ästhetischen Widerspiegelung, ist aber deshalb doch nicht das Widergespiegelte selbst. Das ist eine wesentliche Unterscheidung, die auch sonst in der Kunstbetrachtung gemacht werden muß.

Das gemeinschaftsbildende Element des Rhythmus führt uns von einer ganz anderen Seite her wieder auf das bereits in der Einleitung erörterte Problem der Tradition. Was in der Gemeinschaft eine bestimmte Funktion erfüllt, kann nicht willkürlich verändert werden. Natürlich wäre es jedem einzelnen von uns möglich, etwa beim Marschlied den rechten Fuß auf den betonten Taktteil zu setzen, doch unterlassen wir es aus guten Gründen. Für das gemeinsame Marschieren wäre das nicht zweckmäßig, und außerdem haben wir uns frühzeitig an die andere Gepflogenheit gewöhnt. Dasselbe gilt in ähnlicher Weise für alle Tanzschritte.

Die Besonderheit des metrischen Rhythmus aller Verse liegt darin, daß der Rhythmus im wesentlichen mit Hilfe der sprachlichen Mittel ausgebildet werden muß. Uneingeschränkt gilt das für alle gesprochenen Verse (Sprechmetren), in gewissem Grade aber auch noch für die gesungenen Verse (Musikmetren), obwohl in ihnen gerade die musikalischen Mittel die Führung übernehmen können. Das darf freilich nicht zu dem Schluß führen, daß der Vers aus der ungebundenen Sprache herausgewachsen sei; vielmehr ist es so, daß die Sprache, in der die Betonungsverhältnisse der einzelnen Silben unterschiedlich gegeneinander abgestuft werden können, von Hause aus die akustischen Mittel mitbringt, um den Bedingungen eines von außen gekommenen metrischen Rahmens zu genügen, auch gehen historisch gesehen die Musikmetren den Sprechmetren voraus. Wir stimmen Jean Fourquet zu, wenn er meint (Etudes Germaniques, 15. Jg., 1960, H. 1), daß eine Folge von Silben, die betont oder unbetont sind, zunächst noch keinen Rhythmus enthalte, dem orchestischen Rhythmus aber keinen Widerstand entgegensetze.

Dabei sind die jeder Einzelsprache eigenen Betonungsgesetze zu beachten, die dazu führen, daß die Verse in jeder Sprachgemeinschaft ihren eigenen Klang und damit ihre spezifische Wirkung erhalten. Wohl kann im Deutschen der Aufbau des metrischen Rahmens einem griechischen, lateinischen oder französischen Muster nachgebildet werden, doch treten bei der Übertragung des Versmaßes von der einen in die andere Sprache jeweils neue charakteristische rhythmische Profile auf, deren Funktion mit der in der Ausgangssprache nicht mehr voll übereinstimmt. Man denke nur an die Fortbildung des antiken Hexameters, der Odenformen im

Deutschen oder an die Übernahme romanischer alternierender Versmaße wie Alexandriner und Endecasillabo (vgl. § 20). Die fortwährende Weiterentwicklung der Versmaße durch neue Inhalte und durch das wechselnde Verhältnis zur Versform und deren Tradition macht es unmöglich, eine für alle Zeiten und für alle Sprachen gültige Definition des Verses zu geben. Mindestens seit dem 9. Jahrhundert bis tief ins 18. Jahrhundert hinein galt zum Beispiel der Endreim als wesentliches Merkmal des deutschen Verses, und es erforderte wohl von Klopstocks und Goethes Zeitgenossen – besonders von denen, die nicht mit der antiken Verskunst oder mit englischen Blankversen vertraut waren – ein erhebliches Maß an Umgewöhnung, nun auch in reimlosen Gebilden Verse anzuerkennen. Bei dem häufigen Gebrauch reimloser Verse in der nachfolgenden deutschen Dichtung bedürfen diese Formen nicht mehr der besonderen Rechtfertigung. Sie sind auch ohne Kenntnis der antiken Literatur zu verstehen, weil sich im Deutschen eine eigene reimlose Tradition entwickelt hat.

Selbst unsere auf S. 46 gegebene Wesensbestimmung des Verses bedarf noch der Differenzierung, Einschränkung ihres Geltungsbereiches und Erweiterung des Begriffsumfanges. Seit dem Ende des 18. Jahrhunderts wurden neue Verse gebildet, für die unsere Definition nicht mehr zutrifft. Daraus ergibt sich die Notwendigkeit, die Charakterisierung der Verse so zu treffen, daß auch die jüngsten Erscheinungsformen der sich wandelnden Verskunst einbegriffen werden. Ehemals sekundäre Eigenschaften der Versgebilde, die den Vers nur begleiteten, ihn aber nicht begründeten, erhielten seit dem Ende des 18. Jahrhunderts nunmehr die primäre Aufgabe, den Vers zu fundieren. Schon vorher hatte man in den „freien Versen" (vgl. § 21, S. 180 ff.) die feste Bindung an eine bestimmte Zeilenlänge aufgegeben, so daß sich für die Einzelverse nur noch von Fall zu Fall ein metrisches Gerippe herausschälen läßt, das in anderen Versen, die nun nicht mehr in unmittelbarer Nachbarschaft stehen müssen, seine Entsprechung findet. Für diese Verse wurde neben dem Reim (falls man auf ihn nicht ebenfalls verzichtete) das fast regelmäßige Abwechseln von Hebungen und Senkungen zum Hauptcharakteristikum. Daneben spielte auch die jetzt vorwiegend nach den Belangen der Mitteilungsabsicht erfolgende Zeilenabteilung, wie sie die Prosa in dieser Form nicht kennt, eine bedeutende Rolle.

Andere Elemente des ursprünglich fest geregelten Verses benutzten die „freien Rhythmen" (vgl § 23, S. 192 ff.) zur Fundierung ihres Verscharakters. Zeilengliederung und rhythmische Abstufung werden weitgehend von der sprachlichen Gliederung bestimmt. Immerhin bleiben noch Anklänge an die metrischen Bausteine früherer Versformen, an freie Verse, an Knittelverse oder an antike Versmaße. Es genügt oft schon, ursprünglichen Hexametern eine andere Zeilenaufteilung zu geben, um dem Charakter freier Rhythmen näherzukommen (vgl. unsere Experimente mit einem Distichon auf S. 20).

Ein aufschlußreiches Beispiel dafür, wie sich der Versgang des Hexameters mit dem breitströmenden Fluß freier Rhythmen zu verbinden vermag, bietet das folgende Gedicht aus jüngerer Zeit auf die Kosmonautin Tereschkowa. Für die beiden Eingangsverse, die die Beziehung zur antiken Vorstellungswelt herstellen, wählte Georg Maurer das klassische Versmaß (in der zweiten Zeile bereits mit einer leichten Variation), das auch in späteren Zeilen anklingt, als Ganzes jedoch von den freien Rhythmen mitgetragen wird:

„Plötzlich entschwand sie den Blicken, und gleich der Schwalbe von Ansehn
flog sie empor", so erzählt uns Homer von der Göttin, die inmitten
der furchtbaren Geschicke der Menschen, zerreißender Leiden
immer in unsrer Gestalt auftritt, zum guten Ende zu führen
durch die aufrührerischen Elemente, die sich noch unserer Brust bedienen,
den jahrelang irrenden Menschen Odysseus,
daß er anlange bei den Seinen erkannt als der ihre.

(Maurer, Aus: Tereschkowa)

Wie schwer es ist, die Frage nach dem Unterschied von Vers und Prosa exakt zu beantworten, beweist eine Untersuchung von HORST ENDERS über „Stil und Rhythmus. Studien zum freien Rhythmus bei Goethe" (Marburg 1962). Enders erkennt, daß es für die Wesensbestimmung der freien Rhythmen nicht ausreicht, wenn man im Anschluß an Burdach und Heusler nur auf die Anklänge an feste Versformen hinweist. Allerdings geht er zu weit, wenn er die Lösung des Problems nicht innerhalb, sondern außerhalb der Metrik sucht und aus völlig ahistorischer Konzeption heraus erklärt: „Indessen entzieht es sich der historischen Betrachtungsweise, aus welchen Bedingungen der freie Rhythmus zu einem Versrhythmus wird. Aus der leisen Mitanwesenheit des Grundduktus irgend-einer regelmäßigen Versart läßt sich der Verscharakter nicht be-gründen, der Unterschied zur Prosa nicht fassen." Die historisch angemessene Fragestellung wird damit umgekehrt; denn richtiger wäre zu fragen, unter welchen Bedingungen der Versrhythmus die Form der freien Rhythmen annimmt. Sehen wir jedoch von dieser falschen Ausgangsposition einmal ab, so können wir Enders in seiner letzten These dann zustimmen, wenn wir das Wort „allein" hinzufügen, so daß herauskäme: Aus der leisen Mitanwesenheit des Grundduktus irgendeiner regelmäßigen Versart allein läßt sich der Verscharakter noch nicht ausreichend begründen.

Eine ausschließlich auf die Beobachtung des Silbenfalls und der Betonungsabstufungen orientierte Metrik kann das Problem nicht lösen. Es sind auch die Besonderheiten des auffällig überhöhten Stils mitzubeachten, so daß es innerhalb der Verslehre nicht nur berechtigt, sondern sogar erforderlich ist, den Rhythmus, wie es Enders verlangt, in seiner Verquickung mit dem Stil zu verfolgen, d. h. in seiner Verbindung mit der Wortwahl, dem Satzbau, der Lautung usw. Bei näherem Hinsehen aber erweist sich auch der Stil als historische Größe und durch bestimmte Versvorbilder be-dingt. So kommt es, daß er bis zu einem gewissen Grade, wenn auch niemals ganz von sich aus, zu einem versbildenden Element werden kann.

Gerade bei einer so schwierigen Fragestellung nach dem Vers-charakter der freien Rhythmen bewährt sich unsere grundsätzlich historische Konzeption, die uns eben nicht zwingt, an einem stati-schen Versbegriff festzuhalten, der für alle Zeiten in gleicher Weise festliegt. Vielmehr gestattet unsere Konzeption, ja fordert sogar, daß wir danach fragen, was zu einer bestimmten Zeit als Vers emp-funden werden kann. Freilich kommt es darauf an, jeweils den richtigen historischen Anknüpfungspunkt zu ermitteln.

Freie Rhythmen wurden seit der Klassik gern für hymnische In-halte gewählt, doch zeigt ihre Verwendung in der Dichtung der letzten fünfzig Jahre auch die Eignung für die in ihrem Ton mehr verhaltene Gedankenlyrik. Damit werden diese Verse von innen her umgestaltet, sie rücken noch stärker in die Nähe der Prosa und können dort, wo der Wille zur Form von vornherein fehlt, ganz in die Prosa übergleiten. Für diese Versgebilde ist es noch schwieriger als für die klassischen freien Rhythmen, die Grenzlinie zwischen Vers und Prosa sicher zu ziehen. Ohne Zweifel trifft auf sie keines der Kriterien für die regelmäßigen Versformen zu, nicht einmal Anklänge an die festen Versformen sind in ihrer rhythmischen Linienführung immer klar zu erkennen. Dennoch werden diese freien Rhythmen ohne weiteres als Verse empfunden. Worin aber besteht ihr Verscharakter?

Lassen wir an dieser Stelle Bertolt Brecht, einen der Vertreter dieser neuen Versart in unserer Zeit, zu Wort kommen. In seinem kurzen, aber inhaltsreichen Aufsatz von 1939 „Über reimlose Lyrik mit unregelmäßigen Rhythmen" sagte er, was er suchte. In seinen „Deutschen Satiren" zum Beispiel wollte er den „Tonfall der direkten, momentanen Rede" wiedergeben, ohne viele Umschrei-bungen und mit vielen direkten aktuellen Ausdrücken. Die Aufmerksamkeit des Hörers sollte nicht durch allzu gefällige Regelmäßigkeit beeinträchtigt wer-den. „Das Problem war einfach", begründete Brecht, „ich benötigte gehobene Sprache, aber mir widerstand die ölige Glätte des üblichen fünffüßigen Jambus. Ich brauchte Rhythmus, aber nicht das übliche Klappern".
Aufschlußreich ist für uns der Hinweis auf den besonderen Stil. Die gehobene Sprache aber, die Brecht benötigte, war in anderen Versen bereits vorgebildet. Hier wird ausgesprochen, daß auch im Stil ein versbildendes Element gesehen wird. Wie sehr sich der Stil tatsächlich ändert und neue Konturen gewinnt, macht Brechts Vorgehen deutlich. Aus sprachlich noch ziemlich normal hin-fließenden jambischen Blankversen (Vgl. § 20 i, S. 174 ff.)

> Seit sie die Trommeln rührten überm Sumpf
> Und um mich Roß und Katapult versank,
> Ist mir verruckt mein Kopf ...

wird nach der Umformung in freie Rhythmen, die aber immer noch ziemlich regelmäßig Hebungen und Senkungen wechseln lassen:

> Seit diese Trommeln waren, der Sumpf, ersäufend
> Katapult und Pferde, ist wohl verrückt
> Meiner Mutter Sohn Kopf...

Auffallend geändert hat sich vor allem die Satzkonstruktion, die in der zweiten Version weit stärker von der Norm abweicht als in der ersten. Doch diese Ab-weichungen und Auflösungen eines für diese Zwecke allzu glatten Tonfalls ist beileibe nicht Selbstzweck, dahinter stand nach Brechts Worten die Erfahrung, daß es nicht seine Aufgabe sei, „all die Disharmonien und Interferenzen", die er stark empfand, „formal zu neutralisieren". Die Vorgänge zwischen den Menschen sollten als „widerspruchsvolle, kampfdurchtobte, gewalttätige" gezeigt werden. Die Versgestaltung, die hier von vornherein untrennbar mit der Stilgebung verbunden war, charakterisierte diese innere Haltung auch in der wahrnehmbaren akustischen Form. Es ging ihm um die richtige „gestische Formulierung", die er ganz bewußt der „großen Verführung zur Formlosigkeit" entgegensetzte, die in dieser freien Art, den Vers zu behandeln, liege.

Theoretische Erörterungen der Dichter fassen immer wieder die richtige Zeilenabteilung ins Auge. Wir haben zu Beginn dieses Paragraphen gesehen, daß die Zeilengliederung von sich aus nicht in der Lage ist, den Vers zu begründen. Für die freien Rhythmen jedoch ist das anders. Wir sind immer wieder überrascht, welche Wirkung sich oft schon aus der kleinsten Verschiebung der Zeilengrenzen ergibt.

Brecht stellte zwei mögliche Fassungen gegenüber, meinte aber, daß die eigentliche Version (wir drucken sie zuletzt) an Klang und Pointierung eine ganz andere Qualität erreiche. Dabei hat sich nur zweimal die Zeilengrenze um ein einziges Wort verschoben:

Wenn das Regime händereibend von der Jugend spricht
Gleicht es einem Mann
Der, die beschneite Halde betrachtend, sich die Hände reibt und sagt:
Wie werde ich es im Sommer kühl haben
Mit so viel Schnee.

Im Grunde entspricht diese Ordnung in vielem der normalen Abteilung von Sprechreihen in der Prosa. Doch gerade diese Abteilung reißt die endgültige Fassung auseinander:

Wenn das Regime händereibend von der Jugend spricht
Gleicht es einem Mann, der
Die beschneite Halde betrachtend, sich die Hände reibt und sagt:
Wie werde ich es im Sommer kühl haben mit
So viel Schnee.

Es sieht wie eine bloße Äußerlichkeit aus und hat doch eine einschneidende Wirkung. Worin liegt sie begründet? Lesen wir die Verse nicht in gleicher Weise, unbekümmert darum, ob sie so oder so abgegrenzt werden?

Eben das dürfen wir nicht; dann übergingen wir nämlich die durch metrische Stauung und verzögerte Lösung hervorgerufene kunstvolle Wirkung, die mit dem Enjambement erreicht wird. Das Enjambement (Vgl. § 9 c, S. 107 ff.) bewirkt nämlich nicht nur die sprechmäßige Auflockerung des Verses, indem die sprachliche Gliederung die Versgrenzen überspielt, sondern es kann auch das genaue Gegenteil dadurch charakterisieren, daß die Versgliederung in die normale Abfolge des Satzes eingreift.

Gerade diese Wirkung nutzen die modernen Verfasser freier Rhythmen mit sicherem Vers- und Satzgefühl[1]. Historisch entstanden ist dieses Kunstmittel jedoch in festen regelmäßigen Versen und konnte nur von hier in die freien Rhythmen übernommen werden. So entsteht im Zusammenhang mit der alten Verstradition und in deren schöpferischer Fortsetzung eine neue Versart, die nicht mehr durch einen metrischen Rahmen vorbestimmt und festgelegt ist, sondern den spezifischen Stil und die freie – aber nicht willkürliche – Zeilengliederung als wesentliche versbildende Kriterien aufweist, deren rhythmische Feinheiten in den regelmäßigen Versformen vorgebildet sind. Ihr Verscharakter bleibt nicht zuletzt dadurch spürbar, daß neben dieser freien Versart auch weiterhin Verse stehen, die einen durch den metrischen Rahmen geregelten Bau aufweisen.

Damit ist zugleich die Frage beantwortet, ob diese freie Versbehandlung, die auf wesenhafte objektivierende Formelemente des Rhythmus verzichten muß, dafür aber der Lyrik neue Ausdrucksmöglichkeiten erobert, mit der Zeit die alten Formen ganz verdrängen kann. Das halten wir deshalb nicht für möglich, weil diese neuen Verse einen großen Teil ihrer Kaft und ihrer Wirksamkeit aus der auch beim Hörer vorausgesetzten Kenntnis des fester geregelten Versbaues ziehen. Auch läßt sich beobachten, wie im Werk großer Dichter unserer Tage, wir erinnern hier nur an Bertolt Brecht oder Johannes R. Becher, ständig beide Entwicklungsstränge nebeneinander stehen, so daß je nach dem Inhalt und Vorsatz sowohl die strengere als auch die freiere Form gewählt werden kann.

Nachdrücklich verteidigte zum Beispiel Becher die „Vielgestaltigkeit der Poesie". Weil das Neue einer Literatur darin bestehe, daß sie das Neue einer Zeit entdeckt und daß sie uns eine neue Antwort gibt, ist es nach Bechers im „Poetischen Prinzip" geäußerten Überzeugung in unserer modernen Lyrik möglich, „daß einerseits das Neue sich herkömmlicher Formen bedient, ohne dabei

---

[1] Vgl. dazu auch die einfühlsame Interpretation von Johannes Bobrowskis Gedicht „Ebene" durch Ursula Heukenkamp. In: Werner Herden (Hg.): *Probleme der Literaturinterpretation*, a. a. O., bes. S. 178 ff.

routinemäßig akademisch, epigonenhaft, stilisierend zu gestalten, und andererseits das Neue experimentiert und versucht, sich in neuen Formen zu formieren. Bei dem kann man nicht seine Berechtigung absprechen, beides hat seine Gültigkeit."[1]

Auch diese Verslehre stellt von vornherein das Wesen des Verses in seiner ganzen Differenziertheit und Spannweite in Rechnung. Selbst wenn wir uns im folgenden hauptsächlich mit den durch einen festen metrischen Rahmen gebundenen Versen beschäftigen, fällt doch von hier aus – wie wir gesehen haben – zugleich Licht auf die richtige Bewertung aller freieren Versarten.

§ 2 Das Metrum (Versmaß)

Das Metrum wird durch Abstraktion gewonnen. Es kann als *Inbegriff der wesentlichen rhythmischen Merkmale einer Versform* definiert werden (so bei F. Saran). In der Hauptsache erfaßt das Metrum nur die Eigenschaften des metrischen Rahmens, beschreibt darüber hinaus auch einige Füllungsgesetze (starre oder freie Füllung der Takte, Gestaltung des Auftaktes und der Kadenz usw.). Zum Wesen des Metrums gehört nicht, daß es graphisch für das Auge erfaßbar ist. Rhythmenbilder sind nur erste Orientierungshilfen.

Eine metrische Aufgabe ist keineswegs damit gelöst, daß man die Verse durch ein (noch so raffiniert ausgeklügeltes) Schema ersetzt. Gerade bei schulmäßiger Behandlung besteht ständig die Gefahr, das Schema zum Selbstzweck zu erheben. Ein graphisches Rhythmenbild ist nur dort berechtigt, wo es bestimmte Erscheinungen (Anzahl der Hebungen, besondere Füllungsfreiheiten usw.) verdeutlichen soll. Einmal gegeben, muß das Schema nicht für alle folgenden Verse erneut durchexerziert werden. Unsinnig wäre demnach das Verlangen, etwa eine Folge von Hexametern oder von

[1] Vgl. neben Horst Haase, *Dichten und Denken. Einblicke in das Tagebuch eines Poeten*, Halle 1966, vor allem Ernst Stein, *Wege zum Gedicht*, a.a.O., S. 181. Es ist besonders verdienstvoll, daß Ernst Stein immer wieder und unter verschiedenem Aspekt gerade die Gedichte in dieser modernen Versform mit sicherem Verständnis ·für ihren Wert und Platz in der modernen Lyrik behandelt. An seinem trefflich ausgewählten Vergleich von Bechers Entwürfen zu einem Gedicht mit dem vollendeten Kunstwerk kann man gut erkennen, wie sich derartige freie Rhythmen in mehrfacher Hinsicht von der einfachen Prosa abheben.

Knittelversen schematisch aufzuzeichnen. In der Regel genügt es
selbst bei schwierigen Fragen vollkommen, daß die Lage der Hebungen (= der betonten Silben) richtig erfaßt wird. Man wird sich
also in den meisten Fällen damit begnügen können, die Hebungen
zu bezeichnen, und braucht noch nicht einmal auf eine Unterscheidung von Haupt- und Nebenhebungen Wert zu legen. Wichtiger
als jede schematische Darstellung ist der richtige Vortrag der Verse,
auf den es letzten Endes allein ankommt. Die Rhythmenbilder sind
nur Vorstufen und nur Mittel zum Zweck.

Aus diesem Grunde haben wir in unserem Abriß an vielen Stellen
auf eine exakt schematische Darstellung gern verzichtet und nur
die notwendigsten Hinweise gegeben. Ganz zu vermeiden waren
vollständige schematische Rhythmenbilder freilich nicht, da ja auch
unser Abriß eine erste Orientierungshilfe bieten muß. Wir sehen
darin aber mehr ein notwendiges Übel als ein erstrebenswertes Ziel.
Ihr Wert darf nicht überschätzt werden, weil sie die Verhältnisse
und Eigenschaften nur annähernd beschreiben können und die Abstufungen der Silbenschweren und -längen durch die sprachlich-
inhaltliche Gliederung meist gar nicht berücksichtigen.

So geben auch unsere Symbole, die wir mit Andreas Heusler für
die Bezeichnung der Silbenlänge benutzen, nur ungefähre Zeitwerte an; es sind Mittelwerte, um die herum die wirklichen Dauerverhältnisse schwanken. Nehmen wir das Zeichen x als *Grundein-
heit,* dem in der Notenschrift etwa eine Viertelnote entspräche, so
erhalten wir diese Symbole:

– dem entspricht etwa in der Notenschrift   ♩   (halbe Note)

x   „   „   „   „   „   „   ♩   (viertel Note)

◡   „   „   „   „   „   „   ♪   (achtel Note).

In der Musik werden die Zeitwerte ziemlich genau eingehalten,
dagegen schafft im Vers die akzentuelle Gliederung auch bezüglich
der Dauer mannigfache Variationen und Übergänge. Das ist auch
der Grund dafür, warum wir nicht die Notenzeichen selbst für die
graphische Wiedergabe der Silbenzeiten im Vers verwenden. Es
scheint auch wenig sinnvoll, in die Verslehre noch weitere Zeichen
einzuführen, die etwa dem Zeitwert einer *ganzen,* einer *punktierten
halben,* einer *sechzehntel Note* usw. entsprächen. Hier weichen wir

von Heuslers System ab, denn er möchte für den deutschen Vers noch weitere Silbenlängen begrifflich unterscheiden. Natürlich gibt es Zwischenstufen, natürlich gibt es Silben, die länger als – sind, und solche, die kürzer als ◡ sind, doch glauben wir nicht, daß uns eine genaue Festlegung weiterbringt. Wir hoffen, in unserem Abriß mit den obengenannten drei Zeichen auszukommen.

x bezeichnet die Zeit, die man braucht, um eine normale Silbe in einem Vers wie diesem auszusprechen:

Füllest wieder Busch und Tal

x x   x x   x x   x.

Wie unser Beispiel erkennen läßt, gleichen sich selbst derartig „normale" Silben nicht vollständig in ihrer Dauer, und meistens ist die Hebungssilbe etwas länger als eine Silbe in der Verssenkung, doch verzichten wir darauf, diese Feinheiten in unser Schema aufzunehmen. Es besteht auch Grund, darauf hinzuweisen, daß die Silben der neuhochdeutschen Sprache nicht von Hause aus lang oder kurz sind. Grundsätzlich kann jede betonte und unbetonte Silbe des Deutschen länger oder kürzer ausgehalten, schneller gesprochen oder gedehnt werden. Im Althochdeutschen und Mittelhochdeutschen gab es freilich noch Silben, die niemals über das Normalmaß hinaus gedehnt werden konnten, so daß für die Versfüllung gewisse Beschränkungen eintraten (Vgl. § 14, S. 131 ff.), die aber heute infolge des sprachlichen Wandels nicht mehr gelten. Ob im Vers eine Silbe lang oder kurz sein soll, wird in erster Linie durch das Versmaß und dessen Füllung bestimmt, der normale Sprachfluß verursacht nur leichte Variationen.

– bezeichnet die Zeit, die man für zwei solcher Silben benötigt. Das ist zum Beispiel immer dort der Fall, wo statt zweier Silben einer besonderen Wirkung wegen nur eine Silbe steht und somit im Vers zwei betonte Silben zusammenstoßen:

Tätst du zur rechten Zeit dich regen,

Hättst du's bequemer haben mögen.

´   ´   ´   ´
Wer geringe Ding wenig acht't,

´   ´   ´   ´
Sich um geringere Mühe macht.
(Goethe, Legende vom Hufeisen)

Wir haben Knittelverse vor uns (vgl. S. 167 ff.). Während in den
beiden ersten Zeilen die betonten und unbetonten Silben noch
regelmäßig wechseln, folgen in der dritten Zeile zwei betonte Silben unmittelbar aufeinander:

´   ´   ´   ´
Wer geringe Ding wenig acht't

´   ´ ´   ´
∪ ∪ xx – xx   x

„Ding" wird so lange ausgehalten, wie man sonst braucht, um zwei
Silben auszusprechen, also – = x + x. Diese Erscheinung werden
wir in § 7a noch in einem anderen Zusammenhang besprechen.
Mit – wollen wir auch solche Silben bezeichnen, die die Zeitdauer
von drei oder vier „normalen" Silben (= x) für sich beanspruchen.
∪ meint die Hälfte der Zeit, die man sonst für eine „normale" Silbe
(= x) braucht, also ∪ + ∪ = x. Wo sonst eine Silbe steht, können
jetzt zwei Silben gesetzt werden. Dafür finden wir in den oben angeführten Knittelversen gleich zwei Beispiele, nämlich in Zeile 3
und Zeile 4:

´   ´   ´   ´
Wer geringe Ding wenig acht't

´   ´ ´   ´
∪ ∪ xx – xx   x

´   ´   ´   ´
Sich um geringere Mühe macht.

´   ´   ´   ´   ´
x xx   x   ∪ ∪ x x   x

Auch diesen Fall werden wir noch in einem anderen Zusammenhang zu besprechen haben (s. § 7b). Das Zeichen ∪ verwenden wir
auch dort, wo die Silben noch kürzer gesprochen werden.
Aus Gründen der besseren Übersicht setzen wir regelmäßig vor
jede Hebung (= betonte Silbe) einen *Taktstrich* (|). Er begrenzt
jedoch keine wirklich gesprochene Gruppe, sondern steht allein
aus begrifflichen Gründen (zum Begriff des Taktes vgl. auch S. 79).
∧ ist das Zeichen für pausierte Zeitteilchen (Beispiele bringt S. 92 f.)
Gelegentlich bezeichnen wir damit auch einen ganzen pausierten

Takt, weisen dann aber im Text besonders darauf hin. Es ist nicht üblich, die Pausen am Ende der Verszeilen zu bezeichnen, weil sie sich beinahe von selbst ergeben. Wollten wir ganz genau sein, so müßten wir die folgenden Verse so umschreiben:

> Füllest wieder Busch und Tal
> Still im Nebelglanz,
>
> (Goethe, An den Mond)

$$| \overset{\prime}{xx} | \overset{\prime}{xx} | \overset{\prime}{xx} | \overset{\prime}{x\wedge} |$$ (eine Senkung fällt in die Pause)

$$| \overset{\prime}{xx} | \overset{\prime}{xx} | \overset{\prime}{x\wedge} | \overset{\prime}{\wedge\wedge} |$$ (Hier werden noch eine Hebung und eine weitere Senkung pausiert; ihre Zeitdauer wird von einer Pause eingenommen)

(zur Pause als rhythmischer Wert vgl. auch § 7c)

In der Regel genügt aber schon dieses Schema:

$$| \overset{\prime}{xx} | \overset{\prime}{xx} | \overset{\prime}{xx} | \overset{\prime}{x} |$$

$$| \overset{\prime}{xx} | \overset{\prime}{xx} | \quad | \wedge |$$ (den letzten pausierten Takt braucht man auch nicht immer zu bezeichnen)

Es geht uns ja nicht darum, ein möglichst akkurates Schema aufzustellen. Das Schema ist nicht Selbstzweck, es soll nur zum besseren Verständnis des Versbaus beitragen.

Die *Hebungen,* das sind die *betonten Silben* im Vers, bezeichnen wir durch einen *Akut* (Akzentzeichen): ´, besonders herausragende Hebungen durch Verdoppelung dieses Schrägstriches: ″ und die *Nebenhebungen,* das sind *schwach betonte Silben,* durch einen *Gravis* (Schrägstrich in entgegengesetzter Richtung, also von links nach rechts): ` . Meist ist es nicht erforderlich, zwischen diesen Stufen genau zu unterscheiden. So können wir uns mit der einfachen Bezeichnung einer Hebung durch einen Akut begnügen. Daraus darf dann aber keineswegs geschlossen werden, daß alle Hebungen in gleicher Weise zu betonen seien.

Man höre nur darauf, wie in unseren Knittelversen die Hebungen deutlich gegeneinander abgestuft sind: *Du* in der ersten Zeile ist zum Beispiel nur ganz schwach betont, trägt nur eine Nebenhebung, dagegen liegt auf *rechten* der Betonungsgipfel; dieses Wort, das ja den eigentlichen Sinn trägt, wird besonders nachdrücklich gespro-

chen. Wollen wir also die Abstufungen der Hebungen untereinander im Schema verdeutlichen, so müßte die Zeile so aussehen:

$$\grave{} \quad \prime\prime \quad \prime \quad \prime$$

Tätst du zur rechten Zeit dich regen

$$x \mid \grave{}\ \ xx \mid \prime\prime\ \ xx \mid \prime\ \ xx \mid \prime\ \ xx$$

Man erkennt, daß auch jetzt noch nicht alle Betonungsunterschiede
voll erfaßt sind. In der Regel genügt es jedoch, zu wissen, wo Hebungen und wo Senkungen liegen, und nur die Hebungen zu bezeichnen.

Die *Senkungen,* das sind die *unbetonten Silben* im Vers, bleiben
unbezeichnet, was nun auch wieder nicht heißt, daß sie alle auf
einer Ebene lägen. Auch hier gibt es durchaus Unterschiede der Betonung, zum Beispiel liegt auf dem *Tätst* in unseren Versen ein größeres Gewicht als auf *zur* oder gar auf *ten* und *gen.* Absolut gesehen, werden sogar manche Senkungen, manche „unbetonten" Silben
also, stärker betont als einige Hebungen, die man doch gemeinhin
die „betonten" Silben nennt. Für den Vers ist jedoch zunächst wichtig, daß die Abstufung fühlbar bleibt, die immer von der Umgebung bedingt ist. Wie wichtig es darüber hinaus ist, auch das
unterschiedliche Gewicht der Senkungssilben für die rhythmische
Gesamtanalyse zu berücksichtigen, hat Robert Bräuer gezeigt
(vgl. Einleitung S. 25 ff.).

Sorgfältige Beobachtungen der Gewichtverteilung in den Hebungen und Senkungen lehrten ihn, daß in den jeweils ca. fünfzig un-
tersuchten Blankversen von Lessing, Goethe, Schiller, Kleist, Hebbel und Grillparzer „Verse mit übereinstimmenden Akzenten hohen Seltenheitswert haben, daß vielmehr in irgendeiner Weise
wechselnd betonte Verse überall die Regel bilden". Mag dieses
Urteil auch von der bei solchen Untersuchungen unvermeidbaren
subjektiven Auffassung des Betrachters beeinflußt sein (manche
Verse könnte man bei anderer Deutung ihres Gehaltes auch anders
lesen), so bestätigt es doch grundsätzlich die von Wolfgang Kayser
mehrfach ausgesprochene Erfahrung, daß die Variation in der
Gleichheit das Grundgesetz aller rhythmischen Schönheit sei.

Bräuer folgend, der mit 1 die niedrigste und mit 4 die höchste Stufe
der Gewichtverteilung bezeichnet und bei einer Hebung die Zahl
über die Silbe, bei der Senkung unter die Silbe setzt, könnten wir

den Anfangsvers in Goethes Zueignungsstanzen zum „Faust" etwa
so darstellen:

<pre>
    4   3   3   2   4
  Ihr naht euch wieder, schwankende Gestalten
  3   2   1   2   1   1
</pre>

Alle Feinheiten des lebendigen Vortrags, der ja ebenfalls keine absolute und
unveränderliche Größe ist, sind auch damit noch nicht zu erfassen, und stets
bleibt der berechtigte Zweifel, ob tatsächlich nur in dieser Weise gelesen werden kann. Unbestreitbar ist jedoch, daß die Senkungssilbe *Ihr* schwerer als die
nur leicht angedeutete Hebung *de* ist, und trotzdem kann über die Klassifizie-
rung dieser beiden Silben als Hebung oder Senkung im Vers kein Zweifel bestehen. Auch darin zeigt sich die den Fluß der Sprache stilisierende Wirkung
des Versmaßes. Über die Ausdruckswerte und Berechtigung solcher Versgestaltung wird noch in anderem Zusammenhang zu sprechen sein (vgl. § 9,
S. 99 ff.).

Für die erste Beschäftigung mit dem Vers wird es kaum zweckmäßig sein, alle Betonungsschattierungen begrifflich exakt zu erfassen und festzulegen. Die richtige Abstufung ergibt sich in der
Regel von selbst aus dem sinngemäßen Vortrag, doch kann andererseits die Kontrolle des Vortrags dazu dienen, zu überprüfen,
inwieweit der Sinn der Verse richtig verstanden worden ist.
Im folgenden untersuchen wir die beiden Bestandteile, die das
Wesen des Verses bestimmen, gesondert, zunächst die sprachliche
Gliederung und danach den Aufbau des metrischen Rahmens, dann
das Zusammenwirken im Vers.

§ 3 Die sprachliche Gliederung (Der deutsche Prosaakzent)[1]

Die sprachliche Gliederung ergibt sich aus der natürlichen Wortbetonung im Satz, die wiederum von der Bedeutung der Einzel-
teile im Redeganzen abhängt. Die sprachliche Gliederung erfaßt
alle Seiten der Klanggestalt der sprachlichen Äußerung, wobei wir

---

[1] Die Namen „Glied, Reihe, Kette" übernehmen wir von Franz Saran. Zur „Klanggestalt
des Satzes" vgl. u. a. Christian Winkler, in: *Duden, Grammatik der deutschen Gegenwartssprache* (Der große Duden, Bd. 4. 2. Aufl., Mannheim 1966, S. 652 ff.): Otto von
Essen, *Grundzüge der hochdeutschen Satzintonation.* Ratingen 1956. Zu vergleichen sind
auch die entsprechenden Abschnitte in: *Wörterbuch der deutschen Aussprache.* Leipzig
1964, 4. Aufl. 1974; *Einführung in die Sprechwissenschaft,* Leipzig 1976, bes. S. 97 ff.
u. 121 ff.; Gottfried Meinhold u. Eberhard Stock: Phonologie der deutschen Gegenwartssprache, Leipzig 1980.

mit den Autoren des „Wörterbuchs der deutschen Aussprache"
(Leipzig 1974) unter Klanggestalt die „Einheit der Klangelemente,
die sich neben dem Laut und der Lautgruppe beim Sprechen erkennen lassen, nämlich Stimmklang, Stimmhöhe und Stimmstärke,
Sprechtempo und Dauerverhältnisse in der Wortgruppe sowie
Gliederung durch Pausen" verstehen. Daraus hat die Verslehre besonders diejenigen Faktoren zu beachten, die im Vers hauptsächlich durch den metrischen Rahmen bestimmt sind, also die Abstufung in den Betonungsverhältnissen und die Anordnung der
Silben zu Sprechgruppen verschiedenen Ranges. Eine eigene Melodie haben die Verse nicht, die Melodieführung im Vers (Tonhöhenbewegung) folgt den Gesetzen, die auch für die Prosa gelten. Dabei ist natürlich der Zusammenhang zwischen Betonung und Melodieführung (Intonation) jeweils mit zu berücksichtigen, denn „die
intonatorischen Besonderheiten einer Sprache ergeben sich . . . nicht
nur aus bestimmten Formen der Tonhöhenveränderung, sondern
auch aus der Bevorzugung bestimmter Kombinationen von Ton-
höhe, Lautheit und Dauer" („Einführung in die Sprechwissenschaft", 1976, S. 98).
Daß der Dichter in seiner Sprachgestaltung der Verse alle Mittel
der Melodieführung, der Klangfärbung (z. B. durch den Reim),
der Gruppenbildung, die auch in der Prosa zur Wirkung kommen,
künstlerisch nutzen kann, macht nicht zuletzt den Reiz der Verse
aus.

a) Die Schwere der Silben - Die Schwere im Satz

Die einzelnen Silben haben jeweils eine bestimmte Schwere, sie
werden mehr oder weniger stark betont. Für die Schwere einer
Silbe sind drei Faktoren wichtig:
1. die STÄRKE DES ATEMDRUCKS, den wir brauchen, um eine Silbe
auszusprechen. Je stärkeren Atemdruck wir verwenden, desto
schwerer – zunächst lauter – wirkt die Silbe;
2. die ZEIT, die man benötigt, um eine Silbe auszusprechen. Wir
reden hier von *Silbendauer,* auch von *Quantität* der Silbe. Brauche
ich für dieselbe Silbe einmal mehr Zeit, das andere Mal weniger
(heil, heilig, heiligere), so erscheint die Silbe mit der größeren
Dauer *(heil)* schwerer;

3. die TONLAGE. Innerhalb einer Intonationseinheit (Reihe) ordnen sich die Silben einer bestimmten Melodieführung ein und werden damit höher oder tiefer gesprochen. Dabei übernehmen die schweren (= betonten) Silben die Funktion der Führtöne, die Hauptträger des Tonhöhenverlaufs sind. Auffällige Abweichungen von dieser Satzmelodie, bei denen die besonders beschwerte Silbe meist etwas höher gelegt wird, dienen der besonderen Hervorhebung.

Alle drei Faktoren sind – wenn auch mit unterschiedlichem Anteil – an dem akustischen Eindruck von der Schwere einer Silbe beteiligt. Silbendauer und Tonlage werden meist übersehen, obwohl doch die Schwere erst durch den Tonhöhenverlauf richtig zur Geltung kommen kann, denn immer fügt sich der Wortakzent dem Satzakzent ein. Man darf jedoch nicht vergessen, daß unser Ohr kein rein objektiv registrierendes Instrument ist. Schon im anderen Zusammenhang haben wir gesehen, daß es vornehmlich auf den Sinneseindruck ankommt und nicht auf die Feststellung einer isolierten und absolut gemessenen physikalischen Größe. So betont auch Christian Winkler, daß die Abstufungen der Silbenschweren im Grunde unendlich sind und daß es dabei nicht auf das absolute Gewicht der Silben ankomme, sondern „auf das Verhältnis zu den Nachbarn im Redeteil, der durchgliedert als Einheit vor dem Bewußtsein des Sprechers" (und Hörers – möchten wir hinzufügen) steht. Die schwereren Silben bezeichnen wir gewöhnlich als „betont", die leichteren einfach als „unbetont". Im Vers wird die Abfolge von betonten und unbetonten Silben als Abfolge von Hebungen und Senkungen nach ganz bestimmten Gesetzen des metrischen Rahmens geregelt. Die betonten Silben erkennt man im Satz auch daran, daß ihre Vokale innerhalb der Satzintonation die „Führtöne", bilden, an denen hauptsächlich der Eindruck des Auf oder Ab der Stimmbewegung haftet. Unbetonte oder schwachbetonte Silben ordnen sich in der Regel der durch die Führtöne markierten Tonhöhenbewegung ein.

Will man die Feinheiten der Gewichtsabstufung im Vers und in der Prosa richtig erfassen, reicht die Rohunterscheidung nach *betont* und *unbetont* nicht aus. Man kann zehn und mehr Grade gegeneinander abheben, doch begnügt man sich heute allgemein mit der Unterscheidung von vier Stufen (vgl. auch R. Bräuers rhythmische Interpretationen n. S. 25 f.), die wir, in unserem Abriß auf die Versverhältnisse angewendet, wie folgt bezeichnen:

$\overset{''}{x}$ = auffallend schwere Hebung,

$\overset{'}{x}$ = normale Schwere, normale Hebung,

$\overset{\backslash}{x}$ = Nebenhebung,

x = Senkung, „unbetonte" Silbe, die in der Regel unbezeichnet bleibt.

Für die Feststellung des Versmaßes genügt in den meisten Fällen schon die einfache Unterscheidung von Hebung und Senkung. Die genaueren Abstufungen ergeben sich dann aus dem sinngemäßen Vortrag (Vgl. § 2, S. 64 ff.)

Die Schwere im deutschen Satz hängt ab:

1. von der *festen Wortbetonung*. Alle germanischen Sprachen betonen die Hauptsilbe, meist die Anfangssilbe:

$\overset{'}{\text{kommen}}$, $\overset{'}{\text{gekommen}}$, $\overset{'}{\text{Auskommen}}$;

2. von der *Wichtigkeit,* die man einem Worte beimißt. Will man etwas besonders hervorheben *(betonen!),* so wird man diese Silbe besonders beschweren. In folgenden Sätzen wird zwar inhaltlich dasselbe ausgesagt, aber die Betonung verschiebt jeweils den Blickwinkel:

$\overset{''}{\text{Er}}$ kam gestern (er, nicht sie).

Er $\overset{''}{\text{kam}}$ gestern (gestern, nicht heute).

Er kam $\overset{''}{\text{gestern}}$ (ist wirklich gekommen).

3. von gewissen *rhythmischen Faktoren.* Je nach der Umgebung wird man verschieden betonen müssen, vgl.

$\overset{'}{\text{Brief}}$träger – $\overset{'}{\text{Land}}$brief$\overset{\backslash}{\text{träger}}$;

$\overset{'}{\text{einmal}}$, vor vielen Jahren, war ein König – es war einmal $\overset{'}{\text{ein}}$ König.

Mindestens diese drei Faktoren gilt es zu beachten, wenn man das
Verhältnis von sprachlicher Gliederung und dem metrischen Rahmen im Vers richtig erfassen will.

Die Sprache bietet verschiedene Möglichkeiten, die der Vers aus-
zunutzen vermag.

So kann Johannes R. Becher in einer Gedichtstrophe die Betonung
des Wortes *einmal* in fast unmittelbarer Nachbarschaft wechseln
lassen, ohne daß dadurch die leiseste rhythmische Störung eintritt:

> Oft denke ich: Es war *einmal* ein Glück . . .
>
> Ein warmer Wind – ich habe bloße Füße –,
>
> Es wird auf *einmal* grün vor meinem Blick,
>
> . . .
>
> (Becher, Die grüne Wiese)

Nur zu oft berücksichtigten die älteren Metriker lediglich den reinen Wortakzent und beurteilten somit die Sprachgebung im Vers
mit zu engen Maßstäben, denn in Wirklichkeit ordnet sich in zu-
sammenhängender Rede „die Intensität des Wortakzentes dem
Satzakzent nach Maßgabe der Sprechsituation unter" (Wörterbuch
der deutschen Aussprache). Lange Zeit wurde zu wenig beachtet,
daß auch in der Prosa die „emphatische Betonung" ein durchaus
legitimes Mittel ist, um eine starke Gefühlserregung auszudrücken,
so daß zorniges *unerhört* unter gewissen Bedingungen für normales
unerhört eintreten kann. Nun ist für viele Dichtungen gerade die
starke Beteiligung des Gefühls ein wichtiges Charakteristikum.
Warum soll man also in der Verssprache nicht mit emphatischer
Betonungsmodulierung rechnen, so daß statt des „normalen" *eintönig* ein sowohl durch Stimmung als durch Nachdruck getragenes
schwebendes *eintönig* im Satz- und Sinnzusammenhang erscheinen
kann? Daß sich solche Lesart dem Rhythmus der Verse einfügt,
muß noch kein Fehler sein, zumal dann nicht, wenn die Betonung
nicht einseitig und ohne Rücksicht auf den sprachlichen Zusammenhang vom Versmaß erzwungen wird (vgl. S. 39).

Grundsätzlich tun wir gut daran, wenn wir derartige auch schon in
der Prosa erlaubte Freiheiten der Betonung – von denen natürlich

nur äußerst sparsam Gebrauch gemacht werden darf – dort in Rechnung stellen, wo ein Spannungsverhältnis zwischen metrischem Rhythmus und sprachlicher Gliederung auftritt. Den hohen Ausdruckswert der „schwebenden Betonung" hat nach Franz Saran – aus einer ganz anderen Haltung kommend – Ulrich Pretzel an zahlreichen Beispielen überzeugend nachgewiesen.

Darauf, daß die Verteilung der betonten und unbetonten Silben auch im Prosatext nicht unveränderlich festliegt, hat Christian Winkler aufmerksam gemacht. „Je sorgfältiger die Rede gegliedert und je langsamer sie gesprochen wird, um so mehr Schweren entstehen und um so feiner stufen sie sich ab." Während man etwa in der Alltagsrede, die nur wenig gliedert und grob abstuft, leichthin sprechen könnte:

Vom Hunger will ich in diesem schönen Buche handeln, würde dieser Satz, mit dem Wilhelm Raabe seinen Roman „Der Hungerpastor" eröffnet, nach Winklers Vorschlag beim ausdrucksvollen Lesen etwa so lauten: *Vom Hunger | will ich in diesem schönen Buche handeln.*

Zwischen diesen beiden Extremen sind bestimmt noch andere Lesearten mit anderer Gewichtsverteilung denkbar. Der Vers nutzt die Möglichkeiten, die ihm die sprachliche Gliederung bietet, um seinem Grundrhythmus entsprechend eine bestimmte Auswahl zu treffen und damit die Vortragsart in bestimmten Grenzen festzulegen.

Diese Beobachtung macht verständlich, warum wir nicht immer in der Lage sind, einen isolierten Vers wie *Heiße Magister, heiße Doktor gar* in seinem rhythmischen Wert richtig zu bestimmen (vgl. auch Einführung, S. 20 f.). Gingen wir nur vom reinen Wortakzent aus, so müßte das zweite *heiße* ebenso betont werden wie das erste, und tatsächlich kann man diesen Satz wohl auch als fünfhebigen Vers lesen: *Heiße Magister, heiße Doktor gar.* Aber auch nur drei Hebungen wären denkbar: *Heiße Magister, heiße Doktor gar.* So ist dieser Satz, käme er in der Prosa vor, von Hause aus rhythmisch mehrdeutig und ließe sich verschiedenen Versmaßen einordnen. Da er aber in Fausts Eingangsmonolog steht, der durchgehend in Knittelversen gesprochen wird (vgl. Einführung, S. 36f. und § 20 e, S. 167 f.), ist die Zahl der Hebungen von vornherein auf vier festgelegt, so daß aus der Summe der verschiedenen Möglichkeiten eindeutig diese Betonung übrigbleibt:

Heiße Magister, heiße Doktor gar.

Dem entspricht ganz die Ausdrucksbewegung. Doktor ist ja weit mehr als Magister, ist zu jener Zeit der höchste akademische Grad überhaupt und wird deshalb besonders hervorgehoben. Dagegen braucht *heiße* das zweitemal nicht mehr nachdrücklich genannt zu werden und kann deshalb auf die Betonung verzichten. Die mehrfache Senkung dient obendrein dazu, den besonderen Ton auf *Doktor* zu legen und alle Aufmerksamkeit auf diesen einen Begriff zu lenken. Im Fluß der Rede bekommt auch die zweite Silbe dieses Wortes *-tor* ein größeres Gewicht, als es sonst für eine Senkungssilbe üblich ist.

Der Wechsel von Hebungen und Senkungen folgt also den Erfordernissen des metrischen Rahmens (wobei dieser Wechsel, wie unser Beispiel lehrt, nicht vollständig regelmäßig sein muß), jedoch ergeben sich innerhalb dieser Beschränkung alle weiteren Abstufungen in der Gewichtverteilung weitgehend aus der dem Sinn genügenden sprachlichen Gliederung.

b) Die Sprechgruppen

Wir müssen auch hier konsequent vom Klang ausgehen und dürfen uns nicht durch das Schriftbild täuschen lassen. Wir sprechen nicht in einzelnen abgerissenen Wörtern, sondern in Silben- und Wortgruppen. Dabei ist es durchaus möglich, daß ein Wort zwei Silbengruppen angehören kann.

Der Mond ist aufge .. gangen.

Die Sprechgruppen sind abhängig von der Betonung, von der Schwereverteilung. Im einzelnen unterscheiden wir Sprechtakt, Reihe und Kette.

1. SPRECHTAKT (auch *Glied* oder *Kolon*, von Chr. Winkler auch *Wortblock* genannt). Er ist, wie wir sehen werden, nicht mit dem Verstakt identisch.

„Das Ohr erkennt die Glieder ohne weiteres als die Silbenkomplexe, die sich um eine Hebung herumlagern" (Saran). Der Sprechtakt (Glied, Kolon) hat also nur eine Hebung. Um diese Hebung können sich 1 bis 6 Silben herumlagern. Im ganzen gilt: je schwerer die Hebung, desto mehr Senkungen kann sie tragen. Die folgende Zeile besteht aus diesen drei Sprechtakten:

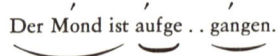

Der Mond ist aufge .. gangen.

Den Bau der Sprechtakte werden wir unten (S. 76 ff.) noch einmal betrachten.

REIHE (von Chr. Winkler auch als *Sinnschritt* bezeichnet). Sie umfaßt in der Regel 2 bis 8 Glieder (Sprechtakte), hat demnach 2 bis 8 Hebungen. Sie hat einen deutlich spürbaren Schluß, der durch eine Atempause gegeben sein kann – aber nicht muß. Die Reihe ist in sich noch nicht völlig abgeschlossen, sie weist über sich hinaus und verlangt die Weiterführung der Rede bzw. bezieht sich als Teil einer höheren Einheit (Kette) auf vorausgegangene Reihen. Die Reihe stellt sich als eigene Intonationseinheit dar und kennzeichnet damit Sätze oder Teilstücke von längeren Sätzen. Jede Reihe gehört einem bestimmten Intonationstyp an, der in Verbindung mit den syntaktischen Funktionen auch bestimmte kommunikative Beziehungen signalisiert. Über die Zugehörigkeit zum Intonationstyp entscheidet vor allem die Tonführung in und nach der letzten Akzentstelle, d. h. der letzten voll betonten Silbe der Reihe. Das ist auch der Grund dafür, daß auf die Gestaltung des Schlußteils der Reihe, ihrer „Kadenz", so großer Wert gelegt wird und warum im normalen deutschen Satz das Glied mit dem höchsten Mitteilungswert an das Ende einer solchen intonatorischen Einheit rückt. Der Versrhythmus nutzt diese natürliche Gliederung der Rede für seine Zwecke sinnvoll aus, indem nicht nur die Länge der Reihen, sondern vor allem auch ihre Kadenzformen nach bestimmten Gesetzen geregelt werden. Entweder decken sich die Kadenzen der Verse und Reihen, oder sie werden durch das Enjambement in bewußten Widerspruch zueinander gebracht (s. S. 106 ff.).

Gekennzeichnet durch den Tonhöhenverlauf in und nach der letzten voll betonten Silbe der Reihe, lassen sich drei Intonationsgrundtypen unterscheiden, die auf unterschiedliche syntaktische und kommunikative Funktionen hinweisen:

1. die progrediente (weiterführende) Tonführung: Der Ton steigt am Ende oder bleibt in der Schwebe. Dadurch bleibt der Kontakt zum Partner erhalten, und es wird signalisiert, daß die Rede weitergeführt werden soll. Die progrediente Tonführung charakterisiert die Reihe als Teil eines übergeordneten Satzes, der erst später abgeschlossen wird.

2. die interrogative (fragende) Tonführung: Im Prinzip hat sie denselben oder einen ähnlichen Verlauf wie die progrediente In-

tonation und tritt vor allem in Entscheidungsfragen auf, die in der Regel eine Antwort verlangen.

3. die terminale (schließende) Tonführung. Der Ton sinkt am Ende der Reihe. Dadurch wird die Gesamtmitteilung eines Satzes und somit auch die letzte Reihe eines längeren Satzes als zunächst abgeschlossen und beendet charakterisiert.

Innerhalb dieser Grundtypen gibt es noch mannigfache Variationen, die nicht zuletzt durch kommunikativ-expressive Funktionen der Intonation hervorgerufen werden, denn die Intonation kann sowohl den Mitteilungswert bestimmter Wörter besonders herausheben als auch Emotionen und besonderen Willensäußerungen Ausdruck geben.

Wenn auch die Intonation im Deutschen noch nicht bis in alle Einzelheiten wissenschaftlich erforscht ist, können wir doch die Einheit der jeweiligen Intonationskurve ziemlich sicher heraushören.

> Füllest wieder Busch und Tal
> Still mit Nebelglanz,
> Lösest endlich auch einmal
> Meine Seele ganz.
> (Goethe, An den Mond)

In diesem Gedicht stellt jede Verszeile eine Reihe dar. Die drei ersten Reihen zeigen progrediente Tonführung, und die abschließende vierte Reihe weist terminale Tonführung auf. Die Reihen sind nicht weiter unterteilt. Eine innere Gliederung finden wir dagegen in einer Reihe wie dieser:

$$\prime \qquad \prime \qquad \prime \qquad \prime$$

Es schlug mein Herz, geschwind zu Pferde!

Hinter „Herz" liegt ein tieferer *Einschnitt*, eine *Zäsur*, was aber die Einheit der Reihe unangetastet läßt. Reihen können demnach sowohl untergliedert als auch als ungeteilte Einheiten vorkommen. Der Wechsel zwischen Reihen beiderlei Arten schafft neue Schönheiten und Reize, weil er die Starrheit der metrischen Form aufzulockern vermag.

Zu diesem Nebeneinander vergleiche:

Es schlug mein Herz, geschwind zu Pferde!	(Einschnitt hinter „Herz")
Es war getan fast eh gedacht.	(ein weniger deutlicher Einschnitt hinter „getan")

Der Abend wiegte schon die Erde,
Und an den Bergen hing die Nacht; } (kein fühlbarer Einschnitt)

(Goethe, Willkommen und Abschied)

In unserem Beispiel wird also die innere Gliederung der Reihen
nicht durch die metrischen Gesetze, sondern allein durch die
sprachliche Gliederung bestimmt, die wiederum vom Inhalt der
Aussage abhängig ist.

KETTE. Sie ist nach der Reihe die nächst höhere Einheit. Unsere
Beispiele haben schon erkennen lassen, daß die Reihe Teil einer
höheren Einheit, der Kette, ist:

Füllest wieder Busch und Tal
Still mit Nebelglanz, } erste Kette

Lösest endlich auch einmal
Meine Seele ganz. } zweite Kette

Eine Kette kann auch aus drei Reihen bestehen:

Der Mond ist aufgegangen,
Die goldnen Sternlein prangen } erste Kette
Am Himmel hell und klar;

Der Wald steht schwarz und schweiget,
Und aus den Wiesen steiget } zweite Kette
Der weiße Nebel wunderbar.

Damit haben wir die Grundbausteine der sprachlichen Gliederung, die sowohl für die Prosa als auch für den Vers gelten, be-
behandelt: Sprechtakt, Reihe und Kette. Auf die Erklärung der
höheren Gruppen können wir für unsere Zwecke verzichten. Im
Vers stellt z. B. die *Strophe* eine solche höhere Einheit her.
Während in der Prosa die Reihen und Ketten ungleiche Längen
haben, regelt im Vers der metrische Rahmen ihre Länge ganz genau. So fordert der Knittelvers für die Reihe immer vier Hebungen, der Blankvers fünf, der Hexameter sechs usw. (Der Ziel-
richtung unseres Abrisses entsprechend sind die Beispiele immer
aus der gebundenen Rede gewählt.)
Der Begriff *Verszeile* geht vom Schriftbild aus und ist *rhythmisch
mehrdeutig.* Eine Zeile kann aus einer Reihe bestehen (Knittelvers,
Blankvers u. a.), sie kann aber auch aus zwei Reihen, aus einer
Kette, gebildet sein (Alexandriner, Langzeilen). Daneben kann die
Zeile auch nur Teil einer Reihe sein:

´ `
Freudvoll

´ `
Und leidvoll,

´ ` ´
Gedankenvoll sein,

(Goethe, Egmont)

Die · kurzen Zeilen deuten auf eine besondere Taktfüllung (vgl.
S. 85). Den Begriff Verszeile darf man erst dann sinnvoll gebrauchen, wenn man seinen rhythmischen Wert vorher genau bestimmt
hat, was nur von Fall zu Fall geschehen kann.

c) Steigender und fallender Rhythmus

Wenden wir uns noch einmal den Sprechtakten (Gliedern) zu. Sie
haben verschiedenen Bau, der sich allein aus der sprachlichen
Gliederung ergibt und somit metrisch nicht vorbestimmt ist. Für
den Bau der Sprechtakte (Glieder) spielt es keine Rolle, ob der
Vers *jambisch* (der Vers beginnt mit einer Senkung, mit einer unbetonten Silbe) oder *trochäisch* (der Vers beginnt mit einer Hebung, mit einer betonten Silbe) einsetzt.

xx *aufsteigende Sprechtakte (Glieder):*

´ ´ ´ ´
Was treibt   und tobt   mein tolles   Blut?
‿   ‿   ‿

´ ´ ´
Was flammt   mein Herz   in wilder   Glut?
‿   ‿   ‿

(Heine, Traumbilder)

Häufen sich solche Glieder – wie in den vorliegenden Zeilen, so
sprechen wir von *steigendem Rhythmus.* Der Eindruck des Stei-
gens dürfte aber vorwiegend durch ein Steigen der Satzmelodie und
der gesamten Tonführung hervorgerufen werden, so daß man
wohl besser von *steigender rhythmisch-melodischer Linie* spricht.
Solche steigende Linie läßt sich auch bei manchen Versen beobachten, die mit einer Hebung einsetzen:

´ ´ ´ ´
Herz,   mein Herz,   was soll   das geben?
‿   ‿   ‿   ‿

Die steigende rhythmisch-melodische Linie, meist auch einfach als *steigender Rhythmus* bezeichnet, verlangt also keineswegs ausschließlich steigende Glieder, sondern nur ihr Vorherrschen. Durchgeführter steigender Rhythmus und Tonfall ist im Deutschen in der Prosa wie im Vers ziemlich selten. Einzelne steigende Glieder können natürlich auch in sonst fallenden Reihen vorkommen:

$$\text{Es war} \quad \text{ein König} \quad \text{in Thule}$$

Hier ist nur das erste Glied aufsteigend, während die Reihe sonst fällt.

xx *absteigende Sprechtakte (Glieder):*

$$\text{Füllest} \quad \text{wieder} \quad \text{Busch} \quad \text{und Tal}$$

Wir können auch lesen:

$$\text{Füllest} \quad \text{wieder} \quad \text{Busch und} \quad \text{Tal}$$

Das Vorherrschen fallender Glieder ergibt den *fallenden Rhythmus*. Aber wieder dürfte der Eindruck des Fallens durch die Melodieführung hervorgerufen werden, so daß wir besser von *fallender rhythmisch-melodischer Linie* sprechen sollten. Wir haben schon oben gesehen, daß diese fallende Linie auch dann möglich ist, wenn das erste Glied ansteigt:

$$\text{Es war} \quad \text{ein König} \quad \text{in Thule}$$

xxx *auf- und absteigende Sprechtakte (Glieder):*

$$\text{In Waage} \quad \text{und Winkel} \quad \text{und Lot ist das} \quad \text{Haus.}$$

$$\text{Heut gehen die} \quad \text{Maurer} \quad \text{und Zimmerleut} \quad \text{aus.}$$

(Kuba, Bauhebe)

77

Je nach der Melodieführung ist auch hier eine steigende oder fallende Linienführung möglich.

Wie die Beispiele gezeigt haben, wechselt der Bau der Glieder auch innerhalb der Zeilen, wie es auch innerhalb eines und desselben Versmaßes steigende und fallende Glieder geben kann. So findet man sowohl in dem angeführten Heine-Gedicht als auch in Goethes „Herz mein Herz" an anderer Stelle fallende Reihen.

Nicht immer läßt sich der Bau aller Glieder völlig eindeutig festlegen. So sind z. B. in der Zeile „Füllest wieder Busch und Tal" beide oben angegebenen Lesarten berechtigt. Noch größer wird die Zahl der möglichen Variationen in Versen mit freierer Taktfüllung, z. B. in Knittelversen. Hier muß man grundsätzlich verschiedene Auffassungen als richtig anerkennen.[1]

Wir wiederholen noch einmal nachdrücklich: steigende oder fallende rhythmisch-melodische Linienführung, oft auch vereinfacht steigender oder fallender Rhythmus genannt, ergeben sich aus dem Bau der Glieder, hauptsächlich jedoch aus der Tonführung im Satz.

Sie sind allein abhängig von der *sprachlichen Gliederung* und damit von dem Inhalt, der von diesen Versen ausgedrückt wird, sowie von der Stellungnahme des Sprechenden zum dargestellten Sachverhalt. So dürfte es kein Zufall sein, daß unsere eindeutigen Beispiele für steigenden Rhythmus Fragesätze sind. Der metrische Rahmen spielt keine entscheidende Rolle.

§ 4 Der metrische Rahmen

Über den Ursprung des metrischen Rahmens gehen die Ansichten auseinander. Einige glauben, daß die Sprache von sich aus zum Vers gekommen sei. Wir halten jedoch orchestischen Ursprung für wahrscheinlicher, d. h. den Ursprung aus einer Verbindung mit Musik und Körperbewegung (Arbeitsrhythmen, Tanz).

Der Rahmen ist taktmäßig gegliedert.[2] Unter *Takt* verstehen wir den etwa gleichen Zeitabstand von Hebung (= betonte Silbe, auch

---

[1] Franz Saran versucht seine ganze Verslehre auf dem Bau solcher Glieder zu errichten. Damit steht und fällt seine Theorie mit der Beantwortung der Frage, ob es überhaupt möglich ist, den Bau aller Glieder festzulegen. Saran selbst *behauptet* diese Möglichkeit.

Iktus genannt) zu Hebung, von Iktus zu Iktus. Die Gleichheit – die ungefähre Gleichheit – dieser Zeitspannen von Hebung zu Hebung bleibt auch im Vers erhalten und hörbar. Im Vers bedeutet der Takt aber keine wirkliche Sprechgruppe. Darüber, wie sich die Senkungen um die Hebungen herumlagern, entscheidet allein die sprachlich-inhaltliche Gliederung (vgl. S. 66 ff.).

Verstakt und Sprechtakt (Glied, Kolon) decken sich nicht, sondern nur ihre Hebungen. Der Verstakt ist nur eine begriffliche Einheit, der Sprechtakt aber eine reale.

Nach Verabredung setzen wir vor jede Hebung einen Taktstrich (vgl. S. 63). Den Unterschied zwischen Glied (Sprechtakt) und Verstakt mag ein Beispiel erläutern, das deutlich zeigt, daß der im Beispiel eingezeichnete Taktstrich nicht mit den wirklichen Grenzen der Sprechgruppen zusammenfallen muß:

Daß im lebendigen Rhythmus die sprachlichen Einheiten, die sich um jeweils eine Hebung herumlagern, wechselseitig miteinander verkettet sind, haben wir bereits in unserer Einführung (S. 26) am Beispiel gezeigt.

[2] Die Lehre vom Takt und den Taktgeschlechtern hat Andreas Heuser in die deutsche Verswissenschaft eingeführt. Ihre Berechtigung ist von vielen angezweifelt worden, z. B. von Helmut Thomas im „Anzeiger für deutsches Altertum", 69 (1956), S. 39. Die Kritiker übersehen zumeist, daß Heusler niemals daran gedacht hat, den Taktbegriff der Musikwissenschaft mechanisch auf die Verslehre zu übertragen. Musik, gesungener und gesprochener Vers haben nur das gemeinsam, daß die betonten Teile (in der Musik die *guten Taktteile*, im Vers die *Hebungen*, die betonten Silben) ziemlich regelmäßig wiederkehren. Im Vergleich zum Vers ist das musikalische Kunstwerk jedoch viel *taktfester*, wird die Gleichheit der Zeitspannen von *gutem zu gutem Taktteil* strenger und genauer eingehalten. Dagegen schafft im Vers, vor allem im gesprochenen Vers, die sprachliche Gliederung je nach Sinn und Inhalt der Rede größere Freiheiten und Schwankungen in der Zeitdauer und gestattet damit mannigfachere Variationen in vorbestimmter Gleichheit, wie wir sie bereits für die Dauer der einzelnen Silben in § 2 kennengelernt haben.
Auch für Heusler ist der Verstakt bloß eine begriffliche Einheit, die nur durch Abstraktion gewonnen werden kann, indem man vom konkreten Zeitfall im einzelnen absieht. Eine wirkliche Sprechgruppe begrenzt der Verstakt nicht. Einige Handbücher sprechen in diesem Sinne statt vom Verstakt auch vom *Versfuß*. Dieser aus dem antiken Begriffsschatz entlehnte Name ist jedoch zu stark mit Vorstellungen der antiken Verslehre, wie *Jambus*, *Trochäus*, *Spondeus* usw. belastet, so daß wir die eindeutigere Benennung *Verstakt* vorziehen (vgl. dazu auch S. 119 ff.: Die Umprägung der antiken Versbegriffe).

Der Abstand zwischen den Hebungen kann von verschiedenen *angenommenen Zeitteilchen (Moren)* ausgefüllt sein, etwa von zwei oder drei. Daraus ergeben sich die verschiedenen *Taktgeschlechter.* Auf eine More können ein, zwei oder drei Silben fallen; ebenso können zwei Moren auf eine Silbe kommen. More und Silbe sind nicht zu verwechseln (vgl. S. 89 ff.).

§ 5   *Die Taktgeschlechter im deutschen Vers*

Im deutschen Sprechvers unterscheiden wir nach der Taktgestaltung grundsätzlich vier Versarten [1]:

1. Verse, in denen *zweisilbige Takte dominieren* (vorherrschen). Vereinfachend nennen wir solche Reihen auch *Verse mit geradem Taktgeschlecht.* Heusler spricht in diesem Sinne vom „Zweivierteltakt".

′   ′   ′   ′
Anmut sparet nicht noch Mühe

′ | ′ | ′ | ′
xx | xx | xx | xx

Verse dieser Art kommen auch mit Auftakt (jambisch) vor (vgl. S. 94 f.):

′   ′   ′   ′
Es | schlug mein | Herz, ge- | schwind zu | Pferde

′ ′ ′ ′
x | xx xx | xx | xx

In der Regel wird man wohl die Hebung etwas länger lesen als die Senkung. Trotzdem behalten wir auch für die Senkung unser Zeichen x bei, weil wir doch wissen, daß die Silbendauer im ein-

---

[1] Da Musiktakt und Verstakt verschiedene Größen sind, kann es sehr wohl vorkommen, daß die Vertonung eines Liedes, die den musikalischen Gesetzen unterworfen ist, ihr eigenes Taktgeschlecht aufweist.

So singen wir zum Beispiel Wilhelm Müllers Lied

′   ′   ′
Am Brunnen vor dem Tore,

′   ′   ′
Da steht ein Lindenbaum

in der nach Franz Schuberts Vertonung zur Volksweise gewordenen Fassung im Dreivierteltakt, während in den gesprochenen Versen Hebung und Senkung regelmäßig miteinander abwechseln.

zelnen von der sprachlich-inhaltlichen Gliederung mitbestimmt wird und sich schematisch nicht so genau festhalten läßt (vgl. S. 60 ff.).

Diese Beispielverse weisen regelmäßige Füllung auf. Alle Takte bestehen aus nur zwei Silben. Hebung und Senkung wechseln ganz regelmäßig ab, sie *alternieren*. In diese Gruppe gehören zum Beispiel der Alexandriner, der Endecasillabo und der Blankvers (s. § 20).

Diese Versart liegt auch da vor, wo wir freiere Füllung haben, wo Hebung und Senkung nicht ganz so regelmäßig abwechseln (vgl. § 2 und § 7a und b). Einige Takte können auch mehr als zwei Silben enthalten:

$$\text{Wer} \mid \overset{\prime}{\underline{\text{reitet so}}} \mid \overset{\prime}{\text{spät durch}} \mid \overset{\prime}{\text{Nacht und}} \mid \overset{\prime}{\text{Wind?}}$$

(Goethe, Erlkönig)

Die dreisilbige Gruppe *reitet so* nimmt nicht mehr Zeit als die übrigen Takte in Anspruch und ordnet sich im ganzen leicht in den Zeitfall der vorherrschenden zweisilbigen Takte ein. Solche Füllungsfreiheiten liebt vor allem das Volkslied.

Noch freier und sprechmäßig bewegter ist der Knittelvers (vgl. § 20e), der auch noch einsilbige Takte aufweist (vgl. § 2):

$$\text{Wer ge-} \mid \overset{\prime}{\text{ringe}} \mid \overset{\prime}{\textit{Ding}} \mid \overset{\prime}{\text{wenig}} \mid \overset{\prime}{\text{acht'},}$$

$$\text{Sich} \mid \overset{\prime}{\text{um ge-}} \mid \overset{\prime}{\textit{ringere}} \mid \overset{\prime}{\text{Mühe}} \mid \overset{\prime}{\text{macht.}}$$

(Goethe)

Durch ähnliche Füllungsfreiheiten zeichnen sich der althochdeutsche und mittelhochdeutsche Vers aus (s. § 13 und § 14).

2. Verse, in denen die *Hebungen regelhaft gegeneinander abgestuft sind*. Die *erste* Tonsilbe ist deutlich der zweiten übergeordnet.

$$\overset{\prime}{\text{Eins,}} \overset{\backslash}{\text{zwei,}} \overset{}{\text{drei,}} \overset{}{\text{vier,}} \mid \overset{\prime}{\text{fünf,}} \overset{\backslash}{\text{sechs,}} \overset{}{\text{sieben,}}$$

$$\overset{\prime}{\text{Eine}} \overset{\backslash}{\text{Bauers}}\overset{\prime}{\text{frau}} \text{ kocht } \overset{\backslash}{\text{Rüben}} \ldots$$

(Abzählvers)

$$\mid \overset{\prime\,\backslash}{\text{xxxx}} \mid \overset{\prime\,\backslash}{\text{xxxx}}$$

$$\mid \overset{\prime\,\backslash}{\text{xxxx}} \mid \overset{\prime\,\backslash}{\text{xxxx}}$$

Diese Gliederung stellt sich aber nur dann her, wenn wir wie die Kinder wirklich abzählen. Wollten wir die Verse als „Kunstdichtung" vortragen, so würden wir „sinngemäß" betonen und „Bauersfrau" schwerer als „eine" lesen. Der Kindervers steht aber von seinem Zweck her dem Orchestischen nahe, wie er ja auch mit einer Körperbewegung (eben mit der des Abzählens) verbunden ist und beinahe als Sprechgesang vorgetragen wird. Zwei Hebungen (Haupt- und Nebenhebung) bilden also eine höhere Einheit, den *Langtakt*. In seinem Zeitfall erinnert er an den Viervierteltakt der Musik; Heusler bezeichnet ihn deshalb auch als „Viervierteltakt".

In der neuhochdeutschen Dichtung kommt diese Langtaktgliederung kaum noch vor.

Der Langtakt bildete den Grundbaustein für den germanischen Stabreimvers. Er hat sich aber in den uns überlieferten Dichtungen nicht mehr rein erhalten, sondern ist durch die Füllungsfreiheiten bereits von innen her umgestaltet worden. Hinzu kam, daß im Laufe der sprachgeschichtlichen Entwicklung vom Altgermanischen zum Althochdeutschen viele Endsilben noch weiter abgeschwächt wurden oder ganz ausfielen. Dadurch konnten in den Langtakten nicht mehr alle Nebenhebungen sprachlich verwirklicht werden, so daß in vielen Fällen nur noch eine über die Zeit mehrerer Moren andauernde Haupthebung für die ehemalige Haupt- und Nebenhebung gesetzt werden mußte.

Solche Verse könnte man auch mit einem antiken Namen als *dipodisch* bezeichnen (dipodisch heißt: aus zwei [Vers-] Füßen bestehend).

Diese Benennung ist jedoch nicht eindeutig; denn manche Metriker bezeichnen auch dort einen Vers als dipodisch, wo eine solche Abstufung der Hebungen (´`´`) nur gelegentlich eintritt. In diesem Falle zeigen nur vereinzelte Reihen diese Gliederung, die nicht mehr vom Taktgeschlecht her bestimmt ist, sondern sich allein aus der sprachlichen Gestaltung ergibt.

3. Verse, in denen *dreisilbige Takte dominieren* (vorherrschen). Wir sprechen hier auch von *daktylischen Versen*, verwenden diesen Begriff aber in einem anderen Sinne als die antike Verslehre. Dort bezeichnete der Daktylus einen Versfuß, der immer dreisilbig sein mußte. Wir setzten diesen Namen für ein Taktgeschlecht, das auch

gelegentlich durch nur zwei Silben verwirklicht werden kann (vgl. auch § 11, S. 119 f). In ihrem Zeitfall erinnern solche Verse an Musikstücke im Dreivierteltakt; deshalb setzte Heusler auch die Namen „Dreivierteltakt" und „Walzertakt".
Solche Verse kommen mit starrer Füllung vor, so daß der Takt immer drei Silben enthält:

$$| \overset{\prime}{\text{Anke von}} \: | \: \overset{\prime}{\text{Tharaw öß,}} \: | \: \overset{\prime}{\text{de my ge}} \: | \: \overset{\backprime}{\text{föllt,}}$$

$$| \overset{\prime}{\text{Se öß mihn}} \: | \: \overset{\prime}{\text{Lewen, mihn}} \: | \: \overset{\prime}{\text{Goet on mihn}} \: | \: \overset{\prime}{\text{Gölt.}}$$

(Aus dem Kreis um Simon Dach, Gedichte des
Königsberger Dichterkreises. Hg. von L. H. Fischer.
Halle 1884. Neudruck 46/47)

$$\begin{array}{c|c|c|c} \overset{\prime}{\text{xxx}} & \overset{\prime}{\text{xxx}} & \overset{\prime}{\text{xxx}} & \overset{\prime}{-} \end{array}$$

$$\begin{array}{c|c|c|c} \overset{\prime}{\text{xxx}} & \overset{\prime}{\text{xxx}} & \overset{\prime}{\text{xxx}} & \overset{\prime}{-} \end{array}$$

$$\text{Im} \: | \: \overset{\prime}{\text{Namen der}} \: | \: \overset{\prime}{\text{Wiege – macht}} \: | \: \overset{\prime}{\text{Frieden,}}$$

$$\text{Be-} \: | \: \overset{\prime}{\text{siegte und}} \: | \: \overset{\prime}{\text{Sieger.}}$$

$$\text{Das} \: | \: \overset{\prime}{\text{Ende des}} \: | \: \overset{\prime}{\text{Krieges ist}} \: | \: \overset{\prime}{\text{eine}}$$

$$\text{ver-} \: | \: \overset{\prime}{\text{lorene}} \: | \: \overset{\prime}{\text{Schlacht.}}$$

$$\text{Ver-} \: | \: \overset{\prime}{\text{lorene}} \: | \: \overset{\prime}{\text{Schlachten der}} \: | \: \overset{\prime}{\text{Menschheit}}$$

$$\text{sind} \: | \: \overset{\prime}{\text{all diese}} \: | \: \overset{\prime}{\text{Kriege.}}$$

(Kuba, Gedicht vom Menschen)

Vergleiche auch:

$$\text{W}\overset{\prime}{\text{o}}\text{llt ihr die Fr}\overset{\prime}{\text{ei}}\text{heit, so seid k}\overset{\prime}{\text{ei}}\text{ne Kn}\overset{\prime}{\text{e}}\text{chte!}$$

$$\text{W}\overset{\prime}{\text{o}}\text{llt ihr das Gl}\overset{\prime}{\text{ü}}\text{ck, so sch}\overset{\prime}{\text{a}}\text{ffet das R}\overset{\prime}{\text{e}}\text{chte!}$$

$$\text{W}\overset{\prime}{\text{o}}\text{llt ihr die Fr}\overset{\prime}{\text{ü}}\text{chte, so }\overset{\prime}{\text{a}}\text{ckert die S}\overset{\prime}{\text{aa}}\text{t!}$$

$$\text{W}\overset{\prime}{\text{o}}\text{llt ihr das L}\overset{\prime}{\text{e}}\text{ben, so l}\overset{\prime}{\text{ei}}\text{stet die T}\overset{\prime}{\text{a}}\text{t!}$$

(Mühsam, Zum Beginn)

An Mühsams Versen können wir beobachten, wie sich auch gelegentlich ein zweisilbiger Takt einschieben kann (in Zeile 2: *Glück, so*). – Diese Beispiele vermitteln einen ersten Eindruck von den verschiedenartigen und vielfältigen Ausdrucksmöglichkeiten dieser viel zuwenig angewandten Versart.

Daktylische Verse kommen also auch mit freier Füllung vor. Es erscheinen Takte mit nur zwei Silben, die sich aber ganz in den Zeitfall der vorherrschenden dreisilbigen Takte einordnen. Das können wir sehr gut am deutschen *Hexameter* erkennen.

′	′	′	′	′	′
Pfingsten, das	liebliche	Fest, war ge-	kommen, es	grünten und	blühten

′	′	′	′	′	′
Feld *und*	*Wald auf*	Hügeln und	*Höhn, in*	Büschen und	Hecken

′	′	′	′	′	′
Übten ein	munteres	*Lied die*	*neuer-*	munterten	Vögel;

(Goethe. Vgl. auch S. 45 und S. 186 ff.)

Verse, in denen die dreisilbigen Takte vorherrschen und den Zeitfall bestimmen, hat es schon im Mittelhochdeutschen gegeben (vgl. S. 145 ff.), doch gingen sie im späteren Mittelalter wieder verloren. Die neuhochdeutsche Verskunst gewann sie im 17. Jahrhundert neu, wobei der Anstoß zu ihrer Bildung aus der Musik kam.

4. Verse, in denen *dreisilbige Takte dominieren und die neben der Haupthebung noch eine oder zwei Nebenhebungen hervortreten lassen*. Die erste Silbe trägt den Haupton, und jede folgende kann einen Nebenton bekommen. In der Regel wird die zweite Silbe etwas stärker betont als die dritte.

`	′ ` `	′ `
Mein	Schatz ist ein	Schneider,

`	′ ` `	′
Ein	Schneider muß	sein.

(Volkslied. Zitiert nach: O. Paul, Deutsche Metrik. München 1950)

`	′ ` `	′ `
x	xxx	xxΛ

`	′ ` `	`
x	xxx	−Λ

Diese Verse wirken wegen der ohrenfälligen Nebentöne schwerer als die unter 3. besprochenen Reihen. Wir nennen sie deshalb auch *schwere daktylische Verse.* Da sie an den Ländler erinnern, nannte sie Heusler einfach „Ländlertakte". Verse dieser Art sind uns schon in der mittelhochdeutschen Lieddichtung bezeugt, doch haben wir aus dem späteren Mittelalter keine Belege mehr. Sie kamen wie die einfachen daktylischen Verse erst im 17. Jahrhundert wieder neu in Gebrauch.

In einigen Fällen werden wir auch $-\overset{\prime\backslash}{xx}$ ($\,\flat\ \flat\ \flat\,$) = 2:1:1 zu messen haben. Die erste Silbe wird etwa doppelt so lang gesprochen wie jede der folgenden. Das Ohrenfällige ist aber auch hier der starke Nebenton auf der zweiten oder dritten Silbe:

´ `	´ `	´ `	
Freudvoll und	leidvoll, ge-	dankenvoll	sein;

´ `	´ `	´ `	´
Hangen und	bangen in	schwebender	Pein

´ `	´ `	´ `	´
Himmelhoch	jauchzend, zum	Tode be-	trübt;

´ `	´ `	´ `	´
Glücklich al-	lein ist die	Seele, die	liebt.

(Goethe, Egmont. – Wir haben die Zeilenanordnung geändert, vgl. dazu S. 76)

Wir fassen die Formen $\Big|\ \overset{\prime\backslash}{xxx}\ \Big|$ und $\Big|\ -\overset{\prime\backslash}{xx}\ \Big|$ als Pole eines Taktgeschlechts auf und stellen die letztere Form ($-\overset{\prime\backslash}{xx}$) nicht zum Langtakt, obwohl eine entstehungsgeschichtliche Verwandtschaft wahrscheinlich ist. Maßgebend für diese Zuordnung ist die auffällige Erscheinung, daß der Takt neben der Haupthebung noch eine Nebenhebung hervortreten läßt. Manchmal wird diese Nebenhebung auch nur ganz leise angedeutet. Auch die Nebenhebungen müssen ja nicht alle gleich schwer sein. Der rhythmische Unterschied zwischen Versen wie „Mein Schatz ist ein Schneider" und Goethes „Freudvoll und leidvoll" soll damit aber nicht vergessen werden.

Wie unsere Beispiele bereits gezeigt haben, wirken die schweren Daktylen sehr liedhaft. Seit der Klassik erscheinen sie mit Vorliebe in Liedern im Volkston. In dem folgenden Gedicht bestimmt das

Vorherrschen dieses Taktes (neben einfachem xx) den eigenartig
reizvollen Rhythmus der Verse:

Mich rührt so │ sehr

böhmischen │ Volkes │ Weise.

schleicht sie ins │ Herz sich │ leise,

macht sie es │ schwer.

(Rilke, Volksweise)

Der *Takt* ist nur ein *Hilfsbegriff.* Im lebendigen Vortrag wird die
taktmäßige Gliederung immer *frei umspielt.* Auch bei gleichem
Taktgeschlecht können die Verse – wie unsere Beispiele gezeigt
haben – einen ganz unterschiedlichen Charakter tragen.
Überhaupt darf man sich diese Taktgliederung nicht zu starr vor-
stellen. Wir erwähnten bereits, daß in der Regel die Hebungssilbe
etwas mehr Zeit beansprucht als die Senkungssilbe. Verse, in denen
Hebung und Senkung annähernd gleich lang sind, stilisieren den
Sprachfluß meist stärker als Verse, die eine größere Schwankungs-
breite zulassen. Dadurch, daß die Hebungssilbe etwas länger ausgehalten wird, ist es möglich, daß Verse mit dominierenden zweisilbigen Takten in die Nähe der Verse mit vorherrschenden dreisilbigen Takten rücken und bei der Vertonung ein ungerades
Taktgeschlecht annehmen. Es kommt sogar in der Sprechdichtung vor, daß Dreivierteltakte einer besonderen Wirkung wegen
aus vorherrschenden Zweivierteltakten hervorwachsen, wie man
es in der fünften Strophe von Goethes „Erlkönig" beobachten
kann, wo der einschläfernde, gleichmäßige Tanz- und Wiegen-
rhythmus, der schon vorher in Erlkönigs Verheißung anklang, in
der letzten Zeile unüberhörbar hervortritt:

Meine Töchter führen den nächtlichen Reihn,

Und wiegen und tanzen und singen dich ein.

Natürlich trägt wieder die inhaltliche Aussage zur Realisierung
dieser Vorstellung bei. Wenn in dieser Zeile auch immer zwei Sil-

ben zwischen die Hebungen treten, so fügt sie sich als Ganzes dennoch den in dieser Ballade vorherrschenden zweisilbigen Takten ein, ohne jedoch ihr eigenes Gesicht völlig zu verleugnen.

Bei einigen Gedichten mit Füllungsfreiheiten kann man im Zweifel bleiben, ob nun zweisilbige oder dreisilbige Takte dominieren. Das gilt zum Beispiel für Johannes R. Bechers Gedicht „Meer im Sommer", wo mindestens die dritte Strophe zu dreisilbigen Takten neigt:

> Münden müssen in dir alle Flüsse,
> Aber die Welle auch raunt, daß dereinst
> Alle die Tränen und alle die Küsse
> Du in der Flut des Vergessens vereinst.
>
> (Becher. Aus: Meer im Sommer)

In anderen Zeilen und Strophen dieses Gedichtes sind dagegen dreisilbige Takte seltener. Es gibt also eine breite Übergangszone, und nicht zuletzt geht von solcher rhythmischen Mehrdeutigkeit, die dem Gegenstand angemessen ist, ein begrifflich kaum zu definierender Reiz aus.

Andererseits kann der Wechsel zwischen zweisilbigen und dreisilbigen Takten bewußt einen Gegensatz herausarbeiten. In der indischen Legende „Der Gott und die Bajadere" wählte Goethe zum Beispiel für die ersten acht (meist rein erzählenden) Verse jeder Strophe rein alternierende trochäische Vierheber.

> Mahadöh, der Herr der Erde,
>
> Kommt herab zum sechsten Mal,
>
> . . .

Danach wirken die abschließenden drei Zeilen mit ausschließlich dreisilbigen Takten wie ein Refrain, obwohl darin niemals dieselben Worte oder gar Sätze wiederkehren:

> Und hat er die Stadt sich als Wandrer betrachtet,
>
> Die Großen belauert, auf Kleine geachtet,
>
> Verläßt er sie abends, um weiterzugehn.
>
> (Goethe, Der Gott und die Bajadere)

Mit dem dreisilbigen Takt verbunden wird hier auch die von den ersten Zeilen abweichende Gestaltung des Verseinganges und der Kadenz.

Solche Beobachtungen lehren, welche Fülle rhythmisch-künst-
lerischen Formenreichtums die Verslehre beachten muß und wie
wenig man mit rein schematischer Betrachtung ausrichtet; denn
zum Wesen der Kunst gehört neben dem fest Geprägten auch das
Spiel zwischen den Grenzen, sofern es nur dem Inhalt angemessen
bleibt.

§ 6 *Das Grundgesetz für die sprachliche Füllung*

Im deutschen Vers muß der Tonfall des Satzes erhalten bleiben.
*Vershebungen (Ikten) und sprachliche Hebungen fallen weitgehend
zusammen. Die Sprechtakte und Verstakte decken sich nicht, wohl
aber ihre Hebungen.* Die Lage der Hebungen wird vom metrischen
Rahmen, vom Grundmaß des Verses, bestimmt, die Gruppierung
der Silben um diese Hebungen herum aber von der sprachlichen
Gliederung. Die sprachlich-inhaltliche Gliederung bestimmt auch
die Schweregrade der Hebungen.
Dieses Grundprinzip, nach dem Satz- und Versakzent weitgehend
zusammenfallen müssen, nennen wir das *wägende* (auch akzentu-
ierende) Prinzip, die *wägende Sprachbehandlung* im Vers, den
wägenden Sprachbau. Das Wägen ist charakteristisch für alle
Verse in den germanischen Sprachen. Es ist eine Folge des festen
Satzakzentes und der festen Wortbetonung.
Verstöße gegen dieses Prinzip nennen wir *Tonbeugungen.* Sie sind
für das deutsche Ohr und für das deutsche Sprach- und Versempfinden unerträglich. Nur im Meistersang waren solche Tonbeugungen erlaubt. Dabei müssen wir allerdings bedenken, daß
die Meistersingerverse gesungen wurden und eine ganz besondere
Vortragsart verlangten (vgl. S. 148).

Hört was die Zwölff hat verursacht,

Tichten das Meister gsang,

Zu jrer zeit viel böß ungereimbt Gsang erklang . . .

(Adam Puschmann, Gründlicher Bericht des deutschen Meistergesanges.
Hg. von Richard Jonas. Halle 1888. Neudrucke 73)

Auch dort, wo Prosodie und Versifikation oder die Vortragsart grundsätzlich das Wägen im Versinnern nicht forderten (vgl. § 1, S. 47), deckten sich in der Regel jedoch die vom Versmaß und von der sprachlichen Gliederung verlangten Betonungen am Ende der durch Reim oder feste Zäsuren kenntlich gemachten Sprech- und Versgruppen. Diesem Gesetz folgten vor allem die dem Französischen nachgebildeten Renaissanceverse um die Wende vom 16. zum 17. Jahrhundert, z. B. die Verse von Rudolf Georg Weckherlin. Denn die französische Sprache verlangte vor der Kadenz der Sätze oder Satzabschnitte keine feste Wort- und Satzbetonung und eröffnete damit für die rhythmische Linienführung größere Freiräume. Auch für die Verse von Sebastian Brant und für die strengen Knittelverse muß man eine solche freiere Lesart erwägen (vgl. S. 156 f.).

§ 7 Besonderheiten der Taktfüllung[1]

Im deutschen Vers muß nicht unbedingt auf jede *More* (Zeitteil, nur durch Abstraktion zu ermitteln, vgl. S. 80) eine Silbe fallen, zwei Moren können zu einer Silbe zusammengezogen werden, zwei Silben können aber auch die Zeit einer More einnehmen. Wir sprechen hier von *freier Füllung. Strenge Füllung* liegt dagegen vor, wenn More und Silbe zusammenfallen. Strenge Füllung gibt bei geradteiligem Taktgeschlecht alternierenden Versgang, wo Hebung und Senkung regelmäßig abwechseln. Wir betrachten jetzt nur die *Füllungsfreiheiten.*

a) Der einsilbige Takt (Hochtonhiatus)

Der Takt, der sonst aus Hebung und Senkung besteht, wird nur von *einer* Silbe ausgefüllt. Zwei Hebungen stoßen jetzt unmittelbar zusammen:[2]

$$
\begin{array}{c|c|c|c}
' & ' & ' & ' \\
\text{Habe nun,} & \textit{ach!} & \text{Philoso-} & \text{phie} \\
\hline
' & ' \; ' & ' & ' \\
\text{x} \cup \cup & - & \text{x} \cup \cup & \text{x} \wedge \; \text{(Goethe, Faust I)}
\end{array}
$$

---

[1] Vgl. auch unsere Beispiele S. 62 f.
[2] Vgl. auch § 2, S. 63 f. und § 5, S. 81.

oder:

> Die Westküsten traten eines Tages zusammen
>
> und erklärten, sie seien keine Westküsten,
>
> Weder Westküsten nach Ostküsten ... ∪∪ │ ´ │ ´ ∪∪ │ ´ │ ´ ║
>   │ – │ x∪∪ │ – │ xx ║
>
> (Morgenstern, Die Westküsten)

Der besondere rhythmische Ausdruckswert des einsilbigen Taktes
springt ins Ohr. Auf der so hervorgehobenen Silbe liegt auch von
der Bedeutung her ein besonderer Nachdruck. Wir sprechen hier
von einer *beschwerten Hebung.*

In althochdeutschen und mittelhochdeutschen Versen sind die
einsilbigen Takte – meist beschwerte Hebungen – ganz geläufig.
Im Neuhochdeutschen sind sie in der Kunstdichtung erst wieder
seit Klopstock und Goethe in Gebrauch, kommen jedoch nur
spärlich vor:

>   ´   ´   ´   ´
> Nun schreien die Büffel im Brande der Tage
>
>   ´   ´ ´   ´
> durchs hörnerne *Gras auf* vor Durst
>
> (Arendt, Dürre)

> ... Kühn schwingt der Traum
>
> befreiten freien Landes
>
>   ´   ´   ´   ´
> in deine *Kampfrhythmen* hinein ...
>
> (Arendt, Schostakowitsch)

Deutlich weicht im letzten Falle die Betonung beim Vortrag von
dem sonst üblichen x │ xx │ xx │ xx │ x... in x │ xx │ – │ x∪∪ │ x...
aus.

b) Der mehrsilbige Takt

Der mehrsilbige Takt hat mehr Silben als Moren (vgl. auch § 2,
S. 63).
Man spricht hier auch von *Auflösung* oder *Spaltung* der Moren.

Gespalten können sowohl die Hebungen als auch die Senkungen werden:

Wer | reitet so | spät durch | Nacht und | Wind?

x | ∪ ∪x | xx | xx | x

Dem entspricht in der zweiten Strophe:

Mein | Sohn, was | birgst du so | bang dein Ge- | sicht?

x | xx | x∪∪ | x∪∪ | x

(Goethe, Erlkönig)

Der Abstand von Hebung zu Hebung ist etwa gleich, das Taktgeschlecht bleibt vollständig erhalten. Solche gelegentlichen Auflösungen sind besonders in der neueren Lyrik beliebt, gestatten sie
doch ein freieres Ausleben des natürlichen Tonfalls:

Das Todesschrein des alten Vaters stets im Ohr,

den *spanische* Mönche auf den Scheiterhaufen banden,

tanzt er auf *offenem* Platz, im Herzen Stein und Groll.

(Arendt, Ulenspiegel)

Auch in *freien Versen* (vgl. 180 ff) gestattet man sich hin und wieder solche Auflösungen, die den sonst starren alternierenden Versgang gefällig unterbrechen:

Sagen wird man über *unsere* Tage:

Altes Eisen hatten sie und wenig Mut,

Denn sie hatten wenig Kraft nach ihrer Niederlage.

Sagen wird man über *unsere* Tage:

Ihre Herzen waren voll von *bitterem* Blut.

(Kuba, Sagen wird man)

Durch solche Füllungsfreiheiten zeichnet sich vor allem das
Volkslied aus. Von dort haben sie die Dichter zur Zeit der Klassik

(Bürger, Goethe, Schiller u. a.) wieder in die Kunstdichtung übernommen, wobei auch das Vorbild antiker Versmaße (bei Klopstock) und des freien Knittelverses mitgewirkt hat.

In der althochdeutschen und mittelhochdeutschen Dichtung sind
diese prosodischen Freiheiten (Füllungsfreiheiten) ganz geläufig,
stellen aber bestimmte Anforderungen an die sprachliche Be-
schaffenheit der Silben.

c) Die Pause als rhythmischer Wert

Ein Takt kann auch pausiert werden, dann werden die Vershebungen sprachlich nicht verwirklicht. Andreas Heusler nannte solche
Takte *stumpfe Takte*. Allgemein geläufig ist eine rhythmische Pause
am Ende einer Versreihe:

	′	′	′	′
Füllest wieder Busch und Tal	xx	xx	xx	xΛ

	′	′	′	
Still mit Nebelglanz,	xx	xx	xΛ	Λ Λ

	′	′	′	′
Lösest endlich auch einmal	xx	xx	xx	xΛ

	′	′	′	
Meine Seele ganz.	xx	xx	xΛ	Λ Λ

(Goethe, An den Mond)

Zur Bezeichnung der Pause vgl. S. 63 f. Natürlich muß auch die Pause im Zeitfall des Verses nicht starr eingehalten werden. Wie auch sonst im Vers schafft
die sprachlich-inhaltliche Gliederung mannigfache Übergänge und Abstufungen.
Auch ist es möglich, daß im Laufe der Zeit aus einem ursprünglich stumpfen
Vierheber dadurch ein echter Dreiheber entsteht, daß die Pause nicht mehr
deutlich empfunden wird (vgl. § 20a und § 20b). Das darf uns aber nicht dazu
verleiten, mit Heinz Mettke (Mittelhochdeutsche Grammatik, Halle 1964, S. 39)
die Pause als rhythmische und metrische Erscheinung in Bausch und Bogen ab-
zulehnen.

Nicht einmal für das Nibelungenlied läßt Mettke in der 2. Auflage seines Buches
(Halle 1967) stumpfe Verse gelten, wo selbst Pretzel am Ende eines Abverses
eine pausierte Hebung annimmt. Die Pause gehört ja mit zum Vers, macht ihn
jedoch keineswegs unvollständig, obwohl sie unter Umständen zur Verkürzung
des Verses führen kann. Nur in diesem Sinne ist der Fachterminus *stumpf* aufzufassen.

Auch im Versinnern können pausierte Takte vorkommen:

Wir lassen ihn billig ungerupft,

Aber seinen Versen merkt man an,

Daß der Verfasser lateinisch kann

und schnupft.

(Mörike, Schul-Schmäcklein)

Der du von dem Himmel bist,
Alles Leid und Schmerzen stillest,
Den, der doppelt elend ist,
Doppelt mit Erquickung füllest,
Ach, ich bin des Treibens müde!
Was soll all der Schmerz und Lust?
Süßer Friede,
Komm, ach komm in meine Brust!

(Goethe, Wandrers Nachtlied)

Die Zeile *Süßer Friede,* auf die das ganze Gedicht zustrebt, wird durch die Pause rhythmisch besonders herausgehoben und kommt so zu gesteigerter Geltung. Denkbar wäre auch diese Leseart:

∧ Süßer Friede ∧

Pausierte Eingangs- und Innentakte sind äußerst selten, sie stehen immer als besondere Ausdrucksmittel. Ihr spezifischer Ausdruckswert ergibt sich jeweils nur aus dem Gesamtzusammenhang. Freilich ist in jedem Fall der Zweifel berechtigt, ob die Pausen wirklich noch empfunden werden oder ob man vom heutigen Standort aus nicht eher einfache kurze Zeilen (historisch gesehen: verkürzte Zeilen) annehmen soll, deren Wörter nur nachdrücklicher gesprochen werden. Denkbar wäre zum Beispiel auch, daß man in den Mörike-Versen die Wirkung der Pointe nutzt und die beiden Wörter *und schnupft* ganz schnell nachstürzen läßt. In jedem Fall, ob man nun Pausen annimmt oder nicht, liegt die Wirkung solcher Zeilen gerade darin, daß sie sich wegen ihrer Kürze deutlich von ihrer Umgebung abheben.
Im Stabreimvers und im frühmittelhochdeutschen Reimvers finden sich pausierte Hebungen innerhalb der Verse öfter, doch wird man gerade hier überlegen müssen, ob nicht historische Übergangsstufen zu Verkürzungen geführt haben.

Wir unterscheiden folgende Versgegenden: den *Auftakt* (Eingangssenkungen von der ersten Hebung), das *Versinnere* und den *Versausgang (Kadenz)*.
Wir müssen hier Auftakt und Kadenz näher betrachten.

a) Der Auftakt

Nach der Auftaktgestaltung unterscheiden wir dreierlei Versarten:

1. DER AUFTAKT IST VORHANDEN:

Es schlug mein Herz, geschwind zu Pferde

$$x \mid \overset{,}{xx} \mid \overset{,}{xx} \mid \overset{,}{xx} \mid \overset{,}{xx}$$

Bei alternierendem Versgang (Hebung und Senkung wechseln ganz regelmäßig) sprechen wir auch von *jambischen Versen.* (Der Name stammt noch von der älteren Versbetrachtung, die hier *Versfüße,* nämlich *Jamben,* erkennen wollte, vgl. § 11.) Hierher gehören u. a. die Alexandriner, die Blankverse und die antiken Trimeter (s. § 20).
Der Auftakt kann auch mehrere Silben umfassen und natürlich auch bei Versen stehen, die nicht alternieren.

Warum weint die Dirn' und zergrämet sich schier?

$$\cup\cup \mid \overset{,}{xx} \mid \overset{,}{x\cup\cup} \mid \overset{,}{x\cup\cup} \mid \overset{,}{-}$$
(Schiller, Reiterlied in „Wallensteins Lager")

Dieses Lied zeigt sehr gut, daß auch in der Auftaktgestaltung die bekannten Füllungsfreiheiten gelten. So wechseln in den einzelnen Strophen ein- und zweisilbige Auftakte miteinander ab. Die erste Strophe z. B. beginnt mit einem einsilbigen Auftakt:

Wohlauf, Kameraden, aufs Pferd, aufs Pferd!

Auch Verse mit dominierenden dreisilbigen Takten, also daktylische Verse, können einen Auftakt verlangen:

In Waage und Winkel und Lot ist das Haus.

Heut gehen die Maurer und Zimmerleut aus.

(Kuba, Bauhebe)

Gelegentlich stellt sich statt des einsilbigen auch ein zweisilbiger Auftakt ein:

Die Kinder, sie laufen und zerren den Mann
hinüber zum Platz vor der Linde,
sie stellen ihn auf und stecken ihn an,
und er knistert im schäumenden Winde.
Und sie stehen im Kreis, und sie wirbeln den Tanz,
Und sie rufen die glücklichen Schreie.

(Weyrauch. Die Vogelscheuche)

Es wäre falsch, solche daktylischen Verse mit doppeltem Auftakt als Anapäste (◡◡–) aufzufassen und gemäß der antiken Verslehre dieses irreführende Schema aufzustellen:

Und sie stehen im Kreis, und sie wirbeln den Tanz

◡◡– ◡◡– ◡◡– ◡◡–

Ganz offensichtlich handelt es sich in unserem Falle doch nur um eine Variante zu den Versen mit einfachem Auftakt, die die bekannten Füllungsfreiheiten ausnutzt

◡◡ | xxx | xxx | xxx | –

(vgl. dazu auch S. 119 f.). Damit soll keineswegs in Abrede gestellt werden, daß durch unterschiedliche Gestaltung des Auftaktes solche „daktylischen Verse" eine jeweils eigene rhythmisch-melodische Linienführung erhalten. Doch ebenso wie bei den Versen mit geradem Taktgeschlecht ergibt sich der konkrete Ausdruckswert solcher Verse mit oder ohne Auftakt immer erst aus dem Gesamtzusammenhang. Demnach wäre es verfehlt, solche Erscheinungen zu isolieren und den Formen von vornherein bestimmte Funktionen zuzuschreiben.

2. Der Auftakt fehlt:

Der Vers beginnt immer mit einer Hebung, mit einer betonten
Silbe:

′   ′   ′   ′
Füllest wieder Busch und Tal

′   ′   ′
Still mit Nebelglanz

(Goethe, An den Mond)

Bei alternierendem Versgang sprechen wir von *trochäischen Versen*.
(Ältere Versbetrachtung nahm hier *Trochäen* im Gegensatz zu
Jamben als Grundbausteine an. *Für uns bedeutet trochäisch nur:
alternierender Vers ohne Auftakt.*) Hierher gehören unter anderem
die *spanischen Trochäen* und die *serbischen Trochäen* (vgl. § 20c
und h). Auch Verse im Dreivierteltakt können ohne Auftakt stehen.
So setzen z. B. *Hexameter* und *Pentameter* immer mit einer Hebung
ein:

′   ′   ′   ′   ′   ′
Pfingsten, das liebliche Fest war gekommen: es grünten und blühten . . .

3. Der Auftakt ist frei:

Er kann stehen, kann eine oder mehrere Silben umfassen, kann
aber auch fehlen. Hierher gehören u. a. die Knittelverse (vgl.
S. 167 ff.):

Habe nun, ach! Philosophie,
Juristerei und Medizin
Und leider auch Theologie
Durchaus studiert, mit heißem Bemühn.

(Goethe, Faust I)

Auftaktfreiheit begegnet man auch in einigen Volksliedern. Die
althochdeutschen und mittelhochdeutschen Sprechverse waren
immer frei im Auftakt.
Stehen oder Fehlen des Auftaktes, der Eingangssenkung, bedeuten noch nicht steigenden oder fallenden Rhythmus (vgl. S. 76 und
Einführung S. 21 f.; zu den Begriffen *jambisch* und *trochäisch* vgl.
auch S. 119 f.).
Welche Wirkungen im konkreten Fall durch unterschiedliche Gestaltung des Verseinganges erzielt werden können, zeigen auch
unsere Beispiele in der Einführung, S. 17 f. und in § 28, S. 226 f.

b) Die Kadenz

Für die neuhochdeutschen Verse kommen wir mit vier Formen
aus: im Althochdeutschen und Mittelhochdeutschen gab es noch
Varianten innerhalb dieser Typen (vgl. § 14, S. 132 f.).

1. Typ: DIE WEIBLICHE KADENZ (WEIBLICH VOLL). Wir gebrauchen
diese Abkürzung: wbl. (oder wv.). Das bedeutet, der Vers endet
mit einer Senkung:

$$\acute{} \qquad \acute{} \qquad \acute{} \qquad \acute{}$$
Es schlug mein Herz, geschwind zu Pferde

$$\left|\begin{array}{c}\prime\\x\end{array}\right|\begin{array}{c}\prime\\xx\end{array}\left|\begin{array}{c}\prime\\xx\end{array}\right|\begin{array}{c}\prime\\xx\end{array}\left|\begin{array}{c}\prime\\xx\end{array}\right.$$

2. Typ: DIE MÄNNLICHE KADENZ (MÄNNLICH VOLL). Wir gebrauchen diese Abkürzung: ml. (oder v.). Das bedeutet, der Vers endet
mit einer Hebung:

$$\acute{} \qquad \acute{} \qquad \acute{} \qquad \acute{}$$
Es war getan fast eh gedacht.

$$\left|\begin{array}{c}\prime\\x\end{array}\right|\begin{array}{c}\prime\\xx\end{array}\left|\begin{array}{c}\prime\\xx\end{array}\right|\begin{array}{c}\prime\\xx\end{array}\left|\begin{array}{c}\prime\\x\end{array}\right.$$

Die Ausdrücke *weiblich* und *männlich* kommen aus der älteren
französischen Adjektivdeklination, wo die weibliche Form mit einer
Senkung endete (ml. plaisant, wbl. plaisante). Im modernen Fran-
zösisch ist das Endungs-e verstummt, wird aber noch in Liedern
gesungen und kann auch im Sprechvers in der Kadenz noch zu
Gehör gebracht werden. Den Terminus *voll* gebrauchen wir im
Gegensatz zu *stumpf* und *klingend*.

3. Typ: DIE KLINGENDE KADENZ (kl.). Der Vers endet mit einer
Nebenhebung. Der vorletzte Takt wird von nur einer Silbe ausgefüllt. Vertraut sind uns diese Schlüsse aus Liedern. So singen
wir:

$$\acute{} \qquad \acute{} \qquad \acute{} \quad \grave{}$$
Der Mond ist aufge*gangen*

$$\left|\begin{array}{c}\prime\\x\end{array}\right|\begin{array}{c}\prime\\xx\end{array}\left|\begin{array}{c}\prime\\xx\end{array}\right|\begin{array}{c}\prime\quad\backslash\\-\quad x\end{array}\right.$$

Im mittelhochdeutschen Sprechvers sind diese klingenden Schlüsse noch ganz geläufig. So beginnt das Nibelungenlied:

$$\acute{} \qquad \acute{} \qquad \acute{} \quad \grave{}$$
Uns ist in alten *maeren*

In unseren modernen Sprechmetren ist die Nebenhebung im allgemeinen geschwunden. Der urprüngliche Vierheber mit kl. Kadenz wurde zum Dreiheber mit weiblichem Ausgang. Bei entsprechender langsamer Vortragsart kann man aber auch heute noch die Verse als Vierheber mit kl. Ausgang zu Gehör bringen. Wir singen zum Beispiel:

Es   war   ein   Kö - nig   in   *Thu   le,*   gar   treu ---

(Vertonung von Zelter)

Die Silbe „Thu" beansprucht die erste Hälfte des $^6/_4$ Taktes für sich allein, und das folgende „le" trägt die Nebenhebung des Taktes. Wenn wir dieses Gedicht ganz liedhaft – prosafern – sprechen, bleibt die Nebenhebung erhalten; nur dann tragen wir die Kadenz wirklich klingend vor:

		´		´		´	\
Es	war ein		König in		*Thu-*		*le*

		´		´		´	\
x	x x		x∪ ∪		–		x

Bei prosanäherer Vortragsart geht die letzte Nebenhebung verloren, und aus dem Viertakter mit klingendem Ausgang ist ein Dreitakter mit weiblicher Kadenz geworden:

	´		´		´
Es	war ein		König in		*Thu- le*

	´		´		´
x	x x		x∪ ∪		x x

Beide Vortragsarten sind möglich und hängen von der Situation ab, in der dieses Gedicht gesprochen wird. So sprechmäßig bewegte Verse wie die des Nibelungenliedes aber können wir heute – wollten wir sie neuhochdeutsch und nicht mittelhochdeutsch vortragen – nicht mehr mit klingender Kadenz lesen. Für den stilgerechten Vortrag mittelhochdeutscher Verse müssen wir uns also von unserem modernen Versempfinden lösen, damit wir nicht fälschlicherweise unsere heutige Sprechart in die Verse einer vergangenen Sprach- und Kulturepoche hineintragen.

4. Typ: DIE STUMPFE KADENZ (st.). Der letzte Takt wird pausiert (vgl. § 7c, S. 92 f.).

> Abends noch, vorm Schlafengehn,
>
> sprich ein liebes Wort! ∧
> Sieh, ich will dich ganz verstehn,
> scheuch den Unmut fort! ∧
>
> (Deicke, Liebe in unseren Tagen)

Die Ausdrücke stumpf und klingend werden auch in einem anderen Sinne gebraucht. Nach dieser Terminologie ist *stumpf = männlich* und *klingend = weiblich*. Eine solche Bezeichnung hindert jedoch das begriffliche Erfassen unserer Kadenztypen 3 und 4.

KADENZTAUSCH. Während im allgemeinen bei gleichstrophigen Gedichten die Zeilenausgänge der einander entsprechenden Versreihen immer gleich sind, tritt gelegentlich im Volkslied und in volksliedhafter Lyrik ein Vertauschen der Kadenztypen ein:

Im fernen Böhmerland	ml.
blüht eine alte Linde,	wbl.
daß ich die Liebste fand,	ml.
steht dort in brauner Rinde.	wbl.

In einer anderen Strophe des Gedichts sind die Ausgänge ml. und wbl. vertauscht:

Hörst du die Moldau rauschen?	wbl.
Im Winde weint das Korn.	ml.
Ich mußt' den Pflug vertauschen,	wbl.
und alles ward verlorn.	ml.

(Cibulka, Steine und Brot)

§ 9 Besondere Spannungsverhältnisse zwischen metrischer und sprachlicher Gliederung

a) Die leichten Hebungen

Eine sprachlich unbetonte Silbe wird zur Vershebung erhoben:

> Ihr naht euch wieder, schwanken*de* Gestalten
>
> (Goethe, Faust I)

Dadurch entsteht eine wirkungsvolle Abstufung der Hebungen untereinander. In solchen Fällen sind die leichten Hebungen künstlerisch voll berechtigt. Manchmal stören sie jedoch den natürlichen Sprachfluß. So verbesserte Goethe in „Faust II“, 3. Akt:

      ´   ´   ´   ´   ´   ´
    Dienet *es* zum Ruhme dir   in: Solches dient zum . . .

Der Ausdruckswert der leichten Hebungen und ihre Berechtigung überhaupt lassen sich nur aus dem jeweiligen Zusammenhang bestimmen.

b) Schwebende Betonung (metrische Drückung) und versetzte Betonung

      ´   ´   ´ ´   ´   ´   ´
    Oft um Mitternacht *wehklagt* die bebende Lippe,

       ´   ´   ´ ´   ´   ´
    Daß, die ich liebe, du mir immer *unsichtbar* noch bist!

    ´   ´   ´   ´   ´   ´
    Oft um Mitternacht *streckt sich* mein zitternder Arm aus

                           (Klopstock, Die künftige Geliebte)

Die sprachliche Hebung wird in die Verssenkung gedrückt, die sprachliche Senkung aber zur Vershebung gemacht. An diesen Stellen rücken Verssenkung und -hebung einander näher. Beide Silben werden *etwa* gleich stark betont, sind etwa gleich schwer, doch ist die Silbe, die die Vershebung trägt, um eine geringe Kleinigkeit schwerer, gerade so viel, daß der Versrhythmus spürbar bleibt.

Wir sprechen hier von *schwebender Betonung* oder von *metrischer Drückung*. Die Ausdruckswerte der schwebenden Betonung sind je nach dem Gesamtzusammenhang verschieden. In unserem Beispiel unterstreicht die Häufung dieser Stilfigur das Quälende, zugleich auch das Drängende und unbestimmt Sehnende des ganzen Gedichts. (Keineswegs handelt es sich hier – wie etwa A. Heusler annehmen würde – um „falsche Spondeen“.)

Metrische Drückung (schwebende Betonung) liegt auch dort vor, wo mehrere sprachliche (nicht metrische) Hebungen zusammenstoßen:

Das *uralt alte* Schlummerlied,

Sie achtet's nicht, sie ist es müd'

(Mörike, Um Mitternacht – Normale Betonung in Prosa wäre: uralt.)

Das fast unvorstellbare Alter des Schlummerliedes, dessen die Nacht nicht mehr achtet, wird ganz besonders eindringlich gestaltet.

Da das Vorkommen und die künstlerische Berechtigung der schwebenden Betonung viel zuwenig bekannt sind, bringen wir noch einige Beispiele aus der modernen Lyrik:

Daß du noch schwebst, *uralter* Mond?

(Huchel, Die Sternenreuse)

Durch diesen Aufstand geht, durch Eisenklirrn und Schuld

der erste Mensch. *Einsam* und arm. Verhüllte Güte innen

(Arendt, Cervantes)

Am letzten Beispiel merkt man deutlich, wie diese schwebende Betonung fast wie eine umgekehrte beschwerte Hebung wirkt:

Die Trommeln schlagen hart. *Heiß blitzt* der Feuerschein

. . . Da ruft Alarm dich fort. *Wund röchelt*
im Trümmerfeld ein Kind . . .

Nun fühlen wir, *meerweit* getrennt von deinem Volk . . .

(Arendt, Schostakowitsch)

Noch aber sehe ich *traumhaft* die Zeit

(Becher. Aus: Bevor der letzte Schlaf)

Mit solchem das Sprechtempo verlangsamenden Vortrag können vor allem Namen rhythmisch hervorgehoben werden, ein Kunstgriff, den schon die mittelhochdeutschen Dichter wirkungsvoll zur Geltung brachten:

Reinmar, waz guoter kunst an dir verdirbet.

(Walther von der Vogelweide, nach Lachmann 82, 29)

Derlei Sprüche wurden gesungen, doch läßt auch der Sprechvers der mittelhochdeutschen Epik solche rhythmischen Freiheiten zu. So steht bei Gottfried
von Straßburg statt der von der Prosa her nahegelegten Betonung des Namens

′ ′ ′ ′
ouwê *Tristan* unde Isot   (V. 11 704)

weit häufiger

′ ′ ′ ′
Tristan Isot, Isot Tristan (V. 130)

Auch die Doppelbetonung des Namens kommt in der·klingenden Kadenz vor:

′ ′ ′ ′ ＼
urloup nam do *Tristan*   (V. 11 480)

(Gottfried von Straßburg, Tristan und Isolde. Auswahl der Beispiele nach U. Pretzel)

Gewaltsamer wirkt die metrische Drückung in dem folgenden Alexandrinerpaar, wo ebenfalls mehrere sprachliche Hebungen, die man beim Prosavortrag
fast gleichmäßig stark betonen müßte, aufeinandertreffen:

′ ′ ′ ′ ′ ′
Ein Scheuland bist du jetzt, o liebes Deutschland worden,

′ ′ ′ ′ ′ ′
Durch *Zorn, Raub, Krieg,* Gewalt, durch Rauben und durch Morden.

(Logau. – Zitiert nach: E. Riesel, Abriß der deutschen Stilistik. Moskau 1954)

Zu beachten ist auch hier der eigentümliche Ausdruckswert dieser Klangfigur.

E. Riesel möchte in solcher Lesung einen Beweis dafür sehen, daß in der deutschen Schulmetrik das Schema über sinngemäßes Vortragen gesetzt wird. Sie
will den fraglichen Vers vierhebig lesen:

′ ′ ′ ′
Durch Zorn, Raub, Krieg, Gewalt . . .

Auf diese Lösung kann nur ein moderner Leser verfallen, dem das überaus feste
Gerüst des Alexandriners nicht mehr vertraut genug ist. Keineswegs werden
Logau und seine Hörer – Menschen des 17. Jahrhunderts – diesen Vers so aufgefaßt haben. Man muß sich nämlich vor Augen halten, daß in dieser Epoche
der Alexandriner das alles beherrschende Versmaß war, gegen dessen Versgang, der dem Dichter wie den Lesern jener Zeit in Fleisch und Blut über-
gegangen war, nicht verstoßen werden durfte.
Doch Logaus Auffassung muß nicht mit unserer heutigen übereinstimmen.
Sollte E. Riesel für den modernen Vortrag recht behalten? Wir glauben es

nicht. Nehmen wir ihren Vorschlag einmal probeweise auf, betonen wir die
genannten Begriffe gleichmäßig: *Durch Zórn, Ráub, Kríeg, Gewált,* so wird in
diesem Falle der Gesamteindruck durch die überschweren Einzelvorstellungen
bestimmt. Wie kommt es nun aber, daß eine so nachdrücklich eingeführte Vorstellung in derselben Zeit noch einmal wiederholt wird: *durch Rauben.* Gipfelt
der Sinn etwa in diesem *Rauben?*
In Wirklichkeit ist es doch so, daß die Einzelmomente von untergeordneter
Wichtigkeit sind. So kann diese *eine Vorstellung* sogar zweimal genannt werden, ohne daß es der Leser oder Hörer überhaupt bemerken oder gar als stö-
rend empfinden wird. Auf den *Gesamteindruck* kommt es an, auf eine Vorstellung von dem Gesamtgreuel des Krieges. Es bleibt nicht die Zeit, bei der Aus-
malung der Einzelheiten zu verweilen. Diese Begriffe werden eben nur als Teile
eines übergeordneten Ganzen erfaßt, keineswegs aber in ihrem vollen Eigenwert mitgeteilt.
Der zwingende Versrhythmus unterstreicht in diesem Falle gerade höchst
wirkungsvoll das Geballte der Vorstellung, das Fortreißende und gewaltsam
Andringende des erregten Gefühlsausdruckes. Man wird ja ohnehin *Raub*
schwerer nehmen müssen als eine *gewöhnliche* Senkung und damit gezwungen
sein, *Krieg* und *Gewalt* ebenfalls stärker zu betonen, so daß wir eine gewaltsam
vorwärtsdrängende rhythmisch-melodische Linienführung erhalten, die dem
wirklichen Sinn, der in der Gesamtvorstellung und nicht in deren Einzelteilen
liegt, allein gerecht werden kann.
Damit bleibt auf jeden Fall die rhythmische Abstufung *Zorn   Krieg* erhalten.   *Raub*
Es handelt sich hier keineswegs um eine Tonbeugung, um einen durch ein
starres metrisches Schema erzwungenen Verstoß gegen die deutschen Betonungsgesetze (vgl. § 6, S. 88 f.). Auch die ungebundene Rede, also die Prosa,
liebt gerade bei Aufzählungen ähnliche rhythmische Abstufungen (zum rhythmischen Prinzip in der deutschen Prosa vgl. auch S. 69).
So sagen wir zum Beispiel zu unseren Kindern: Jetzt geht es aber *eins,   drei*
                                                                      zwei,
ins Bett. *Eins, zwei, drei* stehen hier für die Gesamtvorstellung *schnell.*
Der Vers nutzt also nur besondere Möglichkeiten, die die rein sprachliche
Gliederung bietet, für seine künstlerischen Zwecke sinnvoll aus. Um die besondere Wirkung dieser Klangfigur wußten schon die Dichter der hochfeudalen Blütezeit (um 1200), zum Beispiel auch Walther von der Vogelweide:

> Diu werlt was *gélf, rôt únde* blâ
> grüene in dem walde und anderswâ:
> kleine vogele sungen dâ.

(Walther von der Vogelweide, nach Lachmann 75, 25)

Auch in diesen Zeilen steht der Gesamteindruck *(überaus bunt, bunt in allen Farben)* im Vordergund. Es soll gezeigt werden, wie die Natur in allen Farben prangt. Die dazu genannten Farben sind dieser Gesamtvorstellung – im Vers auch rhythmisch – durchaus untergeordnet und sollen in keiner Weise als Eigenwerte hervortreten.

Die metrische Drückung (schwebende Betonung) kann auch zu humoristischer Wirkung genutzt werden, zum Beispiel in den bekannten Struwwelpeterversen:

> Es ging spazieren vor dem Tor,
>
> Ein *kohlpechraben*schwarzer Mohr.
>
> (H. Hoffmann)

Am Verseingang begegnet gelegentlich *versetzte Betonung:* statt

x | xx | x usw. erscheint x ∪∪ | x:

> Ans Haff nun fliegt die Möwe,
>
> Und Dämmrung bricht herein;
>
> *Über die* feuchten Watten
>
> *Spiegelt* der Abendschein.
>
> (Storm, Meeresstrand)

vgl. auch:

> Die Toten all versammelt sind
> Zu mir und brechen mit mein Brot.
>
> *Ihre Musik* geht wie ein Wind
> Durch mich. Ich fühle tiefe Not.
>
> (Hermlin, Ballade von einem Stadtbewohner in tiefer Not)

Auch hier sind die verschiedenartigsten Ausdruckswerte zu beachten. In der Regel rücken solche Verse näher an Reihen mit freier Auftaktgestaltung heran (vgl. S. 96 ff.).

Ein Beispiel für die versetzte Betonung am Verseingang trochäischer Verse bietet das folgende Gedicht·

> Kam auf Felsenpfaden
>
> Und durch Eis gegangen,

$\acute{\text{Kam}}$ durch $\acute{\text{wal}}$dige $\acute{\text{Schluchten}}$,

$\acute{\text{Um}}$ $\grave{\text{heim}}$zu$\acute{\text{ge}}$langen.

(Becher, Die Heimkehr)

Die versetzte Betonung ist weit seltener als die schwebende Betonung. In der Regel stellen sich derartige Abweichungen von der Norm nur am Versanfang ein, wie der rhythmische Gesamteindruck generell weniger vom Anfang der Verse und der Sätze als vielmehr von der Kadenz bestimmt wird. Im Versinnern kommt die versetzte Betonung nur vereinzelt vor, doch lernten wir auf S. 90 ein Beispiel kennen:

in deine $\acute{\text{Kampf}}$$\acute{\text{rhyth}}$men $\acute{\text{hi}}$nein.

(Arendt, Schostakowitsch)

Ähnlich weicht auch in der folgenden Zeile die Betonung vom Normalmaß

$$\left| \; \overset{\prime}{\underset{\text{xx}}{}} \; \middle| \; \overset{\prime}{\underset{\text{xx}}{}} \; \middle| \; \overset{\prime}{\underset{\text{xx}}{}} \; \middle| \; \overset{\prime}{\underset{\text{xx}}{}} \; \middle| \; \overset{\prime}{\underset{\text{x(x)}}{}} \; \right| \text{ ab:}$$

$\acute{\text{Such}}$ten $\acute{\text{dort}}$, vor $\acute{\text{der}}$ $\grave{\text{schlaf}}$losen $\acute{\text{Zeit}}$

$\acute{\text{Zei}}$ten$\acute{\text{lo}}$se $\acute{\text{Schlaf}}$ver$\acute{\text{sun}}$ken$\acute{\text{heit}}$.

(Becher, Lied von den Flüssen)

Der Anfangsvers des nachstehenden Gedichts scheint sich zunächst keinem Rhythmus einordnen zu wollen, und erst allmählich finden die folgenden Verse ihre feste Bestimmung im fünfhebigen jambischen Maß:

Wie soll ich das alles zusammenfassen,
was mich bedrängt, daß es noch Satz bleibt, klar
verständlich . . .

(Becher. Aus: Das Holzhaus)

Das Abweichen vom gewohnten Maß fordert an wichtigen Stellen auch der Vortrag der folgenden Verse:

Die Welt von morgen: grad in diesen unsern
Beglückten Tagen, scheint's, steigt sie empor,
Und überm dunstigen Rand des Blutmeers wähnen
Die schönen Gipfel ihrer Palmen wir
Schon zu erspähn: o *Welt endlich* des Friedens.
Frieden ist mehr als bloß, daß da kein Krieg ist;

Frieden, das meint, daß alle Mühn der nicht
In sich noch unter sich geteilten Völker
Gerichtet sind aufs Gute nur und Würdige;

(Hacks. Aus: Prolog zur Wiedereröffnung des Deutschen Theaters)

Was isoliert betrachtet und in anderer Umgebung wie dichteri-
sches Unvermögen aussehen könnte, erweist sich in all unseren
Beispielen vom Gehalt und von der Mitteilungsabsicht her als
wohlberechtigte künstlerische Freiheit. Sparsam gesetzt und mit
Bedacht gewählt, können Spannungen zwischen fest bestimmtem
Versgang und freier sprachlicher Betonung rhythmische Wirkungen von höchst eigenwilligem Reiz hervorrufen. Keineswegs werden damit die metrischen Formen schlechthin aufgelöst, sondern
die Anwendung derartiger Freiheiten, wie sie sowohl in der schwebenden Betonung als auch in der versetzten Betonung vorliegen,
setzt gerade das Bewußtsein der festen Form voraus, deren Grenzen hier umspielt und manchmal sogar überspielt werden. Mit
Recht wandte sich deshalb auch Ulrich Pretzel gegen die noch von
vielen Metrikern praktizierte Mißachtung und Abwertung der
schwebenden Betonung im lebendig gestalteten Vers. Nicht
Mangel an Form zeigt sich hier, „sondern jene Stellen des Vers-
organismus, die sich dem Gesetz entziehen, sind oft die zartesten
und aussagemächtigsten, in denen ja jeweils die Form erst geboren
werden muß".
Seine Untersuchungen führten auch Robert Bräuer zu der Einsicht,
daß es neben den Arten von metrischen Unebenheiten, die man-
gelndem Geschick oder erstarrter Routine entspringen, vor allem
solche gibt, „die wegen der gelungenen Kongruenz von Form und
Gehalt rhythmische Vollkommenheiten sind". Um ihre angemessene Interpretation müssen sich Verslehre und Stilistik gleichermaßen bemühen.

c) Metrische Reihe und Satz

1. Satzgrenze und Versgrenze decken sich. Wir sprechen vom
Zeilenstil. Beim strengen Zeilenstil fallen Satz und Zeile vollkommen zusammen, beim freien Zeilenstil umfaßt ein Satz auch meh-

rere Zeilen, immer decken sich jedoch die Einschnitte. Die Zeile
ist also auch eine syntaktische Einheit:

> Jedes Stückchen Feld, das wir bestellen,
> schenkt dem Land mehr Freude und mehr Brot.
> Selig wiegen sich die goldnen Wellen,
> wenn der Frühherbst um die Äcker loht.
>
> (Fürnberg, Taglied)

Das Volkslied und die liedhafte Lyrik bevorzugen den Zeilenstil.

2. DER SATZ ÜBERSPRINGT DIE ZEILENGRENZE; metrische Reihe
und syntaktische Gliederung decken sich nicht. Wir nennen diese
Erscheinung *Sprung*, auch *Brechung*, und gebrauchen daneben den
französischen Fachausdruck *Enjambement* (= Hinüberspringen,
Hinüberziehen, der Satz wird über das Zeilenende hinweg in die
nächste Zeile hinübergezogen). Je nachdem, welche metrische Grenze übersprungen wird, haben wir *Zeilen- oder Strophensprung*.
Beim Vortrag des Enjambements muß die metrische Gliederung
spürbar bleiben, doch werden die Einschnitte meist abgeschwächt.
Das Enjambement kann verschiedene Ausdruckswerte besitzen. Es
kann die Verse sprechmäßiger machen, den Vers näher an die
Prosa heranrücken. Das feste Versgefüge wird aufgelockert:

> Die Zeit der Wunder ist vorbei. Hinter den Ecken
> Versanken Bogenlampensonnen. Ungenau
> Gehen die Uhren, die mit ihrem Schlag uns schrecken
>
> (Hermlin, Die Zeit der Wunder)

Das Enjambement kann den Fluß der Rede auch stauen und dadurch die Spannung erhöhen. Die nächste Zeile wirkt dann besonders nachdrücklich:

> Wenn du aus den Wäldern tratest,
> standst du überwältigt: Vor dir
> lag ein Meer . . .
>
> (Arendt, Lied vom überreifen Korn)

Diese Wirkung läßt sich auch gut am Schluß der folgenden Strophe
beobachten:

Am grauen Strand, am grauen Meer
Und seitab liegt die Stadt;
Der Nebel drückt die Dächer schwer,
Und durch die Stille braust das Meer
Eintönig um die Stadt.

(Storm, Die Stadt)

Uns kommt es auf die letzten beiden Zeilen an. Bis „*Meer*" steigt
die rhythmisch-melodische Linie ständig an,

bleibt mit „*ein*" noch in der Schwebe, und von „*tönig*" an löst sich
die Spannung, die Strophe klingt voll aus:

So wirken hier Enjambement und schwebende Betonung zusammen.

Läsen wir aber mit *versetzter Betonung,* etwa éintönig (x ∪ ∪), so
fiele die Melodie sofort ab, und die folgenden Silben müßten flach
auf einer Ebene gesprochen werden:

ein-
tönig um die Stadt

Damit wäre der kunstvolle Aufbau dieser Strophe, der gerade auf
den Gegensatz von steigender und fallender Linie, von steigender
und ausklingender Spannung hinarbeitet, vollkommen zerstört.
Andere Ausdrucksfunktionen der Brechung (des Enjambements)
sind möglich. Was vorliegt, ob Lockerung, Stauung, Unter-
brechung des normalen Sprachflusses o. a., ergibt sich jeweils aus
dem Zusammenhang. Daß einige Spielarten des Enjambements
auch für die versmäßige Gliederung der freien Rhythmen genutzt
werden können, haben wir bereits in § 1 (S. 58 f.) gesehen.
Die verschiedenen Ausdrucksmöglichkeiten des Enjambements
lassen sich gut beim Strophensprung erkennen. Im folgenden Gedicht überspringt der Satz zweimal die feste Strophengliederung.

O Mädchen, Mädchen,
Wie lieb ich dich!
Wie blinkt dein Auge!
Wie liebst du mich!

So liebt die Lerche
Gesang und Luft,
Und Morgenblumen
Den Himmelsduft, ⟩

Wie ich dich liebe.
Mit warmem Blut,
Die du mir Jugend
Und Freud und Mut ⟩

Zu neuen Liedern
Und Tänzen gibst.
Sei ewig glücklich,
Wie du mich liebst!

(Goethe, Mailied)

Beim erstenmal steigert sich die Spannung noch über das Ende des Strophenschlusses hinaus, so daß erst die nachdrücklich gemeinte Anfangszeile der nächsten Strophe die gestaute Spannung lösen kann *(Wie ich dich liebe)*.

Einen ganz anderen Charakter hat der Strophensprung von der vorletzten zur letzten Strophe. Hier bilden die ersten beiden Zeilen mit der vorausgehenden Strophe eine engere Einheit. Der Strophenschluß wird gefällig überspielt.. Damit treten aber zugleich die beiden Schlußzeilen *(Sei ewig glücklich, ...)* rhythmisch stärker hervor und bezeichnen so deutlich den Abschluß des ganzen Gedichts, das mit diesem Wunsch ausklingt.

§ 10   Der Reim[1]

Sein Ursprung als versbildendes Mittel ist noch nicht befriedigend erklärt. In der europäischen Dichtung kommt er zuerst im 3./4./5. Jahrhundert in lateinischen kirchlichen Hymnen vor. Aus diesen Dichtungen übernahmen die Deutschen (z. B. Otfrid) im 9./10. Jahrhundert den Endreim. Seit dieser Zeit herrscht der Endreim fast unumschränkt in der deutschen Versgeschichte. Erst seit der Mitte des 18. Jahrhunderts, seit Klopstock und Lessing,

---

[1] Über Stabreim vgl. § 12. Vgl. G. Schweikle, *Die Herkunft des althochdeutschen Reims.* In: Zs. f. dt. Altertum 96 (1967), S. 165 ff.; Karl Peltzer, *Der treffende Reim* (Reimwörterbuch). München 1966.

begegnen uns wieder in größerem Umfang reimlose deutsche Verse nach antikem und englischem Vorbild.

Unter Reim verstehen wir den Gleichklang zweier oder mehrerer Lautgruppen von ihrem letzten betonten Vokal an.

Der Reim kann ein-, zwei- und mehrsilbig sein:
Ort – Wort, singen – klingen; singende – klingende.
Entscheidend ist immer der Klang, niemals das Schriftbild. (So reimt z. B. auf *Wort – Bord*). Zu beachten sind auch mundartliche Ausspracheeigentümlichkeiten. So reimte z. B. Schiller als Schwabe *Eile* auf *Keule* (er sprach *Keile*) oder *süß* auf *Paradies*. Der Frankfurter Goethe reimte: Ach, *neige* Du Schmerzensreiche, ... (Goethe sprach *neiche*). Mundartliche Reime sollen heute allgemein nicht gebraucht werden, nachdem wir etwa seit der Jahrhundertwende [1] eine Norm für die richtige Lautung im Hochdeutschen besitzen.
Man hüte sich jedoch vor allzu pedantischer Beckmesserei. Wenn Goethe zum Beispiel in seiner ersten Zueignungsstanze zu den Gedichten (vollständig zitiert S. 207) *Tritte* auf *Hütte* und *Entzücken* auf *erquicken* reimen läßt, so wird zumindest in diesen Versen kaum jemand daran Anstoß nehmen, während ähnliche Ungenauigkeiten in anderen Gedichten durchaus die Klangreinheit verletzen können. Es ist schwer, allgemeine Maßstäbe zu geben. Im ganzen ist ja die Frage nach der Reinheit des Reimes in erster Linie eine Frage des Wohllautes und zugleich eine Frage der Gewöhnung. Oberster Richter ist das Ohr, niemals das Auge oder der reine grammatische Verstand. Das Ohr aber nimmt manche Ungenauigkeiten überhaupt nicht wahr, es hat sich an gewisse Reimklänge vollständig gewöhnt. Dabei spielt allerdings das Gesamtklangbild der Verse eine nicht unbedeutende Rolle. Je melodischer die Verse als Ganzes gestaltet sind, desto eher sind sie in der Lage, kleine

---

[1] 1898 erschien Theodor Siebs' *„Deutsche Bühnenaussprache"*. Dieses Buch erstrebte zunächst nur eine einheitliche Regelung für die Bühne, die mit der Zeit aber ganz allgemein als musterhafte Aussprache des Deutschen angesehen und anerkannt wurde. So durfte nun auch die Neuauflage von 1957 den veränderten Titel *„Die deutsche Hochsprache"* für sich in Anspruch nehmen. Seit der 19. Aufl. von 1969 führt das Buch nunmehr den Titel *„Deutsche Aussprache"*. Trotzdem werden aber hauptsächlich die Verhältnisse beim Sprechen auf der Bühne, im großen Saal also, berücksichtigt. Stärker auf die hochsprachliche Norm in der normalen Sprechsituation, wie sie auch beim Sprechen vor dem Mikrophon gegeben ist, orientiert das von einem Autorenkollektiv unter Leitung von Hans Krech herausgegebene *„Wörterbuch der deutschen Aussprache"* (Leipzig 1964), 4. Aufl. 1974.

Reimungenauigkeiten zu tragen und diese nicht als Verstöße hervortreten zu lassen, während völlig unmelodische Sprechverse gegen unreine Reime überaus empfindlich sein können. Damit haben wir gleichzeitig eine Erklärung dafür gefunden, warum im Volkslied, das im allgemeinen sehr liedhaft gestaltet ist, die Halbreime (s. u.) kaum auffallen.

Überhaupt bereitet der Reim im Deutschen manche Schwierigkeiten (z. B. für die Bildung zwei- und mehrsilbiger Reime). Unsere Sprache gibt z. B. im Gegensatz zur italienischen die Reime nicht so leicht her (vgl. auch die Nachbildung des Endecasillabos, S. 174 f.). – Reime können sich mit der Zeit abnutzen; mit ihnen verbindet sich mitunter ungewollt eine bestimmte Vorstellung, die oft die Stimmung des ganzen Gedichtes zunichte machen kann. Wer dürfte es heute noch ungestraft wagen, *Triebe* mit *Liebe* oder *Herz* mit *Schmerz* zu reimen. Doch auch hier gibt es kein allgemeingültiges Verbot. Gelingt es einem Dichter, diese Reimverbindungen in völlig neue Zusammenhänge zu stellen, so sind auch diese Reime vollauf berechtigt.

Einen anderen Ausweg versuchten einige Dichter um 1900. Sie machten geradezu Jagd auf ungewöhnliche Reimklänge. So reimt zum Beispiel Rainer Maria Rilke

Durchtobtsein auf *gelobt sein*

in der Absicht, einen weiblichen Reim zu finden, denn *sein* steht als Ausgangssenkung, oder er erhebt unzulässig – wohl nach romanischem Vorbild – eine Nebensilbe zum Reimträger und läßt

Herr auf *Verkündiger*

reimen. Beide Reimverbindungen finden wir in einem Gedicht aus den „*Sonetten an Orpheus*".

Unsere Auffassung vom Reim und von seiner Reinheit ist erst geschichtlich gewachsen. Bis zum 12. Jahrhundert genügte die Assonanz (Halbreim). Auf der frühesten Stufe konnte auch die Nebenhebung den Reim tragen:

Nist man nihein in worolti   thaz saman al irsageti
(Otfrid, 9. Jahrhundert. Otfrids Evangelienbuch. Hg. von Oskar Erdmann und Edward Schröder. Halle/Berlin 1934)

Erst die Dichter der mittelhochdeutschen Blütezeit erfüllten gegen
Ende des 12. Jahrhunderts unsere Reimforderungen. Die nach-
höfische Zeit setzte die Ansprüche an die Reimreinheit wieder
herab. Das hängt mit dem Verfall der ritterlichen Hochkultur und
Sprache zusammen. So mußten später die Wege neu gesucht werden. Im 17. Jahrhundert forderte dann Opitz unsere moderne
Reimreinheit, die sich nicht mehr mit bloßen Anklängen begnügen
will. Sie wurde in der Folgezeit allgemein durchgeführt. Im 19. Jahrhundert suchten einige Dichter, vor allem die Romantiker und ihre
Nachfolger, in Nachahmung spanischer Vorbilder und des Volks-
lieds noch einmal bewußt nach Assonanzen (s. S. 114 f.).
Im Vers zeichnet der Reim die Kadenz aus und unterstreicht damit
die metrische Gliederung. Er hat daneben wichtige klanglich-
musikalische Reize. Von den möglichen Reimstellungen erwähnen
wir nur die häufigsten, die in bestimmten Strophen auch nebeneinander vorkommen können.

aa aa = *Haufenreim,* durchgehender Reim:

> Augen, meine lieben Fensterlein,
> Gebt mir schon so lange holden Schein,
> Lasset freundlich Bild um Bild herein:
> Einmal werdet ihr verdunkelt sein!
>
> (Keller, Abendlied)

aa bb = *Paarreim:*

> Mann der Arbeit, aufgewacht!
> Und erkenne deine Macht!
> Alle Räder stehen still,
> Wenn dein starker Arm es will.
>
> (Herwegh, Bundeslied)

ab ab = *gekreuzter Reim:*

> Wenn die Felder sich verdunkeln,
> Fühl' ich, wird mein Auge heller;
> Schon versucht ein Stern zu funkeln,
> und die Grillen wispern schneller.
>
> (Dehmel, Manche Nacht)

ab ba = *umschließender Reim:*

> Ein' Gems auf dem Stein,
> Ein' Vogel im Flug,
> Ein Mädel, das klug,
> Kein Bursch holt die ein.
>
> (Eichendorff, Übermut)

abc abc = *verschränkter Reim:*

> Aus den Knospen, die euch deckten,
> Süße Rosen, mein Entzücken,
> Lockte euch der heiße Süd;
>
> Doch die Gluten, die euch weckten,
> Drohen jetzt euch zu ersticken,
> Ach, ihr seid schon halb verglüht!
>
> (Hebbel, Die Rosen im Süden)

aab ccb(ddb) = *Schweifreim:*

> Schön, mein Kind, wirst du einst leben,
> Aus den Träumen dich erheben
> Und ein Mensch der Taten sein,
> Denn der Tag wird wiederkehren
> Und auch dich ein Leben lehren,
> Drin der Mensch nicht mehr allein.
>
> (Lorbeer, Von einer glücklichen Mutter gesungen)

Wo der Endreim nicht mehr versbildende Funktion hat, kann er andere Aufgaben übernehmen. In dem folgenden Gedicht stellt der nur gelegentlich, keineswegs aber gesetzmäßig auftretende Reim (z. B. gehn: verstehn; unbefangen: vorausgegangen usw.) eine zusätzliche lockere Verbindung zwischen den auch sonst nicht sehr regelmäßig gefügten Strophen her und hält zugleich die Erinnerung an reimende Lyrik wach:

> Über uns hinweg
> wird eine Liebe gehn.
> Leise, fröhlich
> und mit leichten Füßen.

Sie, im blauen Kleid,
wird lachen müssen.
Er, verträumt, befangen,
wird es nicht verstehn.

Wird dem Lachen
sich entgegenstemmen,
wie ein Schiff.
Sie holt die Segel ein.

Zwischen ihnen wird
der Atem sein.
Und dann muß
man sich die Haare kämmen.

Und sie werden auf
den Brücken stehen.
Furchtlos klug.
Und er nun unbefangen.

Es ist gut. Wir sind
vorausgegangen –
Über uns hinweg
Wird eine Liebe gehn.

(Rose Nyland)

Besondere Formen des Reims

HALBREIM ODER ASSONANZ liegt vor, wenn bei gleichen oder ähnlichen Tonvokalen die nachfolgenden Konsonanten nicht übereinstimmen (zeit: weib; schauet: augen; himmel: versinken) oder
wenn zwar die nachfolgenden Laute und Konsonanten gleich sind,
die Tonvokale sich aber nur ähneln (Eile: Keule). Ältere mundartliche Reime wirken heute nach moderner Aussprache als Assonanzen. Halbreime sind charakteristisch für die älteren Volkslieder:

Dort hoch auf jenem Berge
Da geht ein Mühlen*rad*,
Das mahlet nichts denn Liebe
Die Nacht bis an den *Tag*.

(Volkslied)

In die Kunstdichtung sind Assonanzen nach dem Vorbild der spanischen Romanzen im 19. Jahrhundert neu eingeführt worden, zum Beispiel von Schlegel, Tieck, Heine und anderen. Das folgende Gedicht führt die Assonanz auf *u* durch alle Strophen:

> In dem Dome zu Cordova
> Stehen Säulen, dreizehnh*u*ndert,
> Dreizehnhundert Riesensäulen
> Tragen die gewalt'ge K*u*ppel.
>
> Und auf Säulen, Kuppel, Wänden
> Ziehn von oben sich bis *u*nten
> Des Korans arab'sche Sprüche,
> Klug und blumenhaft verschl*u*ngen.
>
> Mohrenkön'ge bauten weiland
> Dieses Haus zu Allahs R*u*hme,
> Doch hat vieles sich verwandelt
> In der Zeiten dunkelm Str*u*del.
>
> (Heine, Almansor)

RÜHRENDER REIM liegt vor, wenn auch die Konsonanten vor dem reimtragenden Vokal gleich sind, z. B. erlaubt: belaubt. Solche Reime wirken im allgemeinen wenig kunstvoll und werden daher nach Möglichkeit gemieden. Beispiele findet man vor allem in der frühmittelhochdeutschen Literatur, so u. a. im Rolandslied des Pfaffen Konrad aus der Zeit um 1170:

> nicman ne was ime gelîch:
> sin antlizze was zîrlich.

IDENTISCHER REIM wiederholt dasselbe Reimwort:

> Deine großen Hunde, die fürcht' ich nicht.
> Sie kennen meine hohen, weiten Sprünge ja nicht.
>
> (Es blies ein Jäger wohl in sein Horn, Volkslied)

Identischer Reim sollte heute nur einer besonderen Wirkung wegen gesetzt werden:

> Der Strauß, den ich gepflücket,
> Grüße dich vieltausendmal!
> Ich habe mich oft gebücket,

Ach, wohl ein tausendmal,
Und ihn ans Herz gedrücket
Wie hunderttausendmal.

(Goethe, Blumengruß)

ERWEITERTE REIME beziehen mehr als zwei Silben und meist noch
die vorletzten Takte in den Reimklang mit ein:

Wie naht das finster *türmende*
Gewölk so schwarz und schwer!
Wie jagt der Wind, der *stürmende,*
Das Schneegestöber her!

(Keller, Im Schnee)

Erweiterte Reime kommen vor allem im Gashel [1], der Nachbildung
einer persischen Strophe, häufiger vor:

Im Wasser wogt die Lilie, die blanke, hin und her,
Doch irrst du, Freund, sobald du sagst, sie schwanke hin und her!
Es wurzelt ja so fest ihr Fuß im tiefen Meeresgrund,
Ihr Haupt nur wiegt ein lieblicher Gedanke hin und her!

(Platen, Im Wasser wogt die Lilie)

REICHE REIME sind eine besondere Form der erweiterten Reime.
Auch sie beziehen die vorletzten Takte in den Reimklang mit ein,
doch weichen die Konsonanten vor den Reimvokalen voneinander
ab:

Und jedes Heer mit Sing und Sang,
Mit Paukenschlag und Kling und Klang,
Geschmückt mit grünen Reisern,
Zog heim nach seinen Häusern.

(Bürger, Lenore)

Sind die reichen Reime hier nur zufällige Gelegenheitsbildungen,

---

[1] Das Ghasel ist eine arabisch-persische Strophenform, die insbesondere von Platen und
Rückert nachgebildet worden ist. Vor allem übernahm man die charakteristische Reimstellung. Es reimen die ersten beiden Zeilen; danach wiederholen alle geraden Versreihen (4, 6,
8 ...) den Reimklang, oft auch dasselbe Reimwort. Die ungeraden Reihen (3, 5, 7 ...) bleiben reimlos. Die Strophe kann bis zu dreißig Zeilen umfassen.

die nur lautmalerischen Wert besitzen, so wurden sie in dem folgenden Gedicht ganz planmäßig gesetzt:

Ich geh nicht allein, mein feines Lieb,
Du mußt mit mir wandern
Nach der lieben, alten, schaurigen Klause,
In dem trüben, kalten, traurigen Hause.

(Heine, Die Heimführung)

Im SCHÜTTELREIM sind die den Gleichlaut einleitenden Konsonanten miteinander vertauscht:

Man sollte ihn nur auf Schächerbänken
Den Gästen in die Becher schenken.

(Trojan, 19. Jh. Zitiert nach Otto Paul, a. a. O.)

Der Wert besteht fast immer in bloßer Reimspielerei.

WAISEN (abgekürzt: w) heißen reimlose Reihen in sonst reimenden Strophen:

Noch einen Kuß, noch einen Druck der Hand!
Und fröhlich zieh ich dann von Land zu Land;
Laß einmal noch der schwarzen Locken Pracht
Im Winde wehn, noch einmal singe sacht
Das schönste mir von deinen schönen Liedern!   (w)

(Weerth, Lebewohl)

Im folgenden Gedicht ist der Kunstgriff zu beachten, die Waise auf die Überschrift reimen zu lassen. Dadurch tritt diese Zeile ihrem Inhalt entsprechend noch besonders hervor:

Er *ist's*

Frühling läßt sein blaues Band
Wieder flattern durch die Lüfte;
Süße, wohlbekannte Düfte
Streifen ahnungsvoll das Land.
Veilchen träumen schon,
Wollen balde kommen.
– Horch, von fern ein leiser Harfenton!
Frühling, ja du *bist's*   (w)
Dich hab ich vernommen.

(Mörike, Er ist's)

Reimen die Waisen zweier oder mehrerer Strophen aufeinander, nennt man sie KÖRNER:

> Feiger Gedanken
> Bängliches Schwanken,
> Weibisches Zagen,
> Ängstliches Klagen
> Wendet kein Elend,
> macht dich nicht *frei.*   (Korn)

> Allen Gewalten
> Zum Trutz sich erhalten,
> Nimmer sich beugen,
> Kräftig sich zeigen,
> Rufet die Arme
> Der Götter her*bei*!   (Korn)
>
> (Goethe)

SCHLAGREIM liegt vor, wenn innerhalb der Reihe zwei aufeinanderfolgende Wörter reimen:

> Sein Blick ist vom Vorübergehn der Stäbe
> So müd geworden, daß er nichts mehr hält.
> Ihm ist, als ob es tausend *Stäbe gäbe*
> Und hinter tausend Stäben keine Welt.
>
> (Rilke, Der Panther)

Der Schlagreim ist eine Form des BINNEN- oder INNEN-REIMS und hat wie dieser eher stilistisch-musikalischen als metrischen Wert. In den folgenden Beispielen dient der Binnenreim der Lautmalerei:

> Und horch! und horch! Der Pfortenring
> Ging lose, leise klinglingling!
> . . . .
> Komm', schürze, spring' und schwinge dich!
> . . . .
> Und Liebchen schürzte, sprang und schwang
> Sich auf das Roß behende
>
> (Bürger, Lenore)

Zum KEHRREIM: Reim hieß in älterer Sprache auch „Zeile". Diese Bedeutung liegt im „Kehrreim" vor. Kehrreim bedeutet demnach nicht die Wiederkehr des Reimes, sondern die Wiederkehr der ganzen Zeile (vgl. S. 223 f.).

§ 11 *Deutscher und antiker Vers*
(Die Umprägung der antiken Versbegriffe)[1]

Die Unterschiede zwischen den deutschen und den antiken Versen ergeben sich aus dem unterschiedlichen Sprachstoff, der den metrischen Rahmen ausfüllt. Über den *wägenden* oder *akzentuierenden Versbau im Deutschen* haben wir bereits gesprochen (vgl. § 6): Sprachliche und orchestische Hebungen müssen weitgehend zusammenfallen.

Die *antiken Sprachen* haben andere Hervorhebungsmöglichkeiten, sie haben nicht wie die germanischen festliegende Stärkegrade, d. h. festliegende Wortbetonung. *Vershebungen und melodischer Akzent beeinflussen einander nicht.*

Für den antiken Vers sind jedoch die Längen der Taktteilchen sehr wichtig, lange Moren verlangen immer eine lange Silbe, kurze Moren immer eine kurze. Die antiken Versschemata bezeichnen deshalb die Längen und Kürzen. Dafür gibt es diese beiden Zeichen: $\_$ = lange Silbe und $\cup$ = kurze Silbe. Eine kurze Silbe beansprucht die halbe Dauer der langen. $\_$ und $\cup$ verhalten sich wie 1 zu $1/2$. Die dynamischen Akzente, die Vershebungen also, ließen die Griechen und Lateiner unbezeichnet.

Wegen der genauen Beachtung der Quantitäten, der Silbenlängen, spricht man vom antiken Vers als *quantitierend* oder *messend.*[2]

Der moderne deutsche Dichter braucht sich um die Längen der Silben nicht zu kümmern. Der althochdeutsche und mittelhochdeutsche Vers mußte allerdings noch zusätzlich an gewissen Stellen die Länge und Kürze der Silben berücksichtigen, also messen; einsilbiger Takt verlangte eine lange Silbe, mehrsilbiger Takt verlangte an gewissen Stellen kurze Silben. Das ist heute deshalb nicht mehr notwendig, weil alle betonten Silben im Nhd. lang sind (kurze Vokale in offener Tonsilbe wurden in der Entwicklung vom Mittelhochdeutschen zum Neuhochdeutschen gedehnt).

Die geläufige Formel *Der deutsche Vers wägt, der antike mißt,* beschreibt die Verhältnisse nur annähernd.

Bei der Nachbildung antiker Versmaße im Deutschen setzte man

---

[1] Vgl. auch Einführung S. 21 ff.
[2] So bedeutet der Name Metrik ursprünglich: Lehre vom Messen (der Silben im Vers), dann ganz allgemein: Lehre vom Vers.

in der Regel für eine lange Silbe immer eine Hebung und für eine kurze eine Senkung: ‿ wurde im Deutschen zur Hebung und ◡ zur Senkung. So wurden die antiken Versfüße umgedeutet.[1] Da noch heute vielfach mit Versfüßen gearbeitet wird, nennen wir hier die wichtigsten:

‿◡	lang, kurz	= Trochäus
	im Deutschen umgeprägt zu	
	x́x́ (Váter)	
◡‿	kurz, lang	= Jambus
	im Deutschen umgeprägt zu	
	x́x́ (Gebót)	
‿◡◡	lang, kurz, kurz	= Daktylus
	im Deutschen umgeprägt zu	
	x́x́x (héilige)	
◡◡‿	kurz, kurz, lang	= Anapäst
	im Deutschen umgeprägt zu	
	x́x́x́ (Diamánt)	
◡‿◡	kurz, lang, kurz	= Amphibrachis
	im Deutschen umgeprägt zu	
	x́x́x́ (Gefílde)	
‿‿	lang, lang	= Spondeus

Seine Nachbildung machte im Deutschen die größten Schwierigkeiten. Mitunter wurde er fälschlich durch zwei betonte Silben wiedergegeben, richtiger aber als einfacher

Trochäus (x́x). Der Begriff Spondeus wird von manchen auch im antiken Sinne gebraucht, sagt dann aber weiter nichts, als daß Hebung und Senkung gleich lang sind.

Auf die Nennung der anderen antiken Versfüße können wir verzichten. In der Fachliteratur werden die antiken Namen in verschiedenen Bedeutungen gebraucht. Wir haben diese Bezeichnungen

[1] Schon Martin Opitz erkannte 1624: „nicht zwar das wir auff art der griechen vnnd lateiner eine gewisse grösse der sylben können inn acht nemen; sondern das wir aus den accenten vnnd dem thone erkennen, welche sylbe hoch vnnd welche niedrig gesetzt soll werden." „Hoch" steht für betonte, „niedrig" für unbetonte Silben.

nach Möglichkeit vermieden und sprechen nur von jambischen Versen bei alternierenden Versen mit Auftakt, von trochäischen Versen bei solchen ohne Auftakt. Die Bezeichnung daktylischer Vers (Daktylus) gebrauchen wir zur Bezeichnung des dreiteiligen Taktgeschlechtes.

Noch heute betrachten einige Verslehren diese Versfüße als die Grundbausteine der Versreihen, wodurch in vielen Fällen Verwirrung entsteht. Wir brauchen die Versfüße nicht, *unser begrifflicher Grundbaustein ist der Verstakt. Unsere Sprecheinheit ist das Glied (der Sprechtakt).* Natürlich kann man vereinfachend auch diese Sprechtakte mit den Namen der antiken Versfüße benennen, nimmt aber damit neue Unklarheiten in Kauf. Bei der Vieldeutigkeit dieser Namen sollte man am besten ganz auf die antiken Begriffe verzichten. Sie passen für die griechischen und lateinischen Verse, nicht aber für die deutschen.

C.   DIE METRISCHEN FORMEN

I. Vom Stabreimvers bis zum Meistergesang (Vom 9. bis zum 16. Jahrhundert)

§ 12   *Der Stabreimvers (Alliterationsvers)*

Unter *Stabreim* verstehen wir die *„Auszeichnung benachbarter Silben durch gleichen Anlaut"* (Heusler). *L*and und *L*eute, *H*aus und *H*of usw. Die Alliteration (der Stabreim) wurde für den Vers ausgenutzt. Wir treten hier einem germanischen Versmaß gegenüber, das uns auch im Altnordischen (Edda) und im Altenglischen (Beowulf) usw. belegt ist. Aus dem Althochdeutschen sind nur etwa 200 Stabreimzeilen überliefert („Hildebrandslied", „Wessobrunner Gebet", „Muspilli" und einige Zaubersprüche). Aus dem Altsächsischen dagegen sind uns im „Heliand" und in der „Genesis" etwa 6000 Verse erhalten. Die Stabreimverse wurden gesungen und gesprochen. Im Deutschen (Ahd. und Altsächs.) sind es jedoch reine Sprechmetren. Wir müssen sie uns wuchtig und mit leidenschaftlichem Nachdruck vorgetragen denken. Der Grundbaustein ist die *Langzeile* (= Kette), die aus zwei *Kurzzeilen* (= *Reihen*) besteht. Wir sprechen hier auch von *An-* und *Abvers*. An- und Abvers haben den gleichen metrischen Rahmen, der durch 2 *Langtakte* (vgl. § 5, S. 81 f.) gegeben ist. Die Kurzzeile hat also im ganzen 4 Hebungen, von denen jeweils die erste und dritte besonders herausragen, also Versgipfel sind. Die letzte Senkung wird immer pausiert.

Der metrische Rahmen der Langzeile muß ursprünglich so ausgesehen haben:

(Wessobrunner Gebet)

Aber es gibt in den uns überlieferten althochdeutschen und altsächsischen Stabreimdichtungen kaum eine Langzeile, die dieses
Metrum rein verwirklicht. Namentlich durch den Fortfall von Senkungssilben und Nebenhebungen werden die Verse soweit verkürzt, daß neue Rhythmenbilder entstehen, aus denen dann in jeder Halbzeile jeweils nur noch zwei – allerdings gewichtige – Hebungen herausragen. Andererseits entstehen durch die Einlagerung
von vielen Senkungssilben besonders silbenreiche Verse, sogenannte *Schwellverse,* wie sie für die altsächsischen Bibeldichtungen
charakteristisch geworden sind. Derartig silbenreiche Verse lassen
allerdings die Abfolge von Haupt- und Nebenhebungen deutlicher
erkennen als die besonders kurzen Verse.

Die für den altgermanischen Versbau kennzeichnenden Füllungsfreiheiten, die lediglich verlangen, daß in jeder Halbzeile die beiden Haupthebungen als Versgipfel und Orientierungspunkte für
den Gesamttonfall sprachlich verwirklicht werden, bewirken also,
daß bei ursprünglich gleichem metrischem Rahmen die Zahl der Silben zwischen 5 und 18 schwankt. Denn ein ganzer Langtakt kann
unter Umständen nur durch eine einzige betonte Silbe, die aber
sprachlich lang sein muß (über lange und kurze Silben im älteren
Deutsch vgl. § 14, S. 131 f.), ausgefüllt werden; andererseits können bis zu vier Senkungssilben zwischen die Hebungen treten. Besonders beliebt ist der mehrsilbige Auftakt, der in der Regel einer
weit ausholenden Ausdrucksgeste gleicht, die dazu dient, die erste
Hebung besonders aufragen zu lassen; denn eine Silbe, die
viele unbetonte Silben mittragen soll, muß besonders schwer
sein. Grundsätzlich ist der Auftakt frei und kann auch ganz
fehlen.

Bei so weit voneinander abstehenden rhythmischen Varianten
kommt der Bindung durch den Stabreim, der die beiden Halbzeilen
zusammenhält und dessen Gesetze fest ausgeprägt sind, besondere
Bedeutung zu. Mag der Stabreim ursprünglich nur ein den Rhythmus begleitendes und untermalendes Klangmittel gewesen sein, so
erhält er in der Spätzeit der altgermanischen Stabreimdichtung
weitgehend eigenständige versbildende Kraft und Funktion.

An- und Abvers werden durch den Stab verbunden, im zitierten Beispielvers
also durch das *f* im Anlaut der Haupthebungssilben. Zu beachten ist, daß alle

Vokale aufeinander staben, da alle im Anlaut mit einem eigentümlichen Knack-
laut gesprochen werden, der im Schriftbild nicht erscheint:

Dat *e*ro ni was   noh *û*fhimil

(Wessobrunner Gebet)

Die Lautverbindungen sk, sp und st staben nur mit sich selber, so kann sp niemals mit einfachem s oder mit st oder sk gebunden werden.
Den Stab tragen nur die Haupthebungen, niemals die Nebenhebungen. Im
Anvers kann der Stab beide Haupthebungen auszeichnen, muß aber wenigstens
einmal gesetzt werden. Im Abvers stabt die erste Hebung, während die letzte
immer stablos bleibt. Demnach ergeben sich für die Langzeile diese drei Möglichkeiten zur Variation der Stabreimbildung, wenn wir die den Stab tragenden Haupthebungen mit a und die stablosen Haupthebungen mit x bezeichnen:

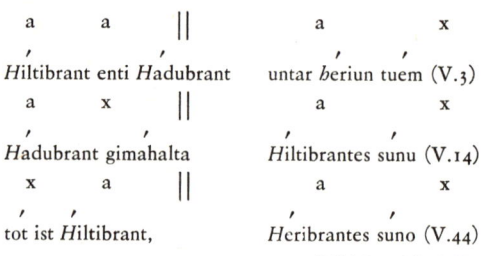

(Hildebrandslied. Wir haben im Text
nur die Haupthebungen bezeichnet.)

Die Vielzahl der rhythmischen Varianten führte Ulrich Pretzel
(vgl. Einführung, S. 25) dazu, jede taktmäßige Gliederung für den
Bau des Stabreimverses zu verwerfen. Als metrische Ordnung läßt
er für jede Halbzeile nur noch das „Zahlgefühl der Zwei" gelten
und hebt daneben die syntaktisch-sprachliche Verbindung zweier
Halbzeilen zu einer Langzeile und die feste Verteilung des Stab-
reims als verskonstituierende Faktoren heraus. Jede Halbzeile lasse
deutlich zwei Ikten (unsere Haupthebungen) hervortreten, doch
könne die Gleichheit der Zeitspannen von Iktus zu Iktus grundsätzlich nicht mehr anerkannt werden. Nach unserer Ansicht wird
damit der Begriff des Taktes zu stark eingeengt. Letzten Endes
beruht Pretzels Auffassung vom Wesen des Stabreimverses auf der
Ansicht, daß die altgermanische Dichtung „diesen Vers als natur-
hafte Form aus sich geboren hat". Damit rückt Pretzel den Stabreimvers in die Nähe der freien Rhythmen. Tatsächlich ist eine

gewisse Verwandtschaft nicht zu verkennen. Aber die freien Rhythmen sind ja, wie wir bereits gesehen haben (vgl. § 1, S. 55 ff.), keine Urformen naturhafter Dichtung, sondern sind formengeschichtlich aus festen metrischen Rhythmen erwachsen. Doch auch bei der Interpretation der freien Rhythmen verwischt Pretzel solchen entwicklungsgeschichtlichen Zusammenhang und stellt statt dessen Urverwandtschaft mit dem Stabreimvers heraus.

Wir verdanken Pretzel wertvolle Anregungen, nicht zuletzt deshalb, weil er die Grenzen der Heuslerschen Sicht aufdeckt. Dennoch möchten wir entsprechend unserer grundsätzlich historisch orientierten Sehweise eher annehmen, daß die uns aus der Spätzeit altgermanischer Dichtung überlieferten Stabreimverse ursprünglich eine feste metrische – vielleicht sogar orchestische – Ordnung voraussetzen, die sowohl durch die weitere Sprachentwicklung als auch durch Inhalt und Pathos gelockert worden ist, die aber, wenn es die Situation verlangt oder erlaubt, immer von neuem wiederhergestellt werden kann, so daß höchst ungleiche Zeilen im Rahmen des Ganzen zu einheitlicher und in sich geschlossener Wirkung vereinigt werden. Man darf wohl die beiden Heuslerschen Langtakte als Ausgangsform für die Kurzzeile ansehen, die an vielen Stellen schon gesprengt worden ist. Selbst die Verse, die sich nicht mehr ohne Gewalt dem Ausgangsschema einfügen, lassen sich als Endstufe einer langen vorausgegangenen Entwicklung durchaus noch begreifen, vor allem, wenn man die besondere, sich von der Prosa bewußt abhebende Vortragsart dieser Dichtungen in Rechnung stellt.

Mit unserer Annahme vermeiden wir einerseits eine allzu starre Schematisierung und müssen nicht wie Heusler immer wieder künstlich erzwungene Pausen oder wie Georg Baesecke in seiner Nachdichtung zu viele Hebungen ansetzen, halten aber andererseits an einer festen metrischen Gliederung als entwicklungsgeschichtlicher Ausgangsstufe fest. Im übrigen stellen sich Nebenhebungen, die Pretzel theoretisch nicht anerkennen will, bei stilgerechter Wiedergabe fast gesetzmäßig ein. Für den praktischen Vortrag kommt es also hauptsächlich darauf an, die Haupthebungen jeder Halbzeile richtig zu erkennen und sie überdeutlich herauszuheben. Und darin sind sich Pretzel, Heusler und viele andere wieder einig.

Die GRUPPENBILDUNG: In der Kleindichtung (Zaubersprüche) herrscht der Zeilenstil; die Heldenlieder („Hildebrandslied") kennen schon die Langzeilen-Brechung (Enjambement), die in den altsächsischen Bibeldichtungen die Regel ist. Im Altnordischen (Edda) haben wir auch schon Strophen.

Als Probe für den Stabreimvers bringen wir einen Abschnitt aus dem „Hildebrandslied" (Zeile 7 ff.):

Hiltibrant gimahalta – her uuas heroro man,
ferahes frotoro –, her fragen gistuont
fohem uuortum, hwer sin fater wari
fireo, in folche, . . .
. . ., eddo hwelihhes cnuosles du sis.
ibu du mi enan sages, ik mi de odre uuet,
chind, in chunincriche: chud ist mir al irmindeot’.
Hadubrant gimahalta, Hiltibrantes sunu:
,dat sagetun mi usere liuti,
alte anti frote, dea erhina warun,
dat Hiltibrant haetti min fater: ih heittu Hadubrant.
forn her ostar giweit, floh her Otachres nid,
hina miti Theotrihhe enti sinero degano filu.

(F. Tschirch, Frühmittelalterliches Deutsch. Halle 1955)

Eine versgetreue neuhochdeutsche Umsetzung hat Georg Baesecke versucht. Zur Verdeutlichung des ungewohnten Rhythmus hat er die Haupt- und Nebenhebungen angegeben:

Hildebrand anhub – er war der aeltere Mann,

des Lebens erfahrener –, zu fragen begann er

mit wenig Worten, wer gewesen sein Vater

in der Schar der Menschen, und wes Geschlechtes du seist:

wenn du einen mir sagst, die andern weiß ich,

Juengling, im Koenigreiche: kund ist mir alles Großvolk.

Hadubrand anhub, Hildebrands Sohn:

Das sagten mir . . . . unsere Leute,

alte und kluge, die eherhin waren,

daß Hildebrand geheißen mein Vater: ich heiße Hadubrand.

Einstens er ostwärts ritt, floh er Otachers Haß,

dahin mit Dietrich und seiner Degen vielen.

(Das Hildebrandslied. Hg. von Georg Baesecke. Halle 1945)

§ 13   *Der althochdeutsche Reimvers*

Der Weißenburger Mönch OTFRID wählte den „althochdeutschen
Reimvers" für sein „Evangelienbuch". Wir wollen die Frage offen-
lassen, ob Otfrid wirklich der erste war, der dieses Versmaß ın die
deutsche Dichtung eingeführt hat.
Den metrischen Rahmen übernahm der althochdeutsche Reimvers
wohl vom lateinischen Hymnenvers, dessen Rhythmus der deutsche Dichter mit heimischen Mitteln nachbildete, die starre Füllung des Lateinischen (More = Silbe) aber durch die germanischen
Füllungsfreiheiten ersetzte. Der ahd. Reimvers ist die germanische
Umformung eines lateinischen Versmaßes. Der metrische Rahmen
hat diese Gestalt:

$$(x) \left| \overset{\prime}{xx} \right| \overset{\prime}{xx} \left| \overset{\prime}{xx} \right| \overset{\prime}{x\wedge} \left\| \qquad (x) \left| \overset{\prime}{xx} \right| \overset{\prime}{xx} \left| \overset{\prime}{xx} \right| \overset{\prime}{x\wedge} \right\|$$

$$(x) \left| \overset{\prime}{xx} \right| \overset{\prime}{xx} \left| \overset{\prime}{xx} \right| \overset{\prime}{x\wedge} \left\| \qquad (x) \left| \overset{\prime}{xx} \right| \overset{\prime}{xx} \left| \overset{\prime}{xx} \right| \overset{\prime}{x\wedge} \right\|$$

2 Langzeilen bilden eine Strophe. Die Langzeile (Kette) besteht aus
2 Kurzzeilen (Reihen) zu je 4 Takten. Die Kurzzeile endet immer
mit einer Hebung (eigentlich mit ∧ = Pause). Der Auftakt ist frei.
Im deutschen Vers haben wir wägende Sprachbehandlung: Vers-
hebungen und sprachliche Hebungen müssen zusammenfallen. Alle
Takte müssen immer sprachlich verwirklicht werden. Einsilbige
Takte sind charakteristisch, doch drängt Otfrid ihre Häufung im
Kurzvers mit der Zeit zurück. Entsprechend den germanischen
Füllungsfreiheiten haben wir auch 3- und 4silbige Taktfüllungen.
Der metrische Rahmen gestattet nur männliche oder klingende Ka-

denz. Die Kurzzeilen werden durch den Reim (Paarreim) (vgl. § 10) verbunden. Wir haben ausgesprochenen Zeilenstil, (Lang-)Zeilensprung kommt nicht vor. Die strophige Gliederung wird nicht immer streng eingehalten. Hier eine kurze Probe:

Nu frewen sih es alle,   so wer so wola wolle

joh so wer si hold in muate,   Frankono thiote,

Thaz wir Kriste sungun   in unsera zungun,

joh wir ouh thaz gilebetun,   in frenkisgon nan lobotun.

(Otfried, I. 1, 123 ff. – Die Akzentzeichen sind von uns gesetzt.)

Otfrids Verse wurden gesprochen, doch wird dies kein Sprechen in unserem Sinne gewesen sein, sondern eher eine Art Sprechgesang. Im Althochdeutschen gab es gesungene Liedverse mit demselben metrischen Rahmen, die sich auch zu drei- oder vierzeiligen Strophen zusammenfügten.

Otfrids Evangelienbuch und andere ahd. Gedichte zeigen, daß sich das ererbte Versgefühl nicht ohne Schwierigkeiten in das neue Formschema fügen wollte. Durch zu großzügige Anwendung der alten Füllungsfreiheiten entstanden besonders zu Anfang recht holprige Verse, die sich nur schwer dem Gesamtrhythmus einordneten. So fehlen in der folgenden Halbzeile die Senkungssilben vollständig, und vier Hebungen stoßen unmittelbar zusammen, wovon – wie im späten germanischen Stabreimvers – die erste und die dritte Hebung als Versgipfel beonders herausragen:

Fingar thinan   dua anan mund minan

(Otfrid I, 2, 3)

Abgesehen von der noch gänzlich unentwickelten Kunst des Endreims sind die Anklänge an den germanischen Stabreim noch nicht ganz verschwunden. Sie tauchen z. B. dort auf, wo Otfrid versucht, den Erdenflug des Engels poetisch nachzuempfinden:

Floug er sunnun pad,   sterrono straza

wega wolkono   zi theru itis frono

(Otfrid I, 5, 5 f.)

a) Allgemeine Regeln des mittelhochdeutschen Versbaues

Bevor wir die wichtigsten mittelhochdeutschen Versmaße im gesprochenen und gesungenen Vers betrachten, ist es notwendig, einige Besonderheiten des althochdeutschen und mittelhochdeutschen Versbaues voranzustellen[1], die mit der Struktur der Sprache in dieser Zeit zusammenhängen.

Im älteren Deutsch unterschied man zwischen kurzen und langen Silben. Eine Silbe war kurz, wenn sie nur einen kurzen Vokal enthielt, dem kein Konsonant mehr folgte: *ge- ben, bo- te* (alle Vokale, die nicht das Längenzeichen tragen, sind im Mittelhochdeutschen kurz). Es liegt eine *offene* (kurze) Silbe vor. In der Entwicklung zum Neuhochdeutschen sind alle kurzen Vokale in offener Tonsilbe gedehnt worden. Wir sprechen in den angeführten Wörtern heute langes e bzw. o. Damit sind alle betonten Silben lang, und die Unterscheidung nach der Quantität (Dauer) der Silben wird im Neuhochdeutschen gegenstandslos.

Alle anderen Silben waren im Mittelhochdeutschen lang, und zwar entweder *naturlang,* wenn sie einen langen Vokal enthielten: *lê- re,* oder *positionslang,* wenn die Silbe durch einen Konsonanten „gedeckt" war, d. h. wenn auf den Vokal noch mindestens ein Konsonant folgte: *stun-de, min-ne.* Legen wir das Schriftbild zugrunde, müssen wir formulieren: Positionslänge liegt vor, wenn dem Vokal noch mindestens zwei Konsonanten folgen, doch kann davon ein Konsonant schon zur nächsten Sprechsilbe gehören.

In der Regel stehen kurze und lange Silben im Vers gleichberechtigt nebeneinander und können je nach Bedarf und Umgebung als Hebungs- oder Senkungssilben gesetzt werden, doch gibt es bestimmte Beschränkungen. Weil eine kurze Silbe wegen ihrer geringeren Dauer niemals allein einen ganzen Takt füllen kann, darf sie nicht als beschwerte Hebung (vgl. § 7a, S. 89 f.) stehen. Eine beschwerte Hebung verlangt als sprachliche Voraussetzung demnach eine lange

Tonsilbe. Ebenso muß in der klingenden Kadenz (...| $\overset{\prime}{-}$ | $\overset{\grave{}}{x}$, vgl. § 8b, S. 97 f.),

[1] Vgl. noch: Siegfried Beyschlag: *Altdeutsche Verskunst in Grundzügen.* Nürnberg 1969.

deren vorletzter Takt ebenfalls nur durch eine Silbe realisiert wird, die Haupt-
tonsilbe lang sein.

„Aufgelöste Hebungen" (vgl. § 7 b, S. 90), wo statt der einen Hebungssilbe
x zwei Silben ∪∪ eintreten, von denen die erste den Verston trägt, verlangen
in der Regel eine kurze Silbe an (betonter) erster Stelle. Diese Bedingungen
gelten auch, wenn die letzte betonte Silbe des Verses bei männlicher Kadenz
durch zwei Silben ersetzt wird, so daß männlich zweisilbiger Schluß entsteht.
Durch unterschiedliche sprachliche Füllung und durch unterschiedliche Behandlung der Silben im Vers werden die in § 8 b (S. 97 ff.) für das Neuhochdeutsche nachgewiesenen Formen der Kadenz modifiziert. Im einzelnen können wir wieder die bekannten vier Typen unterscheiden.

1. Typ: weiblich voll (wv): (x) | x x | x x | x x | x x

Wer kan nû ze danke *singen*?

(dirre ist trûric, der ist frô)

(Walther von der Vogelweide, nach Lachmann 110, 27)

Diese Kadenz ist selten und erscheint eigentlich nur in gesungenen Liedern.
Selbst da kann man nicht immer sicher entscheiden, ob nicht auch klingende

Kadenz (singen) vorliegt, so daß der zitierte Vers fünfhebig mit klingendem
Ausgang zu lesen wäre. In unserem Gedicht spricht allerdings die gleichbleiben-
de Hebungszahl (in diesem Fall vier) und die „Fugung" mit der nächsten

Zeile (...singen dirre ist...), die den Wechsel zwischen Hebung und Senkung
auch zwischen den Zeilen nicht zur Ruhe kommen läßt, für die angegebene Lösung.

2. Typ: männlich voll (mv)

1. Variante: einsilbig (männlich) voll (x) | x x | x x | x x | x ∧

Einer seit waz er ge*siht*

(Wernher der Gartenaere, Meier Helmbrecht, V. 1)

Der Vers endet mit einer Hebung, die letzte Senkungsmore fällt in die Pause.

2. Variante· zweisilbig (männlich) voll (x) | x x | x x | x x | ∪ ∪∧

Man giht er sî sîn selbes *bote*

Und erloese sich dâ *mite*

(Hartmann von Aue, Der arme Heinrich, V. 26 f.)

Für die letzte Hebung treten zwei Silben ein, deren erste sprachlich kurz ist.
Diese letzte Form ist nicht mit der weiblich vollen Kadenz zu verwechseln,
denn in der Epik steht nur sie (nicht aber die wv Kadenz mit langer Stammsilbe) im Wechsel mit der einsilbig vollen Kadenz.

3. Typ: klingend (kl): (x) | x́ x | x́ x | x́ – | x́ ∧

nû volge mîner *lêre,*

des hastu frum und *êre.*

(Meier Helmbrecht, V. 287 f.)

Die letzte vollbetonte Silbe wird länger ausgehalten. Ihr folgt noch eine Nebenhebung. Im Nibelungenlied, das in allen Anversen die klingende Kadenz gesetzmäßig fordert, können statt der letzten vollbetonten langen Silbe auch zwei
kurze Silben eintreten, denen dann ebenfalls die Nebenhebung folgt. So steht
neben

Uns ist in alten *maeren*

(Nibelungenlied, Str. 1)

die seltenere Form:

dar umbe muosen *degene*

(Nibelungenlied, Str. 2)

Daß nur kurze Silben an dieser Stelle gesetzt werden dürfen, läßt vermuten,
daß in der klingenden Kadenz des Nibelungenliedes der vorletzte Takt schon
geringfügig verkürzt worden ist. Durch weitere Verkürzung entsteht später
ein dreihebiger Vers mit weiblich vollem Versschluß, wenn die letzte (Neben-)
Hebung vollends ihren Ton verliert.
Die sogenannte *Strickerkadenz*

hêre got, nû *hilf mir*

(Rittertreue, zitiert nach U. Pretzel)

kann entweder als besondere Verwendung der beschwerten Hebung gegen
Ende des Verses oder als Sonderfall der klingenden Kadenz interpretiert werden. Ihre Eigentümlichkeit besteht darin, daß der letzte Takt, in dem normaler-
weise eine in der Prosa unbetonte Silbe als Nebenhebung steht, durch eine vollbetonte Silbe ausgefüllt wird, wodurch die Betonungsabstufung zwischen
Haupt- und Nebenhebung, die für die klingende Kadenz charakteristisch ist,
minder deutlich zum Ausdruck kommt. Wir haben in unserem Beispiel, ob-

wohl das nicht ganz korrekt sein dürfte, beide Hebungen als Haupthebungen bezeichnet.

4. Typ: stumpf (st): (x) $\Big|\overset{\prime}{x\,x}\Big|\overset{\prime}{x\,x}\Big|\overset{\prime}{x\,\wedge}\Big|\wedge\,\wedge\Big|$

(Uns ist in alten maeren) wúnders víl geséit

(Nibelungenlied, Str. 1)

Der letzte Takt fällt mit seiner Hebung in die Pause, die als rhythmischer Wert deutlich spürbar bleibt. Vom metrischen Rahmen her wird die stumpfe Kadenz immer für die ersten drei Abverse der Nibelungenliedstrophe gefordert. In fortlaufenden Reimpaaren sind Verse mit stumpfer Kadenz nur selten anzutreffen. Geht das Gefühl für die Pause ganz verloren, entstehen aus den vierhebigen Versen mit stumpfer Kadenz dreihebige Verse mit männlich vollem Schluß. Die letzte Hebungssilbe kann durch zwei kurze Silben realisiert werden:

vón wéinen und von klágen

b) Die mittelhochdeutschen Reimpaare (Der stichische Erzählvers)

Stichisch bedeutet *nichtstrophisch* (griech. stichos = Zeile). Langzeilengliederung ist nur zu Anfang gelegentlich spürbar. Grundbaustein ist die einfache Zeile (= Reihe), die aus vier Takten besteht. Die Zeilen werden durch paarweisen Reim miteinander verbunden. Während im vorhöfischen Vers vor 1170 noch Innenpausen und stumpfe Kadenzen anzutreffen sind, werden im höfischen Vers – von wenigen Ausnahmen abgesehen – alle vier Hebungen sprachlich verwirklicht. Der Vers hat demnach diesen Rahmen:

(x) $\Big|\overset{\prime}{xx}\Big|\overset{\prime}{xx}\Big|\overset{\prime}{xx}\Big|\overset{\prime}{x\wedge}\Big|$

Éin rítter só gelêret wás

(Hartmann von Aue, Der arme Heinrich, V. 1)

Im höfischen Vers kommen nur die Kadenztypen 2 und 3 vor, nämlich männlich voll in der einsilbigen und zweisilbigen Variante und klingend:

ûf éine búrc kom ér geríten.   zweisilbig voll

dâ wás der wírt ín den síten,

134

daz er urluges wielt   einsilbig voll (= daß er Krieg führte)

und ouch vil gerne die behielt,

die wol getorsten rîten   klingend

und mit den vînden strîten.

(Wernher der Gartenaere, Meier Helmbrecht, V. 653ff.)

Wenn die Kadenz richtig erkannt ist, bereitet das ausdrucksvolle Lesen der Verse kaum noch Schwierigkeiten. Zu Anfang wird es jedoch nicht ganz leicht sein, zwischen dem zweisilbig vollen Schluß *(siten)* und dem klingenden Schluß *(rîten)* sicher zu unterscheiden. Für alle epischen Verse gilt diese Faustregel: Steht am Ende der Verszeile ein zweisilbiges Wort mit kurzer betonter Stammsilbe, so kann die folgende unbetonte Silbe keine Nebenhebung tragen, und es liegt die erste Form (zweisilbig voll) vor; ist die betonte Stammsilbe jedoch lang, müssen wir die Verse mit klingender Kadenz lesen.

Wie unser Beispiel schon gezeigt hat, gelten für die mittelhochdeutschen Verse weitgehend die germanischen Füllungsfreiheiten. Neben vorwiegend zweisilbigen Takten kommen auch beschwerte Hebungen vor *(wirt, urliuges).* Auf solchen Silben, die allein den ganzen Takt füllen, liegt inhaltlich ein besonderer Nachdruck. Gern setzen die mittelhochdeutschen Dichter Namen, wenn sie neu eingeführt werden, als beschwerte Hebungen:

Der was *Hartman* genant

(Der arme Heinrich, V. 4)

Auch mehrsilbige Takte sind geläufig, doch geht die Zahl der Senkungssilben, die zwischen zwei Hebungen stehen, selten über zwei hinaus:

hie wil ich sagen, waz mir geschach

(Meier Helmbrecht, V. 7)

Noch freier wird der Auftakt gestaltet. Unsere Beispiele ließen schon Verse mit und ohne Auftakt erkennen. Wenn auch einsilbiger Auftakt am häufigsten steht, so begegnen uns doch auch Verse mit zwei- und mit dreisilbigem Auftakt.

Der höfische Vers der Blütezeit der mittelhochdeutschen Dichtung um 1200 unterscheidet sich seit HEINRICH VON VELDEKE von seinem Vorläufer vor allem durch *das sinnvolle Eindämmen zu großer Füllungsfreiheiten,* doch bewahrt er sich noch genügend Spielraum, um nicht in das ewige Einerlei des regelmäßigen Wechsels von Hebung und Senkung abzufallen. Er läßt der Sprache noch genügend Raum, den Sinn rhythmisch frei auszuprägen. Von hier gehen in der Folgezeit zwei Entwicklungslinien aus, die sich in der höfischen Dichtung schon andeuten. Die eine führt über GOTTFRIED VON STRASSBURG zu KONRAD VON WÜRZBURG und nähert sich der strengeren Taktfüllung, nähert sich dem alternierenden Versgang, dem regelmäßigen Wechsel von Hebung und Senkung, freilich ohne dieses Ziel ganz zu erreichen. Die andere Linie, die an WOLFRAM VON ESCHENBACH anknüpft, bewahrt sich größere Füllungsfreiheiten.

Für den vorhöfischen Vers genügt die *Assonanz,* erst die höfischen Dichter (ab Veldeke) führen den *reinen Reim* ein, der nach Möglichkeit nicht mundartlich gefärbt sein soll.

Der Reim verbindet zwei Reihen zu einem *Reimpaar* (aa bb):

> Er sprach: 'sun, eine wîle dage   a ⎱
> und vernim waz ich dir sage.   a ⎰   Reimpaar
>
> swer volget guoter lêre,   b ⎱
> der gewinnet frum und ere!   b ⎰   Reimpaar
>
> (Meier Helmbrecht, V. 329–332)

Das Reimpaar muß aber nicht immer eine syntaktische Einheit sein. Wir kennen auch die *Reimpaarbrechung:*

> a)   Satz
>
> a ⎱
>   Satz
> b ⎰
>
> b)   Satz

```
so scheide ich von dem trôste      ⎫
und bin der unerlôste              ⎬  Satz
immer mêr von riuwe.         a ⎭
ir sult mit râtes triuwe       a ⎫
klagen mîne tumpheit.          b ⎬  Satz
der ûf Munsalvaesche reit ...  b ⎫
                                  ⎬  Satz
```

(Wolfram von Eschenbach. Parzival, 488, 11 ff.)

Solche Brechung macht die Rede lebendiger. Im Vers der Blütezeit kommt auch die Reihenbrechung gelegentlich vor:

      ′   ′   ′   ′
Herre sprach aber Tristan dô,

     ′   ′   ′   ′
bî disem maere erkenne ich mich:

      ′   ′   ′   ′
ir meinet ez alsô, daz ich: ⎫
   ′ ‵   ′   ′   ⎬
niht êlîche sî geborn,   ⎭

      ′   ′   ′   ′
und sule dâ mite hân verlorn   ⎫
      ′   ′   ′   ′   ⎬
mîn lêhen und mîn lêhenreht?   ⎭

(Gottfried von Straßburg, Tristan, 5411 ff. Hg. von Friedrich Ranke)

Die höfischen Reimpaare knüpfen entwicklungsgeschichtlich nicht
direkt an den althochdeutschen Reimvers an. Über ihre Vorstufen
können wir jedoch wenig aussagen, weil wir aus dem Zeitraum,
der zwischen dem althochdeutschen Reimvers und den mittelhochdeutschen Reimpaaren liegt (etwa 150 Jahre), kaum nennenswerte
literarische Zeugnisse haben. Wir müssen mit einem Reimvers
rechnen, der nur mündlich gepflegt wurde, für uns also nicht greif-
bar ist.

§ 15   *Der mittelhochdeutsche strophische Erzählvers*

Epische Dichtungen, in denen alte heimische Stoffe dargestellt und
der Nachwelt überliefert wurden, müssen vor allem im deutschen
Südosten, in Bayern und Österreich, beliebt gewesen sein. Vermut-

lich waren sie in Strophen abgefaßt. Diese Dichtungen, die nur im mündlichen Vortrag lebten, sind uns nicht direkt überliefert.

In den mittelhochdeutschen strophischen Dichtungen, wie sie uns in der Literatur vorliegen, dürfen wir jedoch keine *unmittelbare* Fortsetzung dieser heimischen unliterarischen Dichtkunst sehen, denn auch die Verfasser dieser Epen hatten literarischen Ehrgeiz und wollten in der Formkunst nicht hinter Hartmann oder Wolfram zurückstehen, zumindest gilt dies von dem Dichter des Nibelungenliedes. So entstanden nun die neuen Strophenformen in enger Berührung mit der formvollendeten Lyrik jener Zeit. Der Nibelungendichter fand seine Strophe schon beim KÜRENBERGER, einem frühen Minnesänger, vorgeprägt. Er übernahm allerdings nur das metrische Gerüst, nicht die Melodie, denn die epischen Strophen wurden geprochen, die lyrischen aber gesungen.

Es ist aber zu vermuten, daß ähnliche erzählende Strophenformen bereits in der mehr volkstümlichen mündlichen Überlieferung vorhanden waren, so daß die *Kürenberger-Strophe* ihrerseits nur eine Veredelung darstellt.

a) Nibelungenstrophe

Ez | wuohs in | Bur- | gon- | den ein vil | edel | mage- | dîn,

| daz in | allen | lan- | den niht | scoeners | mohte | sîn,

Kriem- | hilt ge- | hei- | zen: si | wart ein | scoene | wîp,

dar | umbe | muosen | dege- | ne | vil ver- | lie- | sen den | lîp.

(Nibelungenlied, Str. 2, nach der Ausgabe von Karl Bartsch von Helmut de Boor. Leipzig 1949)

Der metrische Rahmen der Nibelungenstrophe kann durch dieses Schema dargestellt werden:

(x) | xx | xx | – | xʌ || (x) | xx | xx | x(x) | ʌ ʌ || a 4kl 4st (= 4 + 3 Hebungen)

(x) | xx | xx | – | xʌ || (x) | xx | xx | x(x) | ʌ ʌ || a 4kl 4st

(x) | xx | xx | – | xʌ || (x) | xx | xx | x(x) | ʌ ʌ || b 4kl 4st

(x) | xx | xx | – | xʌ || (x) | xx | xx | xx | x(x) || b 4kl 4v (= 4 + 4 Hebungen)

Die Strophe besteht aus vier Langzeilen. Diese Langzeilen sind Weiterbildungen der germanischen Langzeile. An- und Abvers der Langzeile unterscheiden sich deutlich durch ihre verschiedene sprachliche Füllung. Der Anvers verwirklicht alle 4 Hebungen und hat immer klingenden Ausgang, der Abvers verwirklicht nur 3 Hebungen. Nur der letzte Abvers füllt alle vier Takte und bezeichnet dadurch deutlich den Strophenschluß. Die Formen der Kadenz sind genau vorgeschrieben. Nur in Ausnahmefällen tritt im Anvers statt der üblichen klingenden Kadenz ihre Variante ein

$$(\left| \overset{\prime}{-} \right| \overset{\grave{}}{x} \wedge \left| z.\ B.\ \textit{landen}) - (\left| \overset{\prime}{xx} \right| \overset{\prime}{x} \left| \overset{\grave{}}{x} \wedge \right| z.\ B.\ \textit{degene})$$

Dafür ist allerdings Voraussetzung, daß die betonte Stammsilbe (in unserem Beispiel *de*-) sprachlich kurz ist. Die Abverse enden in der Regel mit einer Hebung (s. o. dîn, sîn, wîp, lîp), doch können dafür auch zwei Silben eintreten. In diesem Falle muß aber die betonte Silbe kurz sein, z. B.

$$\overset{\prime}{\text{In}}\ \overset{\prime}{\text{sînen}}\ \overset{\prime}{\text{besten}}\ \overset{\grave{}}{\text{zîten,}} \qquad \overset{\cdot}{\text{bî}}\ \overset{\prime}{\text{sînen}}\ \overset{\prime}{\text{jungen}}\ \textit{tagen,}$$

$$\overset{\prime}{\text{Man}}\ \overset{\prime}{\text{mohte}}\ \overset{\prime}{\text{michel}}\ \overset{\grave{}}{\text{wunder}} \qquad \overset{\prime}{\text{von}}\ \overset{\grave{}}{\text{Sîvride}}\ \textit{sagen.}$$
(Str. 22)

Bei der Gestaltung der Innen- und Auftakte herrscht Füllungsfreiheit, wir haben einsilbige, aber auch dreisilbige Takte. Im letzten Abvers darf jedoch nur der zweite Takt einsilbig gefüllt werden. Der Auftakt kann stehen, kann aber auch fehlen.

Die Langzeilen sind paarweise gereimt (aa bb). Einige jüngere Strophen lassen noch die Anverse untereinander reimen, so die 1. Strophe:

> Uns ist in alten *maeren*   wunders vil geseit
> von helden *lobebaeren*   von grôzer arbeit...

Die ganze Strophe hat dann diese Reimstellungen: ababcdcd. Das Nibelungenlied kennt Zeilen- und Strophensprung (Enjambement).

b) Kudrunstrophe

Sie ist eine Erweiterung der Nibelungenstrophe; der letzte Abvers wird noch um 2 weitere Takte gesteigert.

Ez wuohs in Irlande ein rîcher künec hêr:

geheizen was er Sigebant, sîn vater der hiez Gêr:

sîn muoter diu hiez Uote, und was ein küneginne:

durch ir hôhe tugende sô gezam dem rîchen wol ir minne.

(Kudrun, Str. 1. Der Nibelungen Not und Kudrun.
Hg. von Eduard Sievers.)

Sie hat diese Formel:

4 kl 4 st (4 + 3 Hebungen)
4 kl 4 st
4 kl 4 kl (4 + 4 Hebungen)
4 kl 6 kl (4 + 6 Hebungen).

c) Hildebrandsstrophe

Sie erhielt ihren Namen nach dem „Jüngeren Hildebrandslied"
(nicht zu verwechseln mit dem althochdeutschen stabreimenden
Heldenlied!). Sie unterscheidet sich von der Nibelungenstrophe
dadurch, daß sie auch den letzten Abvers mit stumpfer Kadenz,
also dreihebig bildet:

„Ich wil zu Land ausreiten", sprach sich Meister Hiltebrant,

„Der mir die Weg tet weisen gen Bern wol in die Land,

Die seind mir unkund gewesen vil manchen lieben Tag:

In zwei und dreißig Jaren Fraw Utten ich nie gesach."

(Jüngeres Hildebrandslied, Text nach John Meier)

Die Hildebrandsstrophe hat demnach diesen Aufbau:

4 kl 4 st (x) | xx | xx | – | x∧ || (x) | xx | xx | x∧ | ∧∧ (4 + 3 Hebungen)
4 kl 4 st
4 kl 4 st
4 kl 4 st

Für den Reim gibt es die beiden Möglichkeiten, die wir schon vom Nibelungenlied her kennen: 1. nur die Langzeilen reimen (aa bb), 2. auch die Anverse reimen untereinander (abab cdcd).
Die Hildebrandsstrophe wurde gesungen. Ihre metrische Form ist im Volkslied sehr beliebt:

Der Winter ist vergangen,   ich seh des Maien Schein, . . .

Auch halbiert (nur aus 2 Langzeilen bestehend) kommt sie vor:

Es war ein König in Thule,

Gar treu bis an das Grab,

Dem sterbend seine Buhle

Einen goldnen Becher gab.
(Goethe)

d) Morolfstrophe (Lindenschmidstrophe)

Ihren Namen erhielt sie nach dem mittelhochdeutschen Spielmannsgedicht von „Salman und Morolf". Die Strophe besteht aus fünf Viertaktern und hat diesen Aufbau:

Zu Jerusalêm wart ein kint geborn	4 v	Reim: a
daz sît zu vougte wart erkorn	4 v	a
uber alle cristendiet:	4 v	b
daz was der kunig Salmân	4 kl	w
der manig wîsheit gerîet.	4 v	b

(Salman und Morolf. Altdeutsche Texte für den akademischen Unterricht. Halle 1954)

Diese Strophe lebt in verschiedenen Variationen im Volkslied weiter. So z. B. in der *Lindenschmidstrophe,* die nach dem Lied vom
Lindenschmid benannt ist:

Was wollen wir singen und heben an?

das best das wir gelernet han

ein newes lied zu singen;

wir singen von einem edelmann,

der heist Schmid von der Linden.

(Text nach F. M. Böhme, Altdeutsches Liederbuch, Leipzig 1877)

Es gibt noch weitere Strophenformen (*Titurelstrophe* u. a.), die wir
hier jedoch nicht berücksichtigen wollen. Für alle epischen Strophen gelten die Füllungsfreiheiten, die für das Nibelungenlied besprochen worden sind.

§ 16 *Die mittelhochdeutschen Musikmetren*
(Gesungene Verse in den mhd. Lied- und Spruchdichtungen)

a) Strophische Verse

Im 12. Jahrhundert beginnt die Überlieferung der Lyrik in deutscher Sprache. Die Verse sind strophenmäßig gegliedert (davon
machen nur *Leich* und *Sequenz* eine Ausnahme). Sie lebten nur im
gesungenen Vortrag: ohne Melodie – die uns jedoch meist nicht
mitüberliefert ist – sind sie nicht denkbar. *wort* und *wîse* machen
erst zusammen den *dôn,* der nur von seinem Dichter und Komponi-
sten gebraucht werden durfte. Der Formenreichtum der mhd. Lyrik
besteht gerade in der schier unübersehbaren Fülle an Melodien und
Strophenformen, die wir hier nicht alle besprechen können.
Nur so viel sei erwähnt, daß im entwickelten Minnesang ein besonders kunstvoller Aufbau der Strophen angestrebt wird. Ein-
teilige Strophen mit anspruchslosem innerem Bau überwiegen in
der frühesten Lyrik. Hierher mag das älteste deutsche Tagelied

gehören, das uns unter dem Namen des Dietmar von Eist überliefert ist:

> Slâfst du, friedel ziere?
> man weckt uns leider schiere:
> ein vogellîn so wol getân
> daz ist der linden an das zwî gegân.

(Minnesangs Frühling, VII. 39. 18)

Einfache neben kunstvoll gebauten Strophen kennt auch die Spruchdichtung.[1]

Für die spätere Zeit sind die dreiteiligen (stolligen) Strophen kennzeichnend (= Kanzonenform):

> Stollen ⎫
> Gegenstollen ⎰ Aufgesang
>
> Abgesang

Der Gegenstollen wiederholt den Rhythmus und die Melodie des
ersten Stollens. Beide Stollen zusammen bilden den *Aufgesang*,
der sich deutlich vom *Abgesang* unterscheidet, denn der Abgesang
bringt eine neue Melodie. So tritt die Gliederung vornehmlich in
der musikalischen Durchführung hervor. Als Beispiel setzen wir
diese Strophe:

Der rîfe tet den kleinen vogelen wê,	a ⎫ Stollen	⎫ Auf-	
daz si nicht ensungen.	b	gesang	
nû hoere ichs aber wünneclîch als ê,	a ⎰ Gegenstollen		
nûst diu heide ensprungen.	b		
dâ sach ich bluomen strîten wider den klê,	a ⎱ Abgesang		
weder ir lenger waere	c		
mîner frowen seit ich disiu maere.	c ⎰		

(Walther von der Vogelweide, nach Lachmann 114, 23. – Um den Aufbau zu verdeutlichen,
haben wir die drei Teile im Schriftbild voneinander abgehoben, was sonst nicht üblich ist.)

Bei einigen Dichtern finden wir auch die Neuerung, den Abgesang
mit einer Wiederholung oder leichten Variation des Stollens zu
schließen.

---

[1] Auch der *Spruch* wurde bekanntlich gesungen. Er unterscheidet sich vom *Lied* in der Hauptsache durch seinen lehrhaft-didaktischen Charakter. Auf die musikgeschichtlichen Probleme,
die jeweils einer besonderen Einzeluntersuchung am konkreten Objekt bedürfen, können wir
in unserem Zusammenhang nicht näher eingehen, sondern müssen auf die entsprechenden Spe-
zialdarstellungen und -untersuchungen verweisen, u. a. auf Friedrich Maurer, *Die Lieder Wal-
thers von der Vogelweide. Unter Beifügung erhaltener und erschlossener Melodien.* Zwei
Bändchen. Tübingen 1955/56. E. Jammers, *Ausgewählte Melodien des Minnesangs.* Tübingen 1963. R. J. Taylor, *Die Melodien der weltlichen Lieder des MA*, Stuttgart 1964.

Neben diesen stollig gebauten, also dreiteiligen Strophen gab es in der mittelhochdeutschen Lyrik noch viele andere Strophenformen. Auch die unstollige Strophe darf nicht als primitiv angesehen werden, sie konnte im Gegenteil überaus kunstvoll durchkomponiert sein.

Anfangs bestanden viele Lieder aus nur einer Strophe, wie mittelhochdeutsch *daz liet* (Einzahl) nur eine einzelne Strophe meint, während erst die Mehrzahlform *diu liet* mehrere Strophen erfaßt. Einstrophig ist zum Beispiel eines unserer ältesten Liebeslieder:

> Dû bist mîn, ich bin dîn:
> des solt dû gewis sîn.
> du bist beslossen
> in mînem herzen:
> verlorn ist daz slüzzelîn:
> dû muost immer drinne sîn.

(Unbekannter Dichter, Minnesangs Frühling, 3.1.)

Diese Einstrophigkeit hält sich später nur noch in der Spruchdichtung. Sonst werden die Strophen zu einem Strophenkreis locker vereinigt. Eine der ältesten Formen ist der Wechsel, wo auf eine vom Manne vorgetragene Strophe eine Frauenstrophe (oder umgekehrt) folgt:

> Seneder friundinne bote,   nu sage dem schoenen wîbe,
> daz mir tuot âne mâze wê   deich si sô lange mîde.
> lieber hete i'ir minne
> dan al der vogele singen.
> nu muoz ich von ir gescheiden sîn:
> trûric ist mir al daz herze mîn.

> 'Nu sage dem ritter edele   daz er sich wol behüete,
> und bite in schône wesen gemeit   und lâzen ungemüete.
> ich muoz ofte engelten sîn.
> vil dicke erkumt daz herze mîn.
> ane sehendes leides hân ich vil,
> daz ich im selbe gerne klagen wil.'

(Dietmar von Eist, Minnesangs Frühling, 32, 14–33, 6)

Wie man sieht, sind die Strophen noch sehr selbständig und könnten durchaus für sich allein stehen. Überhaupt ist in der mittelhochdeutschen Lyrik die Verbindung der Strophen noch nicht so eng und folgerichtig wie in unserem modernen Lied. So sind die Strophen oft in ihrer Reihenfolge vertauschbar. Schon die frühesten Handschriften weichen gelegentlich in der Anordnung der Strophenfolge voneinander ab.

Aus der Blütezeit des Minnesangs kennen wir auch ganze Liederzyklen, die allerdings ebenfalls nicht sehr fest gefügt sind, so daß sie in den Handschriften schon nicht mehr in ihrer ursprünglichen Reihenfolge vorkommen.

Auch der innere Versbau läßt eine Entwicklung erkennen. Auf der Frühstufe (bis etwa 1170) haben wir noch die alten Füllungsfreiheiten, nämlich ein- und mehrsilbige Takte (Beispiele s. oben), die nach 1170 mehr und mehr zurückgedrängt werden. Im gesungenen Vers wird – unter französischem Einfluß – zum erstenmal in deutscher Versgeschichte starre Füllung erreicht, wo Hebung und Senkung ganz regelmäßig wechseln. Nur gelegentlich gestattet man sich aus besonderen stilistischen Gründen diese oder jene Füllungsfreiheit. So finden wir im entwickelten Minnesang noch hier und dort Auflösungen (vgl. S. 90 f.); statt einer Silbe stehen zwei, doch müssen beide Silben kurz sein:

$$\overset{\prime}{}\quad\overset{\prime}{}\quad\overset{\prime}{}\quad\overset{\prime}{}$$
Muget ir schouwen waz dem meien

$$\overset{\prime}{}\quad\overset{\prime}{}\quad\overset{\prime}{}$$
wunders ist beschert.

(Walther von der Vogelweide, nach Lachmann 51, 13)

Ganz selten sind dagegen einsilbige Takte (beschwerte Hebungen). Bei Walther finden wir sie ausnahmsweise in seinem auch sonst altertümlich wirkenden Tagelied:

$$\overset{\prime}{}\quad\overset{\backprime}{}\quad\overset{\prime}{}$$
Friuntlichen lac

$$\overset{\prime}{}\quad\overset{\prime}{}\quad\overset{\prime}{}$$
ein rîter vil gemeit

$$\overset{\prime}{}\quad\overset{\prime}{}\quad\overset{\prime}{}$$
an einer frowen arme.

(Walther von der Vogelweide, nach Lachmann 88, 9)

Seit etwa 1170 kennt die deutsche Dichtung auch daktylische Taktgeschlechter. Der Anstoß zu ihrer Bildung kam vermutlich aus der französischen Lyrik. Aus der ersten Hälfte des 13. Jahrhunderts stammt das folgende Tanzlied:

    Wir sun den winder in stuben emphâhen,

    wol ûf, ir kinder, ze tanze sun wir gâhen!

    volgent ir mir,

    sô sun wir smieren und zwinken und zwieren nach lieplîcher gir.

    (Burkhart von Hohenfels. Karl Bartsch, Deutsche Liederdichter des 12. bis 14. Jahrhunderts, 34, 1)

Dieses dreiteilige Taktgeschlecht muß allerdings nicht immer tanzbar sein und kommt in dieser hüpfenden Form sehr selten vor. Daneben finden wir auch Verse mit freierer Füllung, die neben vorwiegend dreisilbigen Takten vereinzelt auch zweisilbige zulassen.[1] Hier wird man entweder eine Senkung als Pause auffassen oder für die Hebung die Zeitdauer zweier Silben annehmen müssen. Zu unserem nachfolgenden Beispiel geben wir im Schema beide Lösungen an:

    Uns hât der winter geschât über al:

    heide unde walt sint beide nû val,

    da manic stimme vil suoze inne hal.

    saehe ich die megde an der strâze den bal

    werfen, so kaeme uns der vogele schal.

    (Walther von der Vogelweide, nach Lachmann 39, 1. – Wir haben die Silben, die nicht gesprochen werden, durch das Untersetzen eines Punktes gekennzeichnet, also *beide* wird *beid* gesprochen. Das ist immer dann der Fall, wenn zwei Vokale zusammenstoßen. Dieser Zusammenstoß (= *Hiat*) wird in der Regel vermieden.)

$$\left|\begin{array}{c}{}'\\ xxx\end{array}\right|\begin{array}{c}{}'\\ xxx\end{array}\left|\begin{array}{c}{}'\\ xxx\end{array}\right|\begin{array}{c}{}'\\ x\end{array}$$

$$\left|\begin{array}{c}{}'\\ xxx\end{array}\right|\begin{array}{c}{}'\\ xx\wedge\end{array}\left|\begin{array}{c}{}'\\ xxx\end{array}\right|\begin{array}{c}{}'\\ x\end{array}\quad \text{oder:} \quad \left|\begin{array}{c}{}'\\ xxx\end{array}\right|\begin{array}{c}{}'\\ -x\end{array}\left|\begin{array}{c}{}'\\ xxx\end{array}\right|\begin{array}{c}{}'\\ x\end{array}$$

[1] In der älteren Literatur spricht man hier auch – freilich nicht ganz korrekt – von *gemischten Daktylen*.

```
  /    |  /    |  /    |  /
 xxx   | xxx   | xxx   | x

  /    |  /    |  /    |  /
 xxx   | xxx   | xxx   | x

  /    |  /    |  /    |  /
 xxx   | xxx   | xxx   | x
```

Verse mit ungeradem Taktgeschlecht sind im ganzen selten und
gehen im 14. Jahrhundert wieder verloren. Unsere heutigen dreiteiligen Taktgeschlechter haben einen anderen Ursprung (vgl. § 5).
Enjambement ist im gesungenen Vers verhältnismäßig selten und
steht in der Regel nur einer besonderen Wirkung wegen. In der
zuletzt angeführten Walther-Strophe soll es zum Beispiel das
Schweben des Balles rhythmisch symbolisieren *(den bal ‖ werfen).*
Unsere Beispiele lassen auch die Entwicklung in der Reimtechnik
erkennen. Auf der Frühstufe begegnen uns noch Halbreime und
Assonanzen, während bei Walther von der Vogelweide nur reine
Reime vorkommen.

b) Sequenz und Leich[1]

Im lateinischen Kirchengesang des 9. Jahrhunderts bekamen einzelne Silben des Textes lange Tonfolgen. So konnten z. B. auf die
letzte Silbe des abschließenden „Alleluia" 70 Töne fallen. Um diese
Melodien besser zu behalten, legte man ihnen zunächst lateinische,
dann auch deutsche Texte unter. So entstanden *taktfreie, un-
metrische Rezitative,* sogenannte *Sequenzen,* die in ihrer Gliederung ganz von der rhythmischen Gestaltung der allein herrschenden Melodie abhängig waren.
Aus solchen Formen wird sich der mittelhochdeutsche *Leich* entwickelt haben. Die ohrenfällige Gliederung in einzelne Gruppen,
deren Wiederkehr genau im voraus berechnet war und erwartet
wurde, muß durch die Melodieführung gegeben worden sein, von
der wir heute wenig wissen. Deshalb ist es für uns so schwer, den
metrischen Aufbau der Leiche zu durchschauen. Hier kann nur
eine sorgfältige Einzelanalyse jedes Leiches für sich die metrische
Ordnung herausschälen.

[1] Zum Leich siehe: Andreas Heusler, *Deutsche Versgeschichte,* II. Band (1927), § 830 ff. ; jetzt
auch K. H. Bertau, *Sangverslyrik. Über Gestalt und Geschichtlichkeit mhd. Lyrik am Beispiel
des Leichs. Göttingen 1964.*

Andreas Heusler verglich den Leich mit einer durchkomponierten Arie. Zum Abfassen eines Leiches, der stets eng mit der Musik verbunden war, mußte der Dichterkomponist sein höchstes Können aufbieten. Leiche sind die Meisterstücke der frühen Lyrik und sind deshalb nicht allzu häufig. Sie finden sich erst gegen Ende des 12. Jahrhunderts (zuerst bei Heinrich von Rugge). Von Walther von der Vogelweide kennen wir nur einen Leich (Lachmann 3, 1 „Got, dîner trînitâte").

§ 17 *Die frühneuhochdeutschen Musikmetren*
(Die gesungenen Verse vom 14. bis 16. Jahrhundert)

a) Der Meistergesang (Meistersang)

Im Meistergesang, von Handwerkern seit etwa 1300 zunftmäßig ausgeübt, erstarren die höfisch-ritterlichen Formen. Hatte schon in der mittelhochdeutschen Lyrik die Musik die Führung inne, so gewinnt sie im Meistergesang die absolute Herrschaft. Das führt zu den bekannten *Tonbeugungen,* die für den Meistergesang charakteristisch sind. *Die Meistersinger wägen grundsätzlich nicht* (Beispiel s. S. 88). Außerdem sind für den Meistergesang kennzeichnend:
1. Der *alternierende Versgesang* wird streng durchgeführt; Hebung und Senkung müssen regelmäßig wechseln. Die Folge ist eine feste Silbenzahl (Adam Puschmann, ein Theoretiker der Spätzeit, erlaubt nicht mehr als 13 Silben für die Reihe).
2. Seit der Mitte des 14. Jahrhunderts müssen alle Verse mit einem *einsilbigen Auftakt* beginnen.
3. Die Strophen sind immer *dreiteilig* (Stollen, Gegenstollen, Abgesang) haben also die „Kanzonenform" (vgl. S. 143). Eine Strophe kann aus 5 bis 100 Zeilen bestehen, in der Regel aber aus 20 bis 30.
4. Das Lied, *Bar* genannt, muß immer *mehrere Strophen* (Gesätze) haben, meist 3, 5 oder 7 *(gedritt, gefünft, gesiebt).*
5. Bis etwa 1500 darf nur in den *Tönen der sagenhaften zwölf alten Meister* gedichtet werden, d. h., neue Melodien und Strophen sollen nicht erfunden werden. Dieses Gesetz ist jedoch niemals streng eingehalten worden. Seit HANS FOLZ († 1515) kann sogar nur derjenige Meister werden, der einen *neuen Ton* erfunden hat.

6. Die *Reihe* wurde als *eine Atemstrecke* vorgetragen, Enjambement ist daher selten.[1]
Als Beispiel bringen wir die erste von den drei Strophen eines Meisterliedes von Hans Sachs:
Eine schone schulkunst, was ein singer sol singen.

> In dem langen ton Wolframs. 13. mai 1515.
> Mein herz das mag nit rue han,
>> darum so wil ich heben an,
>> zu singen hie auf diesem plan,
>> wiewol ich nit kan iederman
>> singen und das im freude geit;
>> es ist mir leit,
>> seit ichs nit kan volbringen,
>
> Das doch zimt einem singer frei,
>> das er sol künnen mancherlei,
>> auf das, wu er bei leuten sei,
>> das er mit süßer melodei
>> den leuten sing, was man beger;
>> so ers gewer,
>> der mag mit preis gelingen.
>
> Mancher der tut das selbig nicht
>> und singt allein aus musica der kunste,
>> damit er sich herfüre bricht,
>> und ist doch solch materi ganz umsunste,
>> wan der zehent sein nit verstat;
>> sein gesangs kein genad man hat,
>> gespöttes man ob im nit lat;
>> darum so wer der beste rat:
>> ein singer ließ sein kunst mit ru,
>> bis er kum zu
>> wu meistersinger singen.

> (Dichtungen von Hans Sachs. Erster Teil. Geistliche und weltliche Lieder. Hg. v. Karl Goedeke, 2. verb. Aufl. Leipzig: F. A. Brockhaus 1883)

Man beachte die für die Meistersingerkunst charakteristischen *Reimverschränkungen,* die unser für solche Klangwirkungen unge-

---

[1] Der bekannte Spottvers: „Hans Sachs war ein Schuh-/macher und Poet dazu" trifft demnach völlig daneben. Einen solchen Verstoß gegen das gesunde Versempfinden hätte sich gerade Hans Sachs niemals erlaubt.

schultes Ohr wohl kaum noch wahrnehmen kann. So ist im vorliegenden Beispiel das Ende des ersten Stollens mit dem Ende des zweiten und mit dem Schluß der ganzen Strophe durch den gleichen Reim verbunden. (In der ersten Strophe steht in Zeile 7 *bringen,* in Zeile 14 *gelingen* und in Zeile 25 *singen.*) Wir sollen also nach sieben und gar nach elf Zeilen den Reim wiedererkennen.

Man sieht, daß der Meistergesang auch eine große Kunst des Zuhörens voraussetzte. Ohrenfällig wurden solche Reimkunststücke aber vor allem durch den musikalischen Vortrag. Musikalischer Aufbau und Reimgliederung unterstützen einander und ließen den dreiteiligen Bau der Strophe ganz klar hervortreten.

Dazu trägt in unserem Liede noch ein weiterer Kunstgriff bei, den die Meistersinger als *Pause* bezeichneten: die 6. Zeile ist mit der 7. durch Reim gebunden, die letzte Silbe der 6. Zeile reimt mit der ersten Silbe der 7. *(leit:seit),* ebenso ist die 13. Zeile mit der 14. *(gewer:der)* und die 24. mit der 25. *(zu:wu* = wo) gebunden. Dadurch treten die beiden letzten Zeilen der Stollen und die des Abgesanges besonders heraus. Da sie sich auch rhythmisch von den anderen sonst vierhebigen Versen unterscheiden (eine zweihebige Zeile geht einer vierhebigen voraus), darf man wohl annehmen, daß diese Zeilen jeweils die gleiche Melodie hatten. Die Leistung des Meistersingers bestand vor allem in seiner hohen und ausgesuchten Formkunst. Damit schwebte er ständig in der Gefahr, die Form über den Inhalt zu setzen. Im Gegensatz dazu stehen im Volkslied gerade der Inhalt und die Stimmung im Vordergrund, und die äußere Form kann dahinter an Bedeutung zurücktreten. Nach 1550 hat der Meistergesang seine literarische Geltung vollständig verloren.

b) Das Volkslied

Wach auf, meins Herzen ein Schöne,
Zart Allerliebste mein!
Ich hör ein süß Getöne
Von kleinen Waldvögelein,
Die hör ich so lieblich singen,
Ich mein, ich sehe des Tages Schein
Von Orient her dringen.

(Tagelied aus dem 16. Jahrhundert, Text nach F. M. Böhme)

Unter „Volksliedern" verstehen wir mit W. STEINITZ[1] Lieder, die vom werktätigen Volke getragen werden und an deren Gestaltung und Umgestaltung das Volk schöpferisch teilnimmt. „Durch diese Mitarbeit wird das Unvolkstümliche, Untypische abgeschliffen und kommt der allgemeingültige Charakter der Volksdichtung zum Ausdruck" (Steinitz). Dabei ist die Frage, ob wir den Verfasser mit Namen kennen oder nicht, belanglos. Anonymität ist kein Kriterium für das Volkslied.

Da sich bekanntlich das werktätige Volk im Laufe der Geschichte im Kampf mit den ausbeutenden Klassen ständig entwickelt, ist auch das Volkslied Wandlungen unterworfen – wie sich auch die Stellung der werktätigen Massen im allgemeinen nationalen Leben in der Wertschätzung der Volksdichtung widerspiegelt. Es ist bestimmt kein Zufall, daß die Volksdichtung, deren Träger die aufbegehrenden und sich empörenden Massen sind, besonders in den revolutionären Epochen der deutschen Geschichte entscheidende Bedeutung für das literarische Leben gewinnt. Dies gilt besonders für das 15. und 16. Jahrhundert, die Zeit der großen Bauernerhebungen. Lieder des Volkes hatte es freilich auch vorher schon gegeben, aber in dieser Zeit lebten sie neu auf und wurden auch schon gesammelt. Auch das protestantische Kirchenlied mußte vom Volkslied Formen und Vorstellungen borgen.

Nachdem die revolutionären Bauernerhebungen blutig niedergeschlagen worden waren, bestimmten für anderthalb Jahrhunderte die feudal-absolutistische Ordnung und ihre höfisch orientierten oder abhängigen Gesellschaftsschichten fast ausschließlich den literarischen Geschmack. Erst das sich gegen die Feudalklasse emanzipierende Bürgertum ließ in der zweiten Hälfte des 18. Jahrhunderts die Volksdichtung wieder zu ihrem vollen Recht kommen, mußte es sich doch in seinem Kampf auch auf breite Schichten des werktätigen Volkes stützen. Diese Neuentdeckung der Volksdichtung und das Anknüpfen an die volkstümlichen Formen ist eng mit den Namen Herder, Goethe, Bürger und anderen verbunden. Das spätere Bemühen der Romantiker um das Volkslied hatte einen anderen gesellschaftlichen Hintergrund. Arnims und Brentanos Samm-

[1] Wolfgang Steinitz, *Deutsche Volkslieder demokratischen Charakters aus sechs Jahrhunderten*. Band I. Berlin 1954.

lung „Des Knaben Wunderhorn" (1806 bis 1808) zum Beispiel stand in engstem Zusammenhang mit den nationalen Befreiungskriegen vom Napoleonischen Joch, stärkte doch der Stolz auf die dichterische Leistung des eigenen Volkes das Nationalbewußtsein. In Heidelberg, dem Sitz der Romantiker, hat sich nach einem Wort des Freiherrn vom Stein „ein guter Teil des Feuers entzündet, welches die Franzosen verzehrte".

Seit der Klassik und Romantik ist das Volkslied und sein Einfluß auf das weitere lyrische Schaffen aus der deutschen Nationalliteratur nicht mehr wegzudenken. Dabei dürfen wir allerdings nicht übersehen, daß das literarisch führende Bürgertum in dem Maße, wie es von seinen revolutionären Zielen abrückte, auch die Volkslieder umgestaltete, dabei einseitig die mehr unpolitischen Lieder in den Vordergrund rückte und die kämpferische Gesinnung, die in vielen Volksliedern zum Ausdruck kam, weitgehend unterdrückte. Wurde zum Beispiel in dem bekannten Volkslied „Zu Straßburg auf der Schanz" das Desertieren des Soldaten noch ganz konkret gesellschaftlich begründet:

> Ihr Brüder allzumal,
> Heut seht ihr mich zum letztenmal.
> Unser Corporal, der gestrenge Mann,
> Ist meines Todes Schuld daran,
> Den klag ich an!
>
> (Text nach W. Steinitz)

so machten die Bearbeiter des „Wunderhorns" daraus ein romantisch-sentimentales Heimwehmotiv und brachen somit die gesellschaftskritische Spitze ab:

> Der Hirtenbub ist doch nur Schuld daran,
> Das Alphorn hat mir solches angetan,
> Das klag ich an.
>
> (Text nach Des Knaben Wunderhorn)

Erst das kämpfende Proletariat besinnt sich wieder auf solche Volkslieder demokratischen Charakters, die den „sozialen und politischen Interessen der durch Feudalismus, Kapitalismus und Militarismus unterdrückten Werktätigen einen klaren Ausdruck geben" (Steinitz). Wir erinnern in diesem Zusammenhang auch

an das bekannte Lied der schlesischen Weber vom „Blutge-
richt":

> Hier im Ort ist ein Gericht,
> Viel schlimmer als die Vehme,
> Wo man nicht erst ein Urteil spricht,
> Das Leben schnell zu nehmen.
>
> (Werberlied von 1844, Text nach W. Steinitz)

(Strophen dieses Volksliedes hat auch Gerhart Hauptmann in sein
soziales Drama „Die Weber" aufgenommen.)
Vielfältig wie das Denken und Empfinden des werktätigen Volkes
sind auch die Inhalte seiner Lieder. Sie reichen vom schlichten in-
nigen Liebeslied bis zur flammenden gesellschaftlichen Anklage,
von tiefem sittlichem Ernst bis zur überschäumenden Lebens-
freude. Vielgestaltig sind demnach auch die Formen. Wir kennen
zarte *lyrische Lieder* von fast zauberischer Stimmungskraft,

> Laß rauschen, Sichele rauschen,
> Und klingen wohl durch das Korn,
> Weiß ich ein Maidlein trauern,
> Hat ihren Buhlen verlorn.
>
> (Text nach F. M. Böhme)

daneben aber auch die *dramatisch erzählende Ballade:*

> In Osterreich da liegt ein Schloß,
> Das ist ganz wohl gebauet,
> Von Silber und von rotem Gold
> Mit Marmelstein gemauret.
>
> (Text nach J. Meier)

Auch das *historische Erzähllied* („Zeitungslied") gehört zum festen
Bestand unserer Volksdichtung:

> Was wöllen wir aber singen,
> Was wöllen wir heben an
> Von erschröcklichen Dingen,
> Die sich zugetragen han
> Ja heuer in diesem Jahre
> In dem Sunggauwerland –
> Was ich singe, das ist wahre
> Von der Bauren Aufstand.
>
> (Volkslied aus dem 17. Jahrhundert. Text nach W. Steinitz)

Ein wesentliches formales Merkmal für das Volkslied ist die Sangbarkeit. Alle Strophen folgen derselben Melodie. Viele Volkslieder haben allerdings im Laufe der Zeit ihre Melodie verloren oder sind doch nicht mehr allen mit dieser Melodie bekannt. So lebt das Volkslied heute in zweierlei Form: erstens in seiner ursprünglichen und eigentlichen Gestalt als wirklich gesungenes Lied, zum andern aber in einer „verkümmerten" Form als Sprechgedicht.[1] Herder, Brentano, Arnim, Uhland und andere haben bekanntlich nur die Texte veröffentlicht und nur diese einem breiten Publikum wieder vertraut gemacht. So trat also gerade in der Zeit der Neuentdeckung der Volksdichtung das Volkslied weniger in seiner gesungenen als vielmehr in seiner gesprochenen Gestalt hervor. Formgeschichtlich wirkte es von nun an nach zwei Seiten. Sein Einfluß auf das Musik- und Liedschaffen ist unverkennbar. Andererseits beeinflußte aber auch das gesprochene Volkslied den Formenbau jener Dichtung, die von vornherein nicht unmittelbar für den Gesang bestimmt, sondern als reine Sprechdichtung gedacht war. Solche Einflußnahme zeigt sich zum Beispiel in Herders Schaffen, aber auch bei Bürger, zum Beispiel in der „Lenore", oder bei Goethe – wir erinnern nur an den „Erlkönig" –, bei Heine und bei vielen anderen Dichtern bis in die neueste Zeit.

Auch das Volkslied knüpft in seinem Formenbau an den Minnesang, an die ritterliche Lyrik an, wenn es auch in seinen Grundformen noch älter sein mag. In seiner formalen Gestaltung ist es allerdings mehr dem frühen Minnesang (z. B. „Du bist mîn") als dem hochhöfischen verwandt. Das Volkslied bewahrt sich in beschränktem Maße die alten *Füllungsfreiheiten*. Einsilbige Takte sind allerdings seltener, mehrsilbige dagegen ganz geläufig. Das Volkslied kennt noch *freien Kadenzwechsel* (vgl. § 8, S. 99), für die volle Kadenz kann z. B. in einer anderen Strophe klingende Kadenz eintreten. An die Reimreinheit werden keine allzu hohen Anforderungen gestellt, oft genügen Halbreime (Assonanzen). Das Volkslied kennt keine Vergewaltigung des natürlichen Satzakzentes, wohl aber gelegentlich schwebende Betonung. *Grundsätzlich wägt das Volkslied.*

Vom Meistergesang hebt es sich auch durch seinen schlichteren

---

[1] Gesungenes und gesprochenes Volkslied können in ihrer rhythmischen Einzelgestaltung durchaus verschieden sein. Vgl. dazu die Anmerkung zu § 5 (S. 80).

Gruppenbau ab. Wir haben einfache und dreigeteilte Strophen. Selten geht jedoch die Zahl der Zeilen für die Strophe über 9 hinaus, 4 bis 8 Zeilen sind die Regel, die *Vierzeiler* haben also noch keine besondere Vorrangstellung wie in der modernen volkstümlichen Lyrik. Im allgemeinen bevorzugt das Volkslied den Zeilenstil.

An den Formenbau des Volksliedes knüpft häufig das *Kirchenlied* an.[1] Nach dem Vorbild und nach der Melodie eines Volksliedes schuf z. B. Martin Luther sein bekanntes Weihnachtslied „Vom Himmel hoch, da komm ich her", dem er erst später eine neue und eigene Melodie gab. Zu diesem Lied vergleiche man den Text des älteren Volksliedes:

> Ich kumm aus fremden landen her,
> und bring euch vil der newen mär,
> Der newen mär bring ich so vil,
> mer dann ich euch hie sagen wil.
> (Volkslied, Text nach F. M. Böhme)

Dies ist jedoch nur eine Richtung im Kirchenliedschaffen. Andere Einflüsse kommen aus dem Meistergesang und aus dem lateinischen Kirchenlied. So finden wir denn auch im Kirchenlied Tonbeugungen und andere Elemente aus dem lateinischen Kirchengesang.

§ 18 *Die frühneuhochdeutschen Sprechmetren*

Auch im frühneuhochdeutschen Zeitraum herrscht der paarweise gereimte füllungsfreie Viertakter fast unumschränkt. Es gibt

1. Viertakter, die auch *stumpfe und klingende Schlüsse* zulassen, also 3 bis 4 Hebungen haben. Sie finden sich vor allem im 14. und 15. Jahrhundert.
2. Viertakter, welche die *Kadenz nur voll* (ml. und wbl.) *bilden*. Sie kommen im 15. Jahrhundert vor und werden im 16. Jahrhundert zur Regel.

[1] Vgl. Auch Einführung S. 30 ff.

a) Regelmäßig alternierende Vierheber

Sie haben starre Füllung, demnach auch eine feste Silbenzahl (8/9) und beginnen immer mit einem Auftakt. Tonbeugungen kommen gelegentlich vor, doch ist umstritten, ob diese Verse überhaupt von vornherein alternierend geplant und dann auch alternierend gelesen worden sind. Für die Versifikation war offenbar nur wichtig, daß die feste Silbenzahl eingehalten wurde und sich am Ende der Verszeilen Vers- und Satzbetonung weitgehend deckten. Solche Verse, meist mit männlicher Kadenz, wählte SEBASTIAN BRANT für seine große satirische Dichtung „Das Narrenschiff". Dieses 1494 in Basel entstandene Buch übte – wie die vielen Nachdrucke und Übersetzungen bezeugen – einen nicht unbeträchtlichen Einfluß auf die Literatur der damaligen Zeit aus. Auf sein Vorbild mag die feste Silbenzahl im strengen Knittelvers (s. S. 157) zurückzuführen sein.

53. Von nyd und has

Vindtschafft vnd nyd / macht narren vil
Von den ich ouch hýe sagen will /
Der doch entspringt alleyn dar von
Das du vergünst mir das ich han
Vnd du dir hettest gern das myn
Oder mir sunst nit hold magst syn /
Es ist nyd / eyn so tötlich wundt
Die nyemer me würt recht gesundt
Vnd hat die eygenschafft an jr
Wann sie jr ettwas gantz setzt für
So hat keyn ruw sy / tag noch nacht
Bisz sie jr anschlag hat volbracht
So lieb ist jr keyn schloff noch freyd
Das sie vergesz jrs hertzen leyd . . .

(Sebastian Brant, Narrenschiff. Hg. Manfred Lemmer, Tübingen 1968)

b) Der freie Knittelvers

Er hat *vier Hebungen* und *freie* (= unregelmäßige) *Taktfüllung*, kann also mit und ohne Auftakt stehen, kann Takte von einer bis zu fünf Silben haben. Die Kadenz läßt jedoch nur die männliche oder die weibliche Schlußform zu. In der Regel sind die Zeilen paarweise gereimt. Wegen der freien Füllung kann für die Verszeile *die Zahl der Silben zwischen 6 und 16 schwanken,* meist liegt sie aber zwischen 7 und 10. Meisterhaft beherrscht diesen Vers der Nürnberger HANS ROSENPLÜT, der zwischen 1427 und 1460 Fastnachtsspiele schrieb. Auch findet sich der freie Knittelvers in vielen Fastnachtsspielen *vor* Hans Sachs. Er lebt in der Volksdichtung fort. An rhythmischer Ausdruckskraft übertrifft der Knittelvers – wie unser Beispiel zeigen mag – bei weitem den alternierenden Vierheber Sebastian Brants. Hier der Anfang eines Fastnachtsspiels von Hans Rosenplüt:

Des Künig von Engellant Hochzeit

Nu schweigt und hört fremde mer,
Die kumen auß ferren landen her.
Es hat der künig auß Engellant
Sein erwerge potschaft außgesant
Und leßet allermeniglich bedeuten
Burgern und purgerinn und edelleuten
Und fürsten und herrn und graven und freien
Und leßt ainn hof außrüfen und schreien.
Wer frölich sein wöll, der soll kumen.
Der künig der hat im für genumen,
Der wil ain große hochzait haben
Und wil all sein fremd gest begaben
Mit kosperr reicher reverenz.

(Fastnachtsspiele aus dem 15. Jahrhundert.
Hg. v. A. von Keller, II. Teil, Stuttgart 1853, Nr. 100)

c) Der strenge Knittelvers

Er ist ein Sonderfall des freien Knittelverses, läuft auch zeitlich neben diesem her. Im Klangbild unterscheidet er sich kaum von diesem, denn auch er zeichnet sich durch seine *Füllungsfreiheiten* aus, die er allerdings bis zu einem gewissen Grade beschränkt. Der strenge Knittelvers legt die Zahl der Silben in der Zeile fest, bei ml. Ausgang hat er 8 Silben, bei wbl. 9. Er ist also ein *Vers mit fester Silbenzahl* bei gleichzeitiger freier Verteilung der Silben auf 4 Takte. Tonbeugungen kennt er demnach nicht, vermag im Gegenteil seine rhythmische Linie wirkungsvoll herauszuwölben.

Hauptvertreter dieses strengen Knittelverses ist HANS SACHS mit seinen Komödien, Fastnachtsspielen und Schwänken[1] – natürlich nicht mit seinen Meistergesängen, denn die baut er, ohne zu wägen (vgl. S. 148 f.)!

Der Wald Bruder mit dem Esel
Der argen Welt thut niemandt recht

Vor Jaren wont in eynem Walt
Ein Waltbruder, von jaren alt,
Der sich der wurtzeln neren thet.
Der selb ein jungen sune het
Inn dem alter bey zwaintzig jaren.
Der war einfeltig vnerfaren.
Der fragt den alten: „Sag doch mir!
Sind inn dem Wald gewachsen wir?"
Wann er nie menschen het gesehen.
Der alt thet zu dem jungen jehen:
„Mein Sun, da du noch warest klein,
Hab ich dich geflöhet herein
Auß der arglisting bösen welt,
Das sie vns nit schmech, spot noch schelt,
Weil ir gar nyemand recht kan than,
Sie schlag jm doch ein plechlein an."

(Sämtliche Fabeln und Schwänke von Hans Sachs.
Hg. von Edmund Goetze. I. Band, 2. Aufl., Halle 1953.
Neudrucke Nr. 110–117)

Bei der Neubelebung des Knittelverses in der modernen Literatur greifen die Dichter (Goethe, Schiller u. a.) über den Hans-Sachs-Vers auf den freien Knittelvers zurück (Über den Knittelvers in der modernen Dichtung siehe § 20 e, S. 167 ff. und Einführung, S. 36.)

---

[1] Mit Karl Drescher möchte auch Ulrich Pretzel (a. a. O.) den Hans-Sachs-Vers wieder regelmäßig alternierend gelesen wissen, doch glauben wir nicht, daß der Sprechvortrag derlei Tonbeugungen, die dann entstünden, hätte tragen können. Heute wenigstens müssen wir diese Verse mit freier Betonung vortragen! So hat sie übrigens auch Goethe aufgefaßt. Vgl. auch: Hans Jürgen Schlütter, *Der Rhythmus im strengen Knittelvers des 16. Jahrhundert.* In: Euphorion 60 (1966), S. 48 ff.

§ 19 *Kurzer historischer Überblick*

Um die Wende des 16. Jahrhunderts zum 17. Jahrhundert suchten
die deutschen Dichter nach neuen Formen. Die damals „buch-
fähige" Dichtung knüpft nicht an die heimischen Verstraditionen
an, sondern findet ihre direkten Vorbilder in Frankreich und in
den Niederlanden. Der französische Vers jener Zeit ist dadurch
gekennzeichnet, daß er nach der Art der älteren französischen
Sprache am Versanfang und im Versinnern nicht auf die Wortbetonung Rücksicht nehmen muß, denn diese liegt ja nicht wie in
der deutschen Sprache von vornherein fest. Nur am Ende der
rhythmischen Reihe muß sich die freie Betonung im Satz mit den
Versakzenten decken. Ansonsten ordnen sich Wort- und Satzakzent den rhythmischen Bedingungen des Verses unter. Da die
Silbenzahl durch das Versmaß vorgegeben ist, können zumindest
bei der skandierenden Abfassung der Verse Hebung und Senkung
ziemlich regelmäßig wechseln, doch entsteht auch beim alternierenden Lesen kein so klappernder Versgang wie im Deutschen.
Für den Vortrag läßt der französische Vers genügend Freiheit zur
Variation und damit zur Betonung nach dem Sinn. Ab 1570 finden
wir in der „Renaissancepoesie" auch in Deutschland Versuche,
solche französischen Verse nachzubilden. So war z. B. Weckherlin
sorgsam darauf bedacht, in der festen Zäsur und am Versende der
deutschen Satzbetonung voll gerecht zu werden, während er es
für die übrigen Versabschnitte mit dem Wägen nicht so genau
nahm. Wie Christian Wagenknecht (s. S. 47 f.) wahrscheinlich
macht, kam dann beim Vortrag die natürliche Betonung durchaus
zum Tragen. Dennoch muß für den Dichter eine gewisse Schwie-

rigkeit darin bestanden haben, sich bei der Versifikation schon den lebendigen Rhythmus genau vorzustellen. Diesen Widerspruch beseitigte weitgehend die Versreform von MARTIN OPITZ, der die durchgehend wägende Sprachbehandlung von den sprachlich verwandten Niederländern gelernt hatte. Ausdrücklich berief sich Opitz denn auch auf das Vorbild von Heinsius und der anderen holländischen Dichter. Indem Opitz aber nur Jamben oder Trochäen zulassen wollte, engte er den bisherigen Reichtum ausschließlich auf die alternierenden Versmaße ein. Trotz dieses neuen metrischen und des damit verbundenen prosodischen Zwanges gewannen die Dichter, die von nun an Opitz folgten, dennoch den kaum zu überschätzenden Vorteil, ihre Stoffe „auf unterschiedliche, und der Poeterey und Versen bequemliche Arten außführen und fürtragen" zu können, wie es 1648 sogar Weckherlin in der Vorrede zu seinen überarbeitet herausgegebenen Gedichten zustimmend vermerkt hat. Der mit diesem Zwang tatsächlich verbundenen Gefahr, durch die ständig alternierenden Verse in ein seelenloses Geklapper abzugleiten, begegneten die wirklichen Dichter dadurch, daß sie es verstanden, durch ihre von der poetischen Idee getragene Sprach- und Stilgebung den durch den metrischen Rahmen vorgegebenen Versgang rhythmisch gefällig zu umspielen und gelegentlich wohl auch einmal zu überspielen. Grundsätzlich durchbrochen wurde diese Tradition aber erst seit der Mitte des 18. Jahrhunderts, als die dichterische Begeisterung eines Klopstock oder Goethe diese starr gewordenen Formen von innen her aufsprengte.

Der bürgerliche Dichter und Gelehrte Martin Opitz ist zwar nicht der Begründer einer neuen deutschen Poesie, aber mit seinem „Buch von der deutschen Poeterey" (1624) machte er sich für lange Zeit zum theoretischen Wortführer. Opitz forderte:

– wägende Sprachbehandlung schon für die Abfassung der Verse (Versifikation) und natürlich auch für ihren Vortrag. Damit sich auch im Versinnern Satz- und Versakzent nicht widersprechen, suchte er nach den entsprechenden Hauptregeln für die Behandlung der deutschen Sprache im Vers. Sein Hauptaugenmerk richtete er dabei auf die Gestaltung der Betonungsverhältnisse.

– nur alternierende Versmaße, denn „nachmals ist auch ein jeder verß entweder ein iambicus oder trochaicus". Allerdings soll im deutschen Vers nicht die Länge der Silbe gemessen, sondern ihre Schwere gewogen werden (vgl. S. 120).

– Reinheit des Reims mit genauer Beachtung der Lautqualitäten vom letzten betonten Vokal an.

– stärkere Beachtung der Gesetze der natürlichen Sprachgebung ohne Verstümmelung der Wörter und ihrer Formen, allerdings mit Zulassung gewisser durch die Tradition begründeter prosodischer Freiheiten.

Opitz hat zwar der deutschen Dichtung erneut gesellschaftliches und nationales Ansehen verschafft, seine Forderung, nur alternierende Verse zu bilden, bedeutet jedoch formgeschichtlich eine Beschränkung des alten Reichtums innerhalb der Buchdichtung, während in der Volksdichtung die alten Formen weiterleben.

Aus dem Französischen kommen nun die beiden Hauptmaße, die den Zeitraum von 1600 bis 1750 beherrschen: *Alexandriner* (S. 163) und der *gemeine Vers (vers commun*, S. 174). Eine erste Bereicherung dieses Formenbestandes bringen im 17. Jahrhundert die Maße im $^3/_4$-Takt, die *starr gefüllten Daktylen* (S. 82) nach „Buchnerart", denn AUGUST BUCHNER (1591–1661) hatte solche dreisilbigen Verse seit 1638 nicht nur für die Oper „Orpheus" verwendet, sondern sie auch in seinen Vorlesungen zur Poesie und Rhetorik verteidigt und theoretisch begründet.

Nach 1750 gibt es versgeschichtlich zwar keine Wende, aber es tritt eine große Bereicherung ein:

1. Der Reim ist nicht mehr unbedingte Pflicht. *Blankvers* und *antike Versmaße* führen ihn nicht mehr durch.

2. Antike Versmaße, u. a. *Hexameter* und *Oden*, werden in die deutsche Dichtung eingeführt. Bahnbrecher – nicht Begründer – dieser Richtung ist Klopstock. Er bietet wieder freie Taktfüllungen, indem er antike Verse mit gemischten Versfüßen nachbildet.

3. Die Volksdichtung (*Volkslied und Knittelvers*) gewinnt literarische Geltung und beeinflußt den Formenbau der Kunstlyrik. Von hier aus dringen ebenfalls die alten Füllungsfreiheiten des deutschen Versbaues in die moderne Kunstpflege ein. Bahnbrecher sind vor allem HERDER und GOETHE.

4. KLOPSTOCK und GOETHE bereichern unsere Lyrik um die Form der *freien Rhythmen*.

Damit sind all unsere neueren metrischen Grundformen gegeben.

Die nachfolgenden Dichter knüpfen hier an. Wir besprechen zunächst das Grundmaß der wichtigsten Reihen und danach einige gebräuchliche Strophenformen.

DIE WICHTIGSTEN VERSREIHEN

§ 20 *Verse mit geradem Taktgeschlecht, in denen die zweisilbigen Takte dominieren*

Es handelt sich um Verse, die wir bereits in § 5, 1 kennengelernt haben. Zweisilbige Takte dominieren, so daß man solche Reihen auch vereinfacht als Verse mit geradem Taktgeschlecht bezeichnen kann. Allerdings können sich solche Verse auch dem ungeraden Takt nähern.

statt xx $\left(\musnote \musnote \right)$ kann auch die Form x◡ $\left(\musnote \eighthnote \right)$ erscheinen.

Diese Zeitverhältnisse ergeben sich jeweils aus der sprachlich-inhaltlichen Gliederung. Eine begriffliche Scheidung empfiehlt sich nicht (vgl. auch § 5, S. 80 ff.).

a) Kurze Reihen

Reihen von 2 Takten sind selten. Sie kommen gelegentlich in lyrischen Strophen und im Madrigalvers (§ 21) vor. Verse mit 3 Hebungen sind häufiger. Solche Reihen haben jedoch in Wirklichkeit meist 4 Takte, pausieren aber den letzten Takt, haben also stumpfe Kadenz (s. Abvers der Nibelungenstrophe). Dreiheber können auch aus Vierhebern mit klingendem Schluß entstanden sein, indem im Sprechvers die letzte Nebenhebung verlorenging. Wir singen:

Es war ein König in *Thule* . . .

Wir sprechen meist:

Es war ein König in *Thule* . . .

162

Im übrigen können wir bei entsprechender Vortragsart auch mit *klingendem Schluß* lesen (vgl. S. 97 f.). Wir behandeln solche Reihen im folgenden als Viertakter und Vierheber, sind uns aber bewußt, daß man sie auch als Dreiheber sprechen kann.

b) Der Alexandriner

Ein Viertakter, der immer nur *drei Hebungen* sprachlich verwirklicht, liegt im Alexandriner vor. Er besteht nicht aus 6 Takten, wie es die älteren Lehrbücher darstellen, sondern aus *2mal 4 Takten,* wobei jedoch der 4. Takt pausiert wird (allerdings gibt es gewisse Übergangsformen). Der Alexandriner hat demnach diesen Taktrahmen:

$$x \left| \overset{\prime}{xx} \right| \overset{\prime}{xx} \left| \overset{\prime}{x\wedge} \right| \overset{\prime}{\wedge\wedge} \left\| x \right| \overset{\prime}{xx} \left| \overset{\prime}{xx} \right| \overset{\prime}{x(x)} \left| \overset{\prime}{\wedge\wedge} \right\|$$

Die Formel der älteren Verslehre täuscht eine falsche rhythmische Linie vor:

$$\cup - \cup - \cup - \left| \cup - \cup - \cup - (\cup) \right.$$

Wohl dem und mehr als wohl,   der weit von Streit und Kriegen,

Von Sorgen, Angst vnd Müh,   sein Vattergut kan pflügen,

Lebt sicher vnd in Ruh,   noch wie die alte Welt,

vnd lieget nur allein   mit seinem Veldt zu Veldt, . . .

(Martin Opitz, Die Lust des Feldbawes. Teutsche Poemata. Hg. von Georg Witkowski. Halle 1902. Neudrucke Nr. 189–192)

Zur besseren Übersicht haben wir im Schriftbild die Reihen auseinandergerückt; solche Schreibung ist allerdings nicht üblich, so daß von hier aus die Zeile als nur eine Reihe mißdeutet werden konnte. In Wirklichkeit ist die Zeile des Schriftbildes aber eine *Kette,* eine *Langzeile,* die aus zwei *Reihen, Kurzzeilen,* besteht. Die Füllung ist starr, jede More muß eine Silbe bekommen. Der Auftakt muß stehen.

Einige Dichter gestatteten sich auch, den Anvers weiblich (xx́) enden zu lassen.

Im Sprechvers konnte der Vierer gelegentlich auch zu einem Dreier verkürzt werden. Dadurch wird der rhythmische Abstand zwischen den beiden Teilen des Alexandriners geringer, und es entstehen tatsächlich jambische Sechsheber.

Es reimen nur die Ketten. Nach der Reimstellung unterscheiden wir: *heroischen Alexandriner* mit den Reimen aabb ... und den *elegischen Alexandriner* abab. Nach Möglichkeit wird a weiblich und b männlich gebildet. Es wechseln also meist weiblicher und männlicher Reim (s. unsere Probe).

Benannt ist der Vers nach französischen Epen um Alexander, in denen im 12. Jahrhundert dieses Versmaß angewandt wurde. Die Deutschen haben den Alexandriner von den Franzosen und Holländern übernommen. Seit Opitz, der ihn besonders empfahl, war er bis zur Mitte des 18. Jahrhunderts der meistgebrauchte Vers. Vortrefflich eignet er sich zu kurzen Sinnsprüchen, die meist aus zwei gereimten Alexandrinern bestehen:

> Mensch, werde wesentlich: denn wenn die Welt vergeht,
> So fällt der Zufall weg, das Wesen, das besteht.
>
> (Angelus Silesius, Text nach Johannes R. Becher)

Aus der Lyrik drang der Alexandriner sogar in das Kirchenlied ein. Selbst das deutsche Sonett (vgl. 24a) wählte ihn als Baustein:

> Du siehst, wohin du siehst, nur Eitelkeit auf Erden,
> Was dieser heute baut, reißt jener morgen ein;
> Wo jetzund Städte stehn, wird eine Wiese sein,
> Auf der ein Schäferskind wird spielen mit den Herden.
>
> Was jetzund prächtig blüht, soll bald zertreten werden.
> Was jetzt so pocht und trotzt, ist morgen Asch' und Bein;
> Nichts ist, das ewig sei, kein Erz, kein Marmorstein.
> Jetzt lacht das Glück uns an, bald donnern die Beschwerden.
>
> Der hohen Taten Ruhm muß wie ein Traum vergehn.
> Soll denn das Spiel der Zeit, der leichte Mensch, bestehn?
> Ach, was ist alles dies, was wir vor köstlich achten,
>
> Als schlechte Nichtigkeit, als Schatten, Staub und Wind,
> Als eine Wiesenblum, die man nicht wiederfindt.
> Noch will, was ewig ist, kein einzig Mensch betrachten.
>
> (Andreas Gryphius, Es ist alles eitel. Text nach: Tränen des Vaterlandes.
> Deutsche Dichtung des 16. und 17. Jahrhunderts, ausgewählt von Johannes
> R. Becher, Berlin 1955)

Noch der junge Goethe dichtete Sing- und Lustspiele in diesem
Maß („Die Laune des Verliebten"). Doch später lehnte die junge
Generation der Stürmer und Dränger den Alexandriner als alt-
modisch, seelenlos und klappernd ab. Er wurde danach nur noch
selten verwandt (Freiligrath). Über seine Aufnahme in die Dichtung der Gegenwart durch Johannes R. Becher vgl. Einführung
S. 33 f.

c) Viertaktige Trochäen

Für sie gilt diese Formel:

$$\overset{\prime}{xx} \mid \overset{\prime}{xx} \mid \overset{\prime}{xx} \mid \overset{\prime}{x(x)}$$

Wie sie schwärmen die Poeten;
Selbst die zahmen! und sie singen
Und sie sagen: die Natur
Sei ein großer Tempel Gottes;

Sei ein Tempel, dessen Prächte
Von dem Ruhm des Schöpfers zeugten;
Sonne, Mond und Sterne hingen
Dort als Lampen in der Kuppel.

Immerhin ihr guten Leute!
Doch gesteht, in diesem Tempel
Sind die Treppen unbequem –
Niederträchtig schlechte Treppen.
(Heine, Atta Troll)

Diese Verse haben *starre Füllung,* nur am Eingang begegnet gelegentlich versetzte Betonung. Viertaktige Trochäen kennt schon
das einfache Volkslied. Die Dichter nach Opitz (z. B. Gleim und
die Anakreontiker) haben andere Vorbilder, u. a. griechische ana-
kreontische Lieder. Doch während dort der Reim fehlt, führen
ihn die deutschen Dichter auch hier durch.
Ein neuer Anstoß zur Bildung solcher Verse kam aus Spanien, wo
die viertaktigen Trochäen vor allem in den Romanzen vorkamen.
Man nennt diese Verse deshalb auch *spanische Trochäen.* Sie wählte

schon Herder – allerdings ohne Reim – zur Übertragung der spanischen Romanzen ins Deutsche. Mit Assonanzen erscheinen sie dann in der Romantik und bei Heine (vgl. § 10, S. 115):

> In dem abendlichen Garten
> Wandelt des Alkaden Tochter;
> Pauken und Drommetenjubel
> Klingt herunter von dem Schlosse.
>
> (Heine, Donna Clara)

Vierhebige Trochäen ohne und manchmal mit Reim verwendet u. a. auch Grillparzer (z. B. in den Dramen „Die Ahnfrau" und „Der Traum ein Leben").

Mit den spanischen Trochäen sind in ihrem Rhythmus praktisch auch die Nachbildungen des *antiken Tetrameters* zusammengefallen, der im Griechischen dipodisch war (jeweils zwei Füße bildeten eine engere Einheit), im Deutschen aber zu einem monopodischen Vers umgeformt worden ist, in welchem die Hebungen nicht mehr gesetzmäßig gegeneinander abgestuft sind.

$$\overset{\prime}{xx} \mid \overset{\prime}{xx} \mid \overset{\prime}{xx} \mid \overset{\prime}{x\wedge} \parallel \overset{\prime}{xx} \mid \overset{\prime}{xx} \mid \overset{\prime}{xx} \mid \overset{\prime}{x(x)}$$

Im folgenden Beispiel ist schon die Beschränkung auf die männliche Kadenz im Anvers, wie sie der griechische Vers (s. Schema) fordert, aufgegeben.

Zwei vierhebige Kurzzeilen bilden eine Langzeile:

> Tritt hervor aus flüchtigen Wolken, ‖ hohe Sonne dieses Tags,
> Die verschleiert schon entzückte, ‖ blendend nun im Glanze herrscht!
> Schelten sie mich auch für häßlich, ‖ kenn ich doch das Schöne wohl.
>
> (Goethe, Faust II)

d) Viertaktige Jamben

Viertaktige Jamben mit starrer Füllung kommen in deutscher Dichtung ebenfalls vor, doch stehen sie in keiner so festen Tradition und haben deshalb auch keinen besonderen Namen.

e) Der Knittelvers

Seinen Bau haben wir schon auf S. 156 f. besprochen. Der Knittelvers besteht aus 4 Takten, die alle sprachlich verwirklicht werden.
Sein Auftakt ist frei, die Kadenz ist männlich oder weiblich.
Klingenden Ausgang gibt es nicht. Im übrigen ist die Füllung frei,
wir haben Takte von 1 bis zu 5 Silben. Die modernen Dichter
knüpfen an den freien Knittelvers an, der eine freie Silbensumme
hat. Die Knittelverse werden meist paarweise gereimt, nur gelegentlich kommen andere Reimstellungen vor; der Reim aber muß
vorhanden sein.
Damit die Vershebungen immer richtig erkannt werden, muß sie
der Dichter mit besonders tonstarken Silben besetzen; hierdurch
erhält der Knittelvers erst seine eigentliche rhythmische Linie.
Die Überlieferung dieses Maßes ist niemals völlig abgerissen. Im
17. Jahrhundert verfaßte z. B. Andreas Gryphius seinen „Peter
Squentz" in Knittelversen, auch sonst wurde damals dieses Maß
für scherzhafte Gedichte und Stoffe benutzt. Der Knittelvers fristete
bis etwa 1770 ein Schattendasein. Von den Kunstkennern wurde
er verachtet und als *Knittelvers* (= *unordentlich gefügter, holpriger
Vers*) abgetan. Aus dieser Bezeichnung ist später ein Ehrenname geworden. Erst Goethes Rückbesinnung und Anwendung des Knittelverses (ab 1773) verschaffte diesem echt deutschen Maße wieder
Heimatrecht in unserer Kunstdichtung. Seine wohl bekanntesten
Knittelverse sind jene des ersten Faustmonologs[1]:

> Habe nun, ach! Philosophie,
> Juristerei und Medizin
> Und leider auch Theologie
> Durchaus studiert, mit heißem Bemühn.
> Da steh ich nun, ich armer Tor,
> Und bin so klug als wie zuvor!
> Heiße Magister, heiße Doktor gar,
> Und ziehe schon an die zehen Jahr
> Herauf, herab und quer und krumm
> Meine Schüler an der Nase herum –
> Und sehe, daß wir nichts wissen können!
> Das will mir schier das Herz verbrennen.

[1] Im „Faust" verwendet Goethe Versmaße aller Art. Keinesfalls ist der Knittelvers das vor-
herrschende Maß (vgl. auch S. 183).

Zwar bin ich gescheiter als alle die Laffen,
Doktoren, Magister, Schreiber und Pfaffen;
Mich plagen keine Skrupel noch Zweifel,
Fürchte mich weder vor Hölle noch Teufel –
Dafür ist mir auch alle Freud entrissen,
Bilde mir nicht ein, was Rechts zu wissen,
Bilde mir nicht ein, ich könnte was lehren,
Die Menschen zu bessern und zu bekehren.
Auch hab ich weder Gut noch Geld,
Noch Ehr und Herrlichkeit der Welt:
Es möchte kein Hund so länger leben!
Drum hab ich mich der Magie ergeben,
Ob mir durch Geistes Kraft und Mund
Nicht manch Geheimnis würde kund,
Daß ich nicht mehr mit sauerm Schweiß
Zu sagen brauche, was ich nicht weiß,
Daß ich erkenne, was die Welt
Im Innersten zusammenhält,
Schau alle Wirkenskraft und Samen
Und tu nicht mehr in Worten kramen.

(Goethe, Faust I)

Ausdrucksvoll verwendet auch Schiller den Knittelvers. Als Probe bringen wir den Anfang der berühmten Kapuzinerpredigt aus „Wallensteins Lager":

Heisa, juchheia! Dudeldumdei!
Das geht ja hoch her. Bin auch dabei!
Ist das eine Armee von Christen?
Sind wir Türken? sind wir Antibaptisten?
Treibt man so mit dem Sonntag Spott,
Als hätte der allmächtige Gott
Das Chiraga[1], könnte nicht dreinschlagen?
Ist's jetzt Zeit zu Saufgelagen?
Zu Banketten und Feiertagen?
Quid hic statis otiosi?[2]
Was steht ihr und legt die Hände in Schoß?
Die Kriegsfuri ist an der Donau los,
Das Bollwerk des Bayerlands ist gefallen,
Regensburg ist in des Feindes Krallen,

[1] Gicht in den Händen.
[2] „Was steht ihr hier müßig?"

Und die Armee liegt hier in Böhmen,
Pflegt den Bauch, läßt sich's wenig grämen,
Kümmert sich mehr um den Krug als den Krieg,
Wetzt lieber den Schnabel als den Sabel
Herzt sich lieber herum mit der Dirn',
Frißt den Ochsen lieber als den Oxenstirn.[1]
Die Christenheit trauert in Sack und Asche,
Der Soldat füllt sich nur die Tasche.
Es ist eine Zeit der Tränen und Not,
Am Himmel geschehen Zeichen und Wunder,
Und aus den Wolken, blutig rot,
Hängt der Herrgott den Kriegsmantel 'runter.
Den Kometen steckt er wie eine Rute
Drohend am Himmelsfenster aus,
Die ganze Welt ist ein Klagehaus,
Die Arche der Kirche schwimmt in Blute,
Und das römische Reich – das Gott erbarm'!
Sollte jetzt heißen römisch Arm;
Der Rheinstrom ist worden zu einem Peinstrom,
Die Klöster sind ausgenommene Nester,
Die Bistümer sind verwandelt in Wüsttümer,
Die Abteien und die Stifter
Sind nun Raubteien und Diebesklüfter,
Und alle die gesegneten deutschen Länder
Sind verkehrt worden in Elender –
Woher kommt das? Das will ich euch verkünden:
Das schreibt sich her von euern Lastern und Sünden,
Von dem Greuel und Heidenleben,
Dem sich Offizier und Soldaten ergeben.
Denn die Sünd' ist der Magnetenstein,
Der das Eisen ziehet ins Land herein.
Auf das Unrecht, da folgt das Übel,
Wie die Trän' auf den herben Zwiebel,
Hinter dem U kömmt gleich das Weh,
Das ist die Ordnung im Abc.

(Schiller, Wallensteins Lager)

Daß die Knittelverse mit unterschiedlicher Ausdrucksfunktion gebraucht werden können, haben wir in der Einführung (S. 36) gesehen.

[1] Gemeint ist der schwedische Kanzler Oxenstierna.

f) Füllungsfreie Vierheber

Sie kommen in volkstümlichen Sprüchen und Liedern vor, seit 1770 auch in der Kunstdichtung. Die Füllungsfreiheiten gehen noch über die des Knittelverses hinaus. So begegnen uns alle vier Kadenzformen (s. § 8 b). Im Spruchvers können auch pausierte Eingangs- und Innentakte vorkommen. Hier gehen die Sprüche weiter als die Lieder, die der Art der Musikmetren entsprechend schon mehr zur gebundenen Füllung hinneigen.

Als Beispiel für einen solchen Spruch bringen wir Goethes:

$$\acute{\ }\quad\grave{\ }\quad\acute{\ }\quad\grave{\ }$$
Was ist ein Philister?

$$\acute{\ }\quad\grave{\ }\quad\acute{\ }$$
ein hohler Darm, ∧

$$\acute{\ }\quad\acute{\ }\quad\acute{\ }\quad\acute{\ }$$
mit Furcht und Hoffnung ausgefüllt.

$$\acute{\ }\quad\acute{\ }$$
Daß Gott ∧ erbarm. ∧   (∧ = pausierte Hebung)

(Beispiel nach A. Heusler)

Durch Aufhebung der Pausen können solche Zeilen auch einfach als Verkürzungen interpretiert werden (vgl. § 7c, S. 92 f.).

g) Viertakter in Langzeilen

Wie die altdeutsche Dichtung kennt auch die moderne Verskunst Langzeilenmaße. Die Langzeile ist eine *Kette* (vgl. § 3b), die aus zwei Kurzzeilen (*Reihen*) besteht, die sich in ihrem rhythmischen Bau, vor allem durch unterschiedliche Gestaltung der Kadenz, regelhaft voneinander unterscheiden. Die Langzeile gliedert sich demnach in *An-* und *Abvers*.

Der Name *Langzeile* ist für die heutigen Versmaße allerdings nicht mehr ganz zutreffend, weil wir in der Regel jeder Reihe (Kurzzeile) eine eigene Zeile geben:

$$\acute{\ }\quad\acute{\ }\quad\acute{\ }$$
Es war ein König in Thule,

$$\acute{\ }\quad\acute{\ }\quad\acute{\ }$$
Gar treu bis an das Grab ∧   (∧ = pausierte Hebung)

Das ist jedoch nur ein rein äußerlicher Unterschied, den das Ohr nicht wahrnimmt. Allerdings macht der Anversreim die Reihen (Kurzzeilen) etwas selbständiger und lockert die Kette (Langzeile).

Schwieriger zu beantworten ist aber die Frage, ob die Verse wirklich noch vierhebig klingend gelesen werden, also:

Es war ein König in Thule

oder schon dreihebig mit weiblicher Kadenz, also:

Es war ein König in Thule

Auf S. 97 ff. haben wir grundsätzlich beide Möglichkeiten zugegeben.

Die vierhebig-klingende Lesung ist aber auf jeden Fall die ältere. Sie mag die Behandlung solcher Verse – auch wenn sie heute nur noch dreihebig sein sollten – an dieser Stelle rechtfertigen.

Viel gebrauchte Langzeilentypen sind:

1. Nibelungenzeile = Hildebrandszeile: 4 kl + 4 st (4 + 3 Hebungen)

Es war ein König in Thule,   Gar treu bis an das Grab,
Dem sterbend seine Buhle   Einen goldnen Becher gab.

Auch der neuesten Dichtung sind solche Bausteine nicht fremd:

Es sind die alten Weisen   Die neu in uns erstehn,
Und die im Wind, dem leisen,   Von fern herüberwehn.
(Becher, Die alten Weisen)

Weit seltener kommt diese Zeile ohne Auftakt (trochäisch) vor.

Einmal wird es heißen: Als ich war verbannt,
Hab ich, dich zu preisen,   Dir ein Lied gesandt.
(Becher, Deutschland)

2. Chevy-chase-Zeile: 4 v + 4 st (4 + 3 Hebungen). Den Namen hat diese Zeile von einer berühmten englischen Ballade.

Die Chevy-chase-Zeile ist in der Balladendichtung besonders beliebt, vgl.:

Das Wasser rauscht', das Wasser schwoll,   Ein Fischer saß daran
(Goethe, Der Fischer)

Und als der Krieg im fünften Lenz   Keinen Ausblick auf Frieden bot,

Da zog der Soldat seine Konsequenz   Und starb den Heldentod.
(Brecht, Legende vom toten Soldaten)

Auch ohne Auftakt (trochäisch) kommt diese Zeile vor:

Füllest wieder Busch und Tal   Still mit Nebelglanz,

Lösest endlich auch einmal   Meine Seele ganz.
(Goethe, An den Mond)

3. Vagantenzeile: 4 v + 4 kl (4 + 4 Hebungen). Diese Zeile gehörte im Mittelalter zu den beliebtesten Bausteinen der lateinischen Vagantenpoesie:

Meum est propositum   in taberna mori
(= Es ist mein Vorsatz,   im Wirtshaus zu sterben)

In deutscher Dichtung ist diese Langzeile nicht selten anzutreffen:

Lieblich war die Maiennacht,   Silberwölklein flogen,
Ob der holden Frühlingspracht   Freudig hingezogen.
(Lenau, Der Postillon)

Jambisch wird diese Zeile als Baustein gebraucht, so in der Ballade „Der Sänger":

Ich singe, wie der Vogel singt,   Der in den Zweigen wohnet.
(Goethe, Der Sänger)

oder:

Ich hab im Traum ein Bild geschaut   In frühen Kindheitstagen:
Es war durchsonnt und zartumblaut   Und schien nach mir zu fragen.
(Becher, Früher Traum)

4. 4 wbl. + 4 männl. (4 + 4 Hebungen):

Es schlug mein Herz, geschwind zu Pferde! Es war getan fast eh gedacht.

(Goethe, Willkommen und Abschied)

Die Stunde schlug, die dich befreite,   Und alles ist ein neuer Klang,
Nun fühlst du deines Lebens Breite   Und stimmt dich, Mensch, zum
                                                  Lobgesang.

(Fürnberg, Der Lobgesang)

Diese Zeile kommt auch ohne Auftakt (trochäisch) vor:

′   ′ ′   ′   ′   ′   ′   ′
Anmut sparet nicht noch Mühe,   Leidenschaft nicht noch Verstand,
Daß ein gutes Deutschland blühe   Wie ein andres gutes Land.

(Brecht, Kinderhymne)

Alle besprochenen Langzeilentypen können starre Füllung haben. Im Volkslied und seit dem Ausgang des 18. Jahrhunderts ebenfalls in der Kunstdichtung begegnen uns auch Füllungsfreiheiten bei der Gestaltung der Innentakte. Die Kadenz dagegen ist streng geregelt. Auch der Auftakt ist meistens streng gebunden. Er muß entweder immer stehen oder immer fehlen.

h) Trochäische Fünfheber | x́x | x́x | x́x | x́x | x́ (x)

    Auf die Erde voller kaltem Wind
    Kamt ihr alle als ein nacktes Kind.
    Frierend lagt ihr ohne alle Hab,
    Als ein Weib euch eine Windel gab.

(Brecht, Von der Freundlichkeit der Welt)

Diese Verse sind in deutscher Dichtung selten. Sie begegnen uns u. a. bei Goethe und bei Schiller.
Immer mit weiblichem Ausgang und ohne Reim, führen sie den Namen *serbische Trochäen*, weil man so den Vers der serbischen Volkslieder auffaßte. Sie finden sich bei Herder und Goethe, auch bei Platen.

    Was ist Weißes dort am grünen Walde?
    Ist es Schnee wohl, oder sind es Schwäne?
    Wär es Schnee da, wäre weggeschmolzen,
    Wärens Schwäne, wären weggeflogen.

Ist kein Schnee nicht, es sind keine Schwäne,
's ist der Glanz der Zelten Asan-Aga;
Niederliegt er drein an seiner Wunde.

(Klagegesang von der edlen Frauen des Asan-Aga, übers. von Goethe,
hier nach Herders Fassung zitiert)

i) Jambischer Fünfheber: x | x́x | x́x | x́x | x́x | x́ (x)

1. DER GEMEINE VERS (VERS COMMUN): x | x́x | x́ x́ | x́x | x́x | x́ (x)

Er hat starre Füllung, kann jedoch männlich oder weiblich schließen. Charakteristisch für diesen Vers ist der feste Einschnitt (die
festliegende Zäsur) nach der zweiten Hebung. Dadurch wird die
Reihe regelhaft untergliedert:

Auff, auff, mein Herz | und du mein ganzer Sinn,
Wirff alles das, | was Welt ist, von dir hin

(Opitz, aus: Buch von der deutschen Poeterey)

Der Vers kommt aus dem Französischen und verdankt vor allem
Martin Opitz seine Einbürgerung in Deutschland. Nach der Mitte
des 18. Jahrhunderts jedoch ist er kaum noch anzutreffen. Statt
seiner findet der Endecasillabo größere Verbreitung.

2. DER ENDECASILLABO (= ELFSILBLER): x | x́x | x́x | x́x | x́x | x́x |

Er ist der italienische Hauptvers und wird vor allem in der zweiten
Hälfte des 18. Jahrhunderts in der deutschen Dichtung heimisch.
Er hat starre Füllung, weshalb auch die Zahl seiner Silben (11)
festliegt. Er gestattet nur den *weiblichen Schluß*. Eine feste Zäsur
ist nicht vorgeschrieben, der Einschnitt wird durch die sprachlich
inhaltliche Gliederung bestimmt. Der Vers hat immer Endreim:

Wie jede Blüte welkt und jede Jugend
Dem Alter weicht, blüht jede Lebensstufe,
Blüht jede Weisheit auch und jede Tugend
Zu ihrer Zeit und darf nicht ewig dauern.
Es muß das Herz bei jedem Lebensrufe
Bereit zum Abschied sein und Neubeginne,
Um sich in Tapferkeit und ohne Trauern
In neue, andre Bindungen zu geben.

Und jedem Anfang wohnet ein Zauber inne,
Der uns beschützt und der uns hilft, zu leben.
(Hesse, Stufen)

Es ist im Deutschen nicht immer möglich, den weiblichen Schluß durchzuführen, weil die deutsche Sprache – im Gegensatz zur italienischen – weibliche Reime nicht immer ungezwungen hergibt. So erscheint dieser Vers im Deutschen *auch mit männlichem Schluß*, hat dann also nur noch zehn Silben, behält aber dennoch seinen italienischen Namen „*Endecasillabo*" bei. Männlicher und weiblicher Schluß können sogar kunstvoll wechseln:

Uns hat der Wind den Atem nicht verschlagen,
als er noch anders pfiff, der eisge Wind,
wir froren nicht in jenen schlimmen Tagen,
die heut schon Lieder und Legenden sind.
(Fürnberg, Rückblick)

Solchen planvollen Wechsel von männlichem und weiblichem Schluß nutzten die Dichter auch für den Bau der deutschen *Stanze* (vgl. § 24d, S. 206 ff.).
Seit dem Ende des 18. Jahrhunderts erscheint der Endecasillabo nach italienischem Vorbild vor allem im *Sonett*, in der *Stanze* und in den *Terzinenstrophen* (vgl. § 24, wo sich noch weitere Beispiele für diesen Vers finden).

3. DER BLANKVERS: (x | x́x | x́x | x́x | x́x | x́ [x])

Er hat starre Füllung, läßt männliche und weibliche Kadenz zu, hat keine feste Zäsur (Einschnitt) und wird durch die sprachlich-inhaltliche Gliederung meist unterteilt. Darin gleicht der Blank-vers ganz dem italienischen Bruder, dem Endecasillabo. Von ihm unterscheidet er sich aber wesentlich durch den fehlenden Reim. Dieser Reimlosigkeit verdankt er auch seinen Namen: englisch „*blank*" = *leer, reimlos*.
Den Blankvers fanden die Deutschen u. a. bei Shakespeare und Milton. Aus England kam er im 18. Jahrhundert nach Deutschland. Seinen endgültigen Sieg errang er durch Lessings „Nathan" (1779). Von nun an wurde er zum Hauptvers im deutschen Versdrama. (Bei Goethe, Schiller, Kleist, Hebbel, Hauptmann, bei Becher im „Weg nach Füssen" usw.)

Der Blankvers wird sehr prosanah gestaltet, er ist sprechmäßig bewegt. Dazu trägt auch die häufige Brechung (Enjambement) bei, die für diesen Vers geradezu charakteristisch ist. Gelegentlich werden auch kürzere oder längere Zeilen eingelagert, Zeilen, die mehr oder weniger als 5 Hebungen haben. – Welche vielfältigen Ausdrucksmöglichkeiten der Blankvers besitzt und wie verschieden er im einzelnen gestaltet sein kann, mögen Proben von Lessing, Goethe und Kleist erkennen lassen:

> Vor grauen Jahren lebt' ein Mann in Osten,
> Der einen Ring von unschätzbarem Wert
> Aus lieber Hand besaß. Der Stein war ein
> Opal, der hundert schöne Farben spielte,
> Und hatte die geheime Kraft, vor Gott
> Und Menschen angenehm zu machen, wer
> In dieser Zuversicht ihn trug. Was Wunder,
> Daß ihn der Mann in Osten darum nie
> Vom Finger ließ; und die Verfügung traf,
> Auf ewig ihn bei seinem Hause zu
> Erhalten? Nämlich so. Er ließ den Ring
> Von seinen Söhnen dem geliebtesten;
> Und setzte fest, daß dieser wiederum
> Den Ring von seinen Söhnen dem vermache,
> Der ihm der liebste sei; und stets der liebste,
> Ohn' Ansehn der Geburt, in Kraft allein
> Des Rings, das Haupt, der Fürst des Hauses werde. –

(Lessing, Nathan der Weise)

> Heraus in eure Schatten, rege Wipfel
> Des alten, heil'gen, dichtbelaubten Haines,
> Wie in der Göttin stilles Heiligtum,
> Tret' ich noch jetzt mit schauderndem Gefühl,
> Als wenn ich sie zum erstenmal beträte,
> Und es gewöhnt sich nicht mein Geist hierher.
> So manches Jahr bewahrt mich hier verborgen
> Ein hoher Wille, dem ich mich ergebe;
> Doch immer bin ich, wie im ersten, fremd.
> Denn ach! mich trennt das Meer von den Geliebten,
> Und an dem Ufer steh' ich lange Tage,
> Das Land der Griechen mit der Seele suchend;
> Und gegen meine Seufzer bringt die Welle
> Nur dumpfe Töne brausend mir herüber.

Weh dem, der fern von Eltern und Geschwistern
Ein einsam Leben führt! Ihm zehrt der Gram
Das nächste Glück vor seinen Lippen weg,
Ihm schwärmen abwärts immer die Gedanken
Nach seines Vaters Hallen, wo die Sonne
Zuerst den Himmel vor ihm aufschloß, wo
Sich Mitgeborne spielend fest und fester
Mit sanften Banden aneinander knüpften.

(Goethe, Iphigenie)

Frau Marthe:

Nichts seht ihr, mit Verlaub, die Scherben seht ihr;
Der Krüge schönster ist entzweigeschlagen.
Hier grade auf dem Loch, wo jetzo nichts,
Sind die gesamten niederländischen Provinzen
Dem span'schen Philipp übergeben worden.
Hier im Ornat stand Kaiser Karl der Fünfte:
Von dem seht ihr nur noch die Beine stehn.
Hier kniete Philipp, und empfing die Krone:
Der liegt im Topf, bis auf den Hinterteil,
Und auch noch der hat einen Stoß empfangen.
Dort standen seine Muhmen, seht, und wischten,
Der Franzen und der Ungarn Königinnen,
Gerührt die Augen sich; wenn man die eine
Die Hand noch mit dem Tuch empor sieht heben,
So ist's, als weinete sie über sich.
Hier stützt sich Siegfried noch, für den der Kaiser
Den Stoß empfangen, auf sein Ritterschwert,
Ganz unverletzt; doch jetzo müßt' er fallen,
So gut wie Maximilian: der Schlingel!
Die Schwerter unten sind hinweggeschlagen.
Hier in der Mitte, mit der heiligen Mütze,
Sah man den Erzbischof von Arras stehn;
Den Hirtenstab hielt er, und hinter ihm
Sah man geschmückt den ganzen Klerus prangen:
Den hat der Teufel ganz und gar geholt.
Sein Schatten nur fällt lang noch übers Pflaster.
Hier standen rings, im Grunde, Leibtrabanten,
Mit Hellebarden, dicht gedrängt, und Spießen,
Hier Häuser, seht, vom großen Markt zu Brüssel,
Hier guckt noch ein Neugier'ger aus dem Fenster:
Doch was er jetzo sieht, das weiß ich nicht.

(Kleist, Der zerbrochene Krug)

k) Der antike Trimeter (Jambischer Sechsheber)

Er ist eine Nachbildung eines griechischen dipodischen Maßes (jeweils zwei Füße bildeten eine höhere Einheit), hat im Deutschen aber monopodischen Gang, d. h., alle Vershebungen sind rhythmisch gleichberechtigt, ihre Schwerestufen werden nur durch die sprachlich-inhaltliche Gliederung bestimmt. Im Deutschen hat der Vers diese Gestalt:

$$\text{x} \mid \overset{\prime}{\text{xx}} \mid \overset{\prime}{\text{xx}} \mid \overset{\prime}{\text{xx}} \mid \overset{\prime}{\text{xx}} \mid \overset{\prime}{\text{xx}} \mid \overset{\prime}{\text{x}}$$

Im Griechischen hat dieser Vers etwa so ausgesehen:

$$\text{x} \mid \overset{\prime\,\backslash}{\text{xxxx}} \mid \overset{\prime\,\backslash}{\text{xxxx}} \mid \overset{\prime\,\backslash}{\text{xxx}}$$

Die Hebungen waren hier gegeneinander abgestuft, so daß der Vers dipodischen Gang hatte.

Der Vers, die Reihe, besteht aus 6 Takten, die durch einen freien Einschnitt untergliedert werden. Vermieden wird die Zäsur (der Einschnitt) jedoch nach der dritten Hebung, weil dadurch der Vers in zwei gleiche Hälften zerfiele. Der Trimeter endet mit einer Hebung (= männlich) und wird immer reimlos gebraucht. Schon im Griechischen treffen wir gelegentlich dreisilbige Takte an. Von dieser Freiheit, den Vers aufzulockern und zugleich rhythmisch ungezwungener zu sein, hat Goethe in seinen Trimetern im „Faust" II (Helena-Akt), „antiker Form sich nähernd", reichlichen Gebrauch gemacht. In seinen Trimetern von 1800 finden wir nur wenige dreisilbige Takte; ihre Zahl hat Goethe dann 1826 bei der Umarbeitung dieser Verse für den „Faust II" vermehrt. Diese *Auflösungen* bedeuten zugleich künstlerischen Gewinn.

Trimeter kommen nur in antikisierenden Dichtungen vor, bei Goethe im „Faust II" und in der „Pandora", bei Schiller in der „Braut von Messina". Platen hat dieses Maß auch in Komödien angewandt. Wir geben als Probe die Anfangsverse aus Helenas Auftrittsmonolog („Faust II", 3):

> Bewundert viel und viel gescholten, Helena,
> Vom Strande komm ich, wo wir erst gelandet sind
> Noch immer trunken von des Gewoges regsamem

Geschaukel, das vom phrygischen Blachgefild uns her
Auf sträubig-hohem Rücken durch Poseidons Gunst
Und Euros Kraft in vaterländische Buchten trug.
Dortunten freuet nun der König Menelas
Der Rückkehr samt den tapfersten seiner Krieger sich.
Du aber heiße mich willkommen, hohes Haus,
Das Tyndareos, mein Vater, nah dem Hange sich
Von Pallas Hügel wiederkehrend aufgebaut
Und, als ich hier mit Klytämnestren schwesterlich,
Mit Castor auch und Pollux fröhlich spielend wuchs,
Vor allen Häusern Spartas herrlich ausgeschmückt.
Gegrüßt seid mir, der ehrnen Pforte Flügel ihr!

(Goethe, Faust II)

Solche jambischen Sechsheber, die immer männlich, also mit
einer Hebung enden und nicht reimen, finden sich auch in Conrad
Ferdinand Meyers Ballade „Die Füße im Feuer". Mehrsilbige
Takte begegnen uns hier allerdings nicht. So ist es fraglich, ob wir
es hier noch mit einer beabsichtigten Nachbildung antiker Trimeter
zu tun haben.

Wild zuckt der Blitz. In fahlem Lichte steht ein Turm.
Der Donner rollt. Ein Reiter kämpft mit seinem Roß,
springt ab und pocht ans Tor und lärmt. Sein Mantel saust
im Wind. Er hält den schönen Fuchs am Zügel fest.
Ein schmales Gitterfenster schimmert golden hell,
und knarrend öffnet jetzt das Tor ein Edelmann . . .

(Meyer, Die Füße im Feuer, Fassung von 1882)

1) Trochäische Sechsheber $\acute{x}x \mid \acute{x}x \mid \acute{x}x \mid \acute{x}x \mid \acute{x}x \mid \acute{x} (x) \mid$

Solche Verse sind in der deutschen Dichtung selten. Immer mit
männlichem Schluß finden wir sie bei Georg Heym (20. Jh.):

Aufgestanden ist er, welcher lange schlief,
aufgestanden unten aus Gewölben tief.
In der Dämmrung steht er, groß und unbekannt,
und den Mond zerdrückt er in der schwarzen Hand.

(Heym, Der Krieg)

m) Längere Verse

Verse von sieben, acht und mehr Takten sind äußerst selten. Dagegen scheinen Ernst Stadler (20. Jh.) und einige ihm verwandte Dichter solche Zeilen zu bevorzugen. In der Regel bestehen diese Zeilen aus zwei oder mehreren Reihen.

Im folgenden Beispiel finden wir solche überlangen „Verszeilen" mit sieben und neun Hebungen in den einzelnen Zeilen. Dabei haben wir rein alternierende Verse, in denen Hebung und Senkung ganz regelmäßig wechseln. So liefert dieses Gedicht auch gleichzeitig ein Beispiel für *Madrigalverse* (vgl. § 21).

In jedem Lufthauch war ein junges Werden ausgespannt.
Ich lauschte, wie die starken Wirbel mir im Blute rollten.
Schon dehnte sich bereitet Acker. In den Horizonten eingebrannt
War schon die Bläue hoher Morgenstunden, die ins Weite führen sollten.

(Stadler, Vorfrühling)

§ 21 *Die Madrigalverse und die freien Verse (vers libres)*

Wir fassen unter diesen beiden Namen Versgebilde zusammen, deren rhythmische Reihen freie, d. h. verschiedene Taktzahl haben. Die Länge der Reihe ist also nicht mehr durch einen metrischen Rahmen vorbestimmt. Alle Verse haben jedoch eine strenge Taktgliederung mit meist starrer Füllung.

In der Regel erscheinen alternierende Verse (wo Hebung und Senkung ganz regelmäßig abwechseln). Eine moderne Abart solcher Verse lernten wir bereits in § 20 m bei Ernst Stadler kennen.

Diese Verse begegnen uns zuerst in *italienischen Madrigalen*, d. h. in meist mehrstimmig gesungenen Chorliedern. Daher kommt auch der Name *Madrigalvers*. Einige deutsche Dichter bildeten sie Ende des 16. Jahrhunderts nach. Opitz verwendet sie 1627 in den Rezitativen seines Singspieles „Dafne" (Musik von Heinrich Schütz). Singspiele, Opern, Kantaten und Oratorien nehmen diese Versart auf, die also ursprünglich nur in der Verbindung mit der Musik lebte (z. B. in J. S. Bachs Kantaten und Oratorien). Solche Verse von ungleicher Taktzahl kommen jambisch und trochäisch vor, also mit und ohne Auftakt:

An eine Linde

Schöne Linde!
Deine Rinde
Nehm den Wunsch von meiner Hand:
Kröne mit dem sanften Schatten
Diese saatbegrasten Matten,
Stehe sicher vor dem Brand.
Reißt die graue Zeit hier nieder
Deine Brüder:
Soll der Lenz diese Äst
Jedes Jahr belauben wieder
Und dich hegen wurzelfest.

(Johann Klaj, 17. Jahrhundert. Text nach Johannes R. Becher)

Madrigalverse finden wir auch bei Goethe, im folgenden Beispiel
ohne Reim:

′   ′   ′
Seht den Felsenquell,

′   ′
Freudehell

′   ′   ′
Wie ein Sternenblick!
Über Wolken
Nährten seine Jugend
Gute Geister
Zwischen Klippen.

(Goethe, Mahomets Gesang)

Im 18. Jahrhundert kommen solche in ihrer Taktzahl nicht vorbestimmten Verse auch aus der französischen Buchdichtung nach
Deutschland und werden von Gellert, Wieland und anderen nachgebildet. Mit der Sache kommt auch der Name aus Frankreich:
vers libres = freie Verse. (Man verwechsle die *freien Verse* aber
nicht mit den auf S. 192 behandelten *freien Rhythmen.* Die freien
Rhythmen haben einen anderen Ursprung. Sie sind nicht so regelmäßig gebaut und kennen vor allem keine so streng gebundene Takt·
füllung, keinen so regelmäßigen Wechsel von Hebung und Senkung.)
Freie Verse und Madrigalverse, die also im Deutschen in ihrer Erscheinungsform zusammenfallen, finden wir auch in Dramen, zum
Beispiel in „Catharina von Georgien" von Andreas Gryphius:

Ewigkeit[1]

O die Ihr auff der kummerreichen Welt
Verschenckt mit Weh' und Ach / und dürren
       Todtenbeinen
Mich sucht wo alles bricht und fält /
Wo sich Eu'r ichts / in nichts verkehrt / und eure Lust
       in herbes Weinen!
Ihr Blinden! Ach! wo denckt ihr mich zu finden!
Die ihr vor mich was brechen muß und schwinden /
Die ihr vor Wahrheit nichts als falsche Träum' erwischt!
Und bey den Pfützen euch an stat der Quell' erfrischt!
Ein Irrlicht ists was Euch O Sterbliche! verführet /
Ein thöricht Rasen das den Sinn berühret.
Wil jmand Ewig seyn wo man die kurze Zeit
Die Handvoll Jahre die der Himmel euch nachsiht
Diß Alter das vergeht in dem es blüht
In Vnmuth theilt und in Vergänglichkeit?
Die Throne krachen ja wenn diser sie nicht hält
Der durch ein Wort beweget Höll und Welt.
Offt hat der mit gekröntem Haupt beherrschter Länder
       Macht erschüttert
In einem Nu / vor frembden Stull in angeschloss'nem
       Stahl erzittert.
Man schliff nicht einmal nur auff die gesalbten Nacken
Schwerdt / Beil und Hacken.
Der Fürsten heilig Blut trof durch verfluchter Hencker Hand
In den ob disem Greuelstück entfärbten Sand.
Dem Vberwinder auch wurd' offt sein Lorbeerkranz
Verwandelt in Cypressen Aeste /
Er zog in seinem Freuden Feste
Mit des Triumphs Gepränge zu dem Todtentantz.
Was diser baut: bricht jener Morgen ein!
Wo itzt Paläste stehn
Wird künftig nichts als Graß und Wiese seyn
Auff der ein Schäfers Kind wird nach der Herde gehn /
Euch selbst / denen große Schlösser noch zu enge
Wird / wenn ihr bald von hir entweichen werdet müssen
Ein enges Hauß ein schmaler Sarg beschlissen.

(Gryphius, Catharina von Georgien, 1657.
Hg. von Willi Flemming. Halle 1951. Neudrucke 261–262.)

[1] Der Schrägstrich ist das ältere Schriftzeichen für unser heutiges Komma.

Nur jambisch, also immer mit Auftakt, gebraucht Goethe solche Verse im „Faust", wo sie der Dichtung das charakteristische Gepräge geben. Dieser jambische Madrigalvers heißt deshalb heute auch allgemein der *Faustvers*. In der Regel wechselt die Zahl der Hebungen zwischen vier und sechs. Wie in den anderen freien Versen (vgl. die Probe aus „Catharina von Georgien") können auch Alexandriner eingelagert sein.

Als Probe wählen wir einen Faustmonolog vom Ende der Szene „Nacht":

> Was sucht ihr, mächtig und gelind,
> Ihr Himmelstöne, mich im Staube?
> Klingt dort umher, wo weiche Menschen sind!
> Die Botschaft hör ich wohl, allein mir fehlt der Glaube;
> Das Wunder ist des Glaubens liebstes Kind.
> Zu jenen Sphären wag ich nicht zu streben,
> Woher die holde Nachricht tönt;
> Und doch, an diesen Klang von Jugend auf gewöhnt,
> Ruft er auch jetzt zurück mich in das Leben.
> Sonst stürzte sich der Himmelsliebe Kuß
> Auf mich herab in ernster Sabbatstille;
> Da klang so ahnungsvoll des Glockentones Fülle,
> Und ein Gebet war brünstiger Genuß;
> Ein unbegreiflich-holdes Sehnen
> Trieb mich, durch Wald und Wiesen hinzugehn,
> Und unter tausend heißen Tränen
> Fühlt ich mir eine Welt entstehn.
> Dies Lied verkündete der Jugend muntre Spiele,
> Der Frülingsfeier freies Glück;
> Erinnrung hält mich nun mit kindlichem Gefühle
> Vom letzten, ernsten Schritt zurück.
> O tönet fort, ihr süßen Himmelslieder!
> Die Träne quillt, die Erde hat mich wieder.
>
> (Goethe, Faust I)

Da die *Faustverse* in ihrer Taktzahl nicht festgelegt sind, sind sie in der Lage, größere Partien anderer Versarten, vor allem Knittelverse und Liedverse, in sich aufzunehmen und der gesamten Dichtung die haltgebende Versstruktur zu verleihen.

Freie Verse – mit und ohne Auftakt – sind in der neueren Lyrik sehr beliebt. Wir bringen zwei Beispiele, die nach Inhalt und Gestaltung sonst grundverschieden sind:

Monolog des Blinden

Alle, die vorübergehn,
gehn vorbei.
Sieht mich, weil ich blind bin, keiner stehn?
Und ich steh' seit Drei.

Jetzt beginnt es noch zu regnen!
Wenn es regnet, ist der Mensch nicht gut.
Wer mir dann begegnet, tut
so, als würde er mir nicht begegnen.

Ohne Augen steh' ich in der Stadt.
Und sie dröhnt, als stünde ich am Meer.
Abends lauf ich hinter einem Hunde her,
der mich an der Leine hat.

Meine Augen hatten im August
ihren zwölften Sterbetag.
Warum traf der Splitter nicht die Brust
und das Herz, das nicht mehr mag?

Ach, kein Mensch kauft handgemalte
Ansichtskarten, denn ich hab' kein Glück.
Einen Groschen, Stück für Stück!
Wo ich selber sieben Pfennig zahlte.

Früher sah ich alles so wie Sie:
Sonne, Blumen, Frau und Stadt.
Und wie meine Mutter ausgesehen hat,
das vergeß' ich nie.

Krieg macht blind. Das sehe ich an mir.
Und es regnet. Und es geht der Wind.
Ist denn keine fremde Mutter hier,
die an ihre eignen Söhne denkt?
Und kein Kind,
dem die Mutter etwas für mich schenkt?

(Kästner, Monolog des Blinden)

Dies rebellierende Jahrhundert
entbietet dem rebellischen
Jahrtausend –
Gruß.
Es kommt dein Tag, Genosse Spartakus!

Sah tausendmal
die Frühlingsknospen schwellen
seit deinem Tode,
doch
noch nie war solche Pracht.
Zwar seufzt Europa –
aber Asien lacht!
Das heiße Afrika ist voller
frischer Quellen. –
Sah Zähne blitzen, weiß und stark,
ich sah
Wollköpfe, die sich über
Bücher beugen.
Die weißen Götter aber schwitzen
und bezeugen in ihrer Angst:
Genosse Spartakus: die Zeit ist nah.

(Kuba, Gedicht vom Menschen)

Gerade Kubas „Gedicht vom Menschen" bietet wieder ein beredtes Zeugnis dafür, daß die freien Verse als Ganzes in der Lage sind, auch größere Partien anderer Versarten in sich aufzunehmen. Daß auch gelegentlich Auflösungen (dreisilbige Takte) gesetzt werden dürfen,

> ′   ′
> *(bezeugen in ihrer Angst)*

haben wir bereits auf S. 180 f. gesehen.

Zu beachten ist noch die Kunst der *Fügung*. Verseingang und Versausgang des vorhergehenden Verses sind planvoll aufeinander abgestimmt. Wir erkennen die Tendenz, den Vers mit einer Senkung (Auftakt) beginnen zu lassen, wenn der vorhergehende mit einer Hebung endete, und mit einer Hebung einzusetzen, wenn eine Senkung am Schlusse stand, so daß fortlaufende Reihen alternierender Verse entstehen:

> ′
> noch nie war solche Pracht.
>
> ′   ′
> Zwar seufzt Europa –
>
> ′
> aber Asien lacht!

§ 22 *Daktylische Verse*
(Verse, in denen dreisilbige Takte dominieren)

a) Zwei- bis vierhebige Reihen

Daktylische Verse begegnen uns mit starrer und mit freier Füllung,
mit und ohne Auftakt (vgl. auch die Beispiele in § 5, 3, S. 83 ff.):
Mit Auftakt:

′   ′   ′   ′

Wir singen und sagen vom Grafen so gern,

Der hier in dem Schlosse gehauset,

Da, wo ihr den Enkel des seligen Herrn,

Den heute vermählten, beschmauset.

(Goethe, Hochzeitslied)

Ohne Auftakt:

′   ′   ′   ′

Ännchen von Tharau ist, die mir gefällt,

′   ′   ′   ′

Sie ist mein Leben, mein Gut und mein Geld.

(Aus dem Kreis um Simon Dach, ursprünglich in plattdeutscher Sprache, hochdeutsche Übertragung von Herder)

Meist sind solche Reihen *vierhebig* (s. unsere Proben), doch kommen auch Zwei- und Dreiheber vor:

′   ′

Lasset uns scherzen,

Blühende Herzen,

Lasset uns lieben

Ohne Verschieben!

Lauten und Geigen

Sollen nicht schweigen,

Kommet zum Tanze

Pflücket vom Kranze!

(Johann Georg Greflinger, 17. Jh.
Text nach Johannes R. Becher)

b) Der Hexameter im Deutschen

Der Hexameter ist die Umbildung eines antiken Versmaßes, des
epischen Hauptmaßes der Alten, in dem HOMER seine Dichtungen
gesungen hat. Mit seinem antiken Vorbild teilt der deutsche Hexa-

meter die 6 Hebungen, den auftaktlosen Einsatz, den weiblichen
Schluß und vor allem die Füllungsfreiheiten in der Taktgestaltung.
Ein Takt kann durch zwei oder drei Silben verwirklicht werden
(im Griechischen und Lateinischen also durch Spondeen oder
Daktylen, für die es in dieser Form im Deutschen aber keine Ent-
sprechung gibt).
Umgeformt wurde jedoch das Taktgeschlecht. Im Griechischen
hat der Hexameter gerades Taktgeschlecht, im Deutschen dagegen
ungerades, das dem Dreivierteltakt nahesteht.
Im Griechischen haben wir diese beiden Füllungen:

$Daktylus = {-}\cup\cup = 1 : \frac{1}{2} : \frac{1}{2}$

   dem entsprechen etwa diese Notenwerte   ♩ ♪ ♪

$Spondeus = {--} = 1 : 1$

   dem entsprechen etwa diese Notenwerte   ♩ ♩

Im Deutschen las man alle Silben mit gleicher Länge, so daß diese
beiden Füllungstypen entstanden, für die die Namen *Daktylus* und
Spondeus nicht mehr zutreffen:

x́xx = 1 : 1 : 1

   dem entsprechen etwa diese Notenwerte: ♩ ♩ ♩

x́ x = 2 : 1

   dem entsprechen etwa diese Notenwerte: 𝅗𝅥   ♩

Die Formen des deutschen Hexameters können durch dieses Schema
veranschaulicht werden:

x́xx	x́xx	x́xx	x́xx	x́xx	x́-x

Für jeden der vier ersten Takte stehen jeweils zwei Füllungsmög-
lichkeiten zur Verfügung, entweder die dreisilbige Füllung, wie sie
im Schema angegeben ist, oder eine zweisilbige Füllung. Für die
vier ersten Takte gibt es also diese beiden Möglichkeiten:

x́xx
x́-x

Es kann also innerhalb der Takte frei variiert werden, nur der fünfte Takt hat in der Regel drei Silben. Für ihn sind zwei Silben ungewöhnlich.

Ein Auftakt darf nicht stehen. Der Vers geht immer weiblich aus. Die Füllungsfreiheiten geben dem Vers seine bewegliche rhythmische Linie. Hexameter können von 13 bis zu 17 Silben umfassen (weil nämlich jeder der ersten vier Takte zwei- oder dreisilbig gebildet werden kann).

Eine solche lange Reihe muß natürlich durch Schnitte untergliedert werden. Der Einschnitt (die Zäsur) ist beweglich und liegt in der Regel *im* dritten oder vierten Takt, oder der Vers hat zwei Zäsuren. Gegen falsche Schnitte ist der Hexameter sehr empfindlich, besonders gegen eine Zäsur (Einschnitt) *nach* dem dritten Takt, also unmittelbar vor der vierten Hebung, weil dadurch der Vers in zwei gleiche Hälften zerfiele. Der Hexameter ist wie alle antiken Versmaße reimlos. Das Enjambement (Brechung, Sprung) ist beliebt.

Pfingsten, das liebliche Fest, war gekommen· es grünten und blühten

Feld und Wald; auf Hügeln und Höhn, in Büschen und Hecken

Übten ein fröhliches Lied die neuermunterten Vögel.

(Goethe, Reincke Fuchs)

´	´	´	´	´	´	‖
xxx	xxx	xxx	xxx	xxx	–x	‖

´	´	´	´	´	´	‖
–x	–x	xxx	–x	xxx	–x	‖

´	´	´	´	´	´	‖
xxx	xxx	–x	–x	xxx	–x	‖

Versuche zur Nachbildung dieses antiken Versmaßes gab es schon sehr früh, aber erst Klopstock verschaffte dem deutschen Hexameter mit seinem „Messias" (1748 ff.) dauernde Geltung. Voß, Goethe, Platen und auch Mundartdichter wie Hebel pflegten ihn ebenfalls. In der modernen Dichtung sind Hexameter selten.

Als weitere Probe für den Zeitfall des deutschen Hexameters bringen wir den Anfang von Homers „Odyssee" in der klassischen Übertragung durch Johann Heinrich Voß von 1781:

Sage mir, Muse, die Taten des vielgewanderten Mannes,
Welcher so weit geirrt nach der heiligen Troja Zerstörung,
Vieler Menschen Städte gesehn und Sitte gelernt hat
Und auf dem Meere so viel' unnennbare Leiden erduldet,
Seine Seele zu retten und seiner Freunde Zurückkunft.
Aber die Freunde rettet' er nicht, wie eifrig er strebte;
Denn sie bereiteten selbst durch Missetat ihr Verderben,
Toren! welche die Rinder des hohen Sonnenbeherrschers
Schlachteten; siehe, der Gott nahm ihnen den Tag der Zurückkunft,
Sage hievon auch uns ein weniges, Tochter Kronions.
Alle die andern, soviel dem verderbenden Schicksal entflohen,
Waren jetzo daheim, dem Krieg' entflohn und dem Meer,
Ihn allein, der so herzlich zur Heimat und Gattin sich sehnte,
Hielt die unsterbliche Nymphe, die hehre Göttin Kalypso,
In der gewölbeten Grotte und wünschte sich ihn zum Gemahle.
Selbst da das Jahr nun kam im kreisenden Laufe der Zeiten,
Da ihm die Götter bestimmt, gen Ithaka wiederzukehren,
Hatte der Held noch nicht vollendet die müdende Laufbahn,
Auch bei den Seinigen nicht. Es jammerte seiner die Götter;
Nur Poseidon zürnte dem göttergleichen Odysseus
Unablässig, bevor er sein Vaterland wieder erreichte.

(Odyssee, deutsch von J. H. Voß)

c) Der Pentameter

Der Name (griech. *pente* = *fünf*) trügt; auch *der Pentameter ist ein
Sechsheber* und hat sechs Takte. Er ist ein Hexameter mit besonderen Füllungsgesetzen. Am auffälligsten hebt er sich vom Hexameter
dadurch ab, daß der dritte Takt nur eine Silbe enthält und dadurch
zwischen der dritten und vierten Hebung ein deutlicher Einschnitt
entsteht. Der Pentameter gliedert sich somit in zwei Hälften, in An-
und Abvers. Verglichen mit dem Hexameter, sind die Füllungsfreiheiten des Pentameters beschränkt. Nur im ersten und zweiten
Takt dürfen auch zwei statt sonst drei Silben stehen. Die Takte des
Abverses werden fast ausschließlich dreisilbig gebildet. Im Gegensatz zum Hexameter schließt der Pentameter mit einer Hebung,
also männlich. Demnach gelten für den Pentameter diese vier Varianten:

´	´	´	´	´	´
xxx	xxx	–	xxx	xxx	–

´	´	´	´	´	´
–x	–x	–	xxx	xxx	–

´	´	´	´	´	´
xxx	–x	–	xxx	xxx	–

´	´	´	´	´	´
–x	xxx	–	xxx	xxx	–

Ein Pentameter kommt nie allein vor, sondern nur in Verbindung mit einem vorausgehenden Hexameter. Hexameter und Pentameter bilden zusammen das Distichon. Der Name kommt aus dem Griechischen und bedeutet *Zweizeiler*:

Immer strebe zum Ganzen, und kannst du selber kein Ganzes

Werden, als dienendes Glied schließ an ein Ganzes dich an.

(Goethe/Schiller, Xenien)

Schiller bestimmte – freilich nicht für alle Fälle zutreffend – das Wesen des Distichons so:

Im Hexameter steigt des Springquells silberne Säule,

Im Pentameter drauf fällt sie melodisch herab.[1]

(Schiller)

ELEGISCHES VERSMASS (ELEGIE). Es besteht aus Distichen. Dieses Versmaß finden wir bei Klopstock, bei Goethe, Schiller, Platen und anderen. Das elegische Versmaß kann die verschiedensten Inhalte aufnehmen. Zum Beweis setzen wir einige Beispiele:

Sagt, wo sind die Vortrefflichen hin, wo find' ich die Sänger,
Die mit dem lebenden Wort horchende Völker entzückt,
Die vom Himmel den Gott, zum Himmel den Menschen gesungen
Und getragen den Geist hoch auf den Flügeln des Lieds?
Ach, noch leben die Sänger, nur fehlen die Taten, die Lyra
Freudig zu wecken, es fehlt, ach! ein empfangendes Ohr.
Glückliche Dichter der glücklichen Welt! Von Munde zu Munde
Flog, von Geschlecht zu Geschlecht euer empfundenes Wort.
Wie man die Götter empfängt, so begrüßte jeder mit Andacht,
Was der Genius ihm, redend und bildend, erschuf.

[1] In unseren Beispielen haben wir den deutlichen Einschnitt, der meist durch eine Pause markiert wird, durch eine Lücke im Druckbild bezeichnet. Diese Schreibung ist sonst nicht üblich.

An der Glut des Gesangs entflammten des Hörers Gefühle,
  An des Hörers Gefühl nährte der Sänger die Glut,
Nährt' und reinigte sie! Der Glückliche, dem in des Volkes
  Stimme noch hell zurück tönte die Seele des Lieds,
Dem noch von außen erschien, im Leben, die himmlische Gottheit,
  Die der Neuere kaum, kaum noch im Herzen vernimmt.

(Schiller, Die Sänger der Vorwelt)

Saget, Steine, mir an, o sprecht, ihr hohen Paläste!
  Straßen, redet ein Wort! Genius regst du dich nicht?
Ja, es ist alles beseelt in deinen heiligen Mauern,
  Ewige Roma; nur mir schweiget noch alles so still.
O wer flüstert mir zu, an welchem Fenster erblick ich
  Einst das holde Geschöpf, das mich versengend erquickt?
Ahn ich die Wege noch nicht, durch die ich immer und immer
  Zu ihr und von ihr zu gehn, opfre die köstliche Zeit?
Noch betracht ich Kirch und Palast, Ruinen und Säulen,
  Wie ein bedächtiger Mann schicklich die Reise benutzt.
Doch bald ist es vorbei: dann wird ein einziger Tempel,
  Amors Tempel, nur sein, der den Geweihten empfängt.
Eine Welt zwar bist du, o Rom; doch ohne die Liebe
  Wäre die Welt nicht die Welt, wäre denn Rom auch nicht Rom.

(Goethe, Römische Elegien)

In jüngerer Zeit ist neben Johannes R. Becher auch Hanns Cibulka
mit einigen Elegien hervorgetreten:

Deutschland 1945

Schon seit einigen Tagen durchstreichen die Krähen den Garten,
  aus dem nackten Geäst wächst der Gedanke, der Wind.
Langsam neigt sich der Erde silberne Tröstung hernieder,
  beugt den Nacken der Zeit in ihr eisiges Joch.
Gänse, wie segelnde Briefe, durchstreifen mit hartem Gelächter
  fröstelnd die Himmel der Welt, fallen ins klirrende Schilf.
Aus ihren schreienden Hälsen rieseln die Tropfen des Heimwehs,
  gellt ihr bittrer Schrei durch die naßkalte Luft.
Heimwehvögel, so nennt man die fliegenden Keile der Lüfte,
  schmerzlicher Regen verhängt uns ihren südlichen Flug.
Ach, wo sind unsres Lebens lange und sanfte Gedanken?
  Viele blieben zurück, wenige kehrten nach Haus.

Fremd allen fröhlichen Menschen ließ uns der Krieg aller Kriege,
selbst die Beere im Wald wurde von uns nicht gepflückt.
Immer nur fremd in der Fremde die Wasser zu schöpfen ist bitter.
Was in den Händen verblieb, war unser eigener Schrei.

(Cibulka)

Das Wort Elegie ist doppeldeutig; Elegie bedeutet:

1. Gedicht im oben beschriebenen Versmaß, also aus Distichen bestehend. Damit werden nur Merkmale der Form erfaßt, über den Inhalt solcher Gedichte wird aber noch gar nichts ausgesagt.

2. Gedicht mit einem ganz bestimmten (trauernden, klagenden, schwermütigen) Stimmungsgehalt. Damit werden nur Merkmale des Inhalts bezeichnet. Solche Elegien können metrisch ganz verschieden gestaltet sein, müssen also *nicht im elegischen Versmaß* abgefaßt werden. Hierher gehören u. a. Goethes „Marienbader Elegie" („Was soll ich nun vom Wiedersehen hoffen") und Rilkes „Duineser Elegien".

Beide Bedeutungen stehen nebeneinander, und man muß jeweils genau unterscheiden, was gemeint ist. Für die Verslehre ist natürlich nur die metrische Bedeutung, die Bezeichnung des Versmaßes, wichtig.

§ 23 *Die freien Rhythmen*

KLOPSTOCK schuf sie neu, der junge GOETHE und andere nahmen sie auf. Sie sind Ausdruck des freischöpferischen Formwillens der jungen bürgerlichen Generation in der zweiten Hälfte des 18. Jahrhunderts, sind charakteristisch für die „Geniezeit" des Sturm und Drang. Die freien Rhythmen binden den Dichter nicht an einen vorbestimmten metrischen Rahmen. Die Verse sind *frei nach Taktzahl und Taktfüllung.* Es kommen demnach ein- und vielsilbige Takte vor. Im übrigen ist auch die taktmäßige Gebundenheit schon gelockert, so daß die Abstände zwischen den Hebungen nicht mehr immer als Variation einer gemeinsamen Grundgröße erlebt werden. Die jüngeren Spielarten der freien Rhythmen gehen darin offensichtlich weiter und nähern sich damit mehr dem Prosatonfall als die freien Rhythmen der Goethezeit, in denen sich die sprachliche Gliederung doch noch nicht ganz frei von äußeren Bestimmungen ausleben konnte.

Die freien Rhythmen sind nicht aus rhythmischer Prosa hervor-
gegangen, sondern sind formgeschichtlich durch das Sprengen
fester Versformen entstanden, aus Oden, Hexametern, Madrigalversen oder aus füllungsfreien Knittelversen. Es werden echt metrische Bausteine benutzt, die sich allerdings nicht nach vorbestimmten Gesetzen aneinanderfügen. Solche *Anklänge an fest gebundene
metrische Formen* sichern vor allem den frühen freien Rhythmen
den Verscharakter.

Wie wir aber bei der Wesensbestimmung des Verses gesehen haben
(vgl. § 1, S. 55 ff.), reicht die leise Mitanwesenheit des Grundduktus irgendeiner Versform allein nicht aus, um den Verscharakter
eindeutig zu begründen. Der besondere Stil, der in der Sprache der
Versdichtung vorgebildet war und in den freien Rhythmen weiter-
entwickelt wird, ist wesentlich am Gesamteindruck dieser Verse
beteiligt. Dabei können die verschiedensten Mittel eingesetzt werden: besonders gewählte Wortverbindungen der gehobenen Rede-
weise oder auch der Alltagssprache, ungewöhnliche Satzkonstruktionen, Wiederholungen von Wörtern, von ganzen Sätzen oder
Satzteilen, Wiederholung bestimmter Klänge oder rhythmischer
Gruppen, Vorliebe für eine bestimmte Gestaltung des Zeilenan-
fanges oder der Kadenz u. a.

Kunstvoll wird oft die Spannung zwischen der Zeilenverteilung
und dem freien Satzfluß genutzt. Die Wirkung des Enjambements,
die in den durch einen metrischen Rahmen gebundenen Versen
vorgebildet ist, wird auf die Gliederung innerhalb der freien Rhythmen übertragen. Dadurch übernimmt die freie – aber nicht willkürliche – Zeilenabteilung zu einem Teil wesentliche versbildende
Funktionen. Wie das Enjambement überdies noch mit der „schwebenden Betonung" – die es doch eigentlich nur geben dürfte, wenn
wir die Vershebung bereits im voraus erwarten – verbunden werden kann, läßt sich gut am Eingang der dritten Zeile, der kürzeren
Mittelzeile, des folgenden kleinen Spruches erkennen:

> An meiner Wand hängt ein japanisches Holzwerk,
> Maske eines bösen Dämons, bemalt mit Goldlack.
> *Mitfühlend* sehe ich
> Die geschwollenen Stirnadern, andeutend,
> wie anstrengend es ist, böse zu sein.
>
> (Brecht, Die Maske des Bösen)

Namentlich in den jüngeren Spielarten der freien Rhythmen bleibt die Grenze zur Prosa fließend. Sie wird dort überschritten, wo Rhythmus und Form nicht mehr vom Gegenstand und vom Gehalt mitgeprägt und mitgetragen werden. Niemals aber sind diese neuen Verse nur für das Auge geschaffen. Von dem „freien Zeilenstil", den Arno Holz Ende des vorigen Jahrhunderts propagierte, und von der rein optischen Gruppierung der Zeilen um eine Mittelachse führt kein Weg zu lebendiger Versgestaltung. Wo Rhythmus, Klang und Stilgebung nicht mehr zum Tragen kommen, hört der Vers auf zu sein.

In dem Grenzbereich zwischen Vers und Prosa gibt es die verschiedensten Arten der freien Rhythmen, und oft kann über ihren Verscharakter erst eine Form und Inhalt gleichermaßen gerecht werdende Einzelinterpretation entscheiden (vgl. auch die Beispiele auf S. 13 und S. 55 f. unseres Abrisses).

Ihrer Herkunft nach eignen sich die frühen freien Rhythmen besonders für die Gestaltung hymnischer Inhalte. Damit die Hebungen im Vers sicher erkannt werden, muß der Dichter sie kräftig ausprägen. So entstehen ausdrucksstarke Rhythmen, wie sie Goethe in seinem „Prometheus" verwandt hat:

> Bedecke deinen Himmel, Zeus,
> Mit Wolkendunst
> Und übe, dem Knaben gleich,
> Der Disteln köpft,
> An Eichen dich und Bergeshöhn:
> Mußt mir meine Erde
> Doch lassen stehn
> Und meine Hütte, die du nicht gebaut,
> Und meinen Herd,
> Um dessen Glut
> Du mich beneidest!

> Ich kenne nichts Ärmeres
> Unter der Sonn als euch, Götter!
> Ihr nähret kümmerlich
> Von Opfersteuern
> Und Gebetshauch
> Eure Majestät

Und darbtet, wären
Nicht Kinder und Bettler
Hoffnungsvolle Toren . . .

(Goethe, Prometheus)

Klopstock, Herder, Goethe und Hölderlin schufen freie Rhythmen. Heine zeigte in seinen „Nordseebildern", wie freie Rhythmen einerseits fast liedhaft gestaltet werden können, wie sie sich aber andererseits für die „Gedankenlyrik" eignen. In der modernen Lyrik kommen immer neue Spielarten hinzu. In langen Zeilen, breit ausladend und mit hymnischem Schwung dichtete zum Beispiel Georg Maurer freie Rhythmen. Wohlabgewogen und in den einzelnen freien Strophen dem Volkslied sehr nahe, finden wir die freien Rhythmen in dem in § 28, S. 228 abgedruckten Gedicht von Johannes Bobrowski. Wir müssen uns hier auf nur wenige Kostproben beschränken:

Die ihr geboren werdet heute
und ihr, die ihr noch gegen den Mutterleib klopft,
nicht weil ihr kommen wolltet, weil ihr gerufen wurdet,
ihr mit geschlossenen Augen gleich des Buches Deckeln,
das ihr aufschlagen sollt,
die Lettern allmählich verstehend, um hineinzuschreiben
Kapitel um Kapitel eurer eignen Geschichte:
Während ihr in den Wiegen schreit oder lächelt,
wendet der Sturm eine Seite um nach der andern,
und eure Väter und Mütter müssen stehn
für die Worte – . . .

(Maurer. Aus: Die ihr geboren werdet heute)

Wie schlicht und scheinbar selbstverständlich die Sprachgebung in dieser neuen Versart sein kann, zeigt auch das folgende Gedicht:

Die Literatur wird durchforscht werden
(Für Martin Andersen Nexö)

Die auf die goldenen Stühle gesetzt sind, zu schreiben,
Werden gefragt werden nach denen, die
Ihnen die Röcke webten.
Nicht nach ihren erhabenen Gedanken
Werden ihre Bücher durchforscht werden, sondern

Irgendein beiläufiger Satz, der schließen läßt
Auf eine Eigenheit derer, die Röcke webten,
Wird mit Interesse gelesen werden, denn hier
mag es sich um Züge
Der berühmten Ahnen handeln.
Ganze Literaturen,
In erlesenen Ausdrücken verfaßt,
Werden durchsucht werden nach Anzeichen,
Daß da auch Aufrührer gelebt haben, wo
Unterdrückung war.
Flehentliche Anrufe überirdischer Wesen
Werden beweisen, daß da Irdische über
Irdischen gesessen sind.
Köstliche Musik der Worte wird nur berichten,
Daß da für viele kein Essen war.

Aber in jener Zeit werden gepriesen werden,
Die auf dem nackten Boden saßen, zu schreiben,
Die unter den Niedrigen saßen,
Die bei den Kämpfern saßen,

Die von den Leiden der Niedrigen berichteten,
Die von den Taten der Kämpfer berichteten,
Kunstvoll, in der edlen Sprache,
Vordem reserviert
Die Verherrlichung der Könige.
Ihre Beschreibungen der Mißstände und ihre Aufrufe
Werden noch den Daumenabdruck
Der Niedrigen tragen. Denn diesen
Wurden sie übermittelt, diese
Trugen sie weiter unter dem durchschwitzten Hemd
Durch die Kordone der Polizisten
Zu ihresgleichen.

Ja, es wird eine Zeit geben, wo
Diese Klugen und Freundlichen,
Zornigen und Hoffnungsvollen,
Die auf dem nackten Boden saßen, zu schreiben,
Die umringt waren von Niedrigen und Kämpfern,
Öffentlich gepriesen werden.

(Brecht)

Seiner lyrischen Grundhaltung entsprechend ist das folgende Gedicht in seinem Rhythmus viel versnäher gestaltet:

Epilog

Wenn ich einmal heimgeh,
Dorthin, woher ich kam,
Aus den Tiefen der Wälder
Und hinter den Ur-Nebeln hervor,
Wird mein Heimweh nach der Erde
Nicht geringer sein.
Ich werde keine Ruhe finden
Und mit dem Staub kämpfen,
Der tun wird, als wäre er meinesgleichen.
Mit den ersten Schneeglöckchen werde ich
Auf den Wiesen stehn,
Die noch gelb sind vom Winter.
Mit den Maulwürfen
Werde ich die Erde aufbrechen über mir.

Wenn ich einmal heimgeh,
Dorthin, woher ich kam,
Werde ich ein Fremder sein
An meinem Ursprung.

(Fürnberg)

Mit dem Verzicht auf Reim und Metrum bietet der Dichter dem
Hörer nicht mehr länger Gleichmaß und Gleichklang als zusätzliche Gedächtnisstütze für das Behalten der einzelnen Verse. Freie
Rhythmen lassen sich schlechter auswendig lernen als fest gebundene Verse.Die freirhythmischen Versgebilde werden damit nicht
nur komplizierter und in ihrem Sinn und Rhythmus schwerer deut-
bar, sondern auch zugleich immer individueller, indem sie sich ihre
Gesetze jedesmal neu schaffen. Das stellt an die Aufnahmebereit-
schaft des Hörers oder Lesers erhöhte Anforderungen, die ihm aber
andererseits den vollen Genuß der geistigen Anstrengungen bei
der rhythmischen und inhaltlichen Deutung solcher Verse besche-
ren können. Heinz Kahlau hat recht, wenn er feststellt: Viele „neue
Gedichte, die unserer Zeit gerecht werden sollen, sprengen das
Korsett der überholten einfachen Formen und werden genauso
kompliziert und differenziert wie unsere Zeit. Auch heute unter-

scheidet sich ein Gedicht in freien, unregelmäßigen Rhythmen stark
von einfacher unrhythmischer Prosa. Nur daß die Rhythmik der
Worte und Zeilen der Dynamik der Gedanken folgt, und die Mittel, mit denen ein Gedicht zusammengehalten wird, sind andere
geworden". Seine spezifische gesellschaftliche und ästhetische
Funktion erreicht dieser frei gefügte Vers tatsächlich erst dann,
„wenn er etwas mitteilt, was mit den anderen Informationsträgern
nicht erfaßt werden kann" [1].

DIE STROPHENFORMEN [2]

§ 24 Romanische Strophen

Von den romanischen festen Strophen, die im Deutschen nachgebildet werden, wollen wir nur die wichtigsten nennen:

a) Das Sonett

In Italien wird das Sonett (it. *sonett* = *kleiner Tonsatz*) seit Dante
und Petrarca (14. Jahrhundert) gepflegt. Im 16. Jahrhundert kam
es nach Deutschland, im 17. Jahrhundert war es sehr beliebt, im
18. Jahrhundert wurde es vernachlässigt und teilweise abgelehnt,
erlebte aber seit etwa 1800 (Romantik) eine neue Blüte in der deutschen Dichtung. Das 17. Jahrhundert benutzte als Zeilenbaustein –
nicht ganz formgerecht – überwiegend den Alexandriner (Beispiele
s. § 20b, S. 163, vgl. auch Einführung, S. 33 f.), seit Ende des
18. Jahrhunderts wird die strengere Urform nachgebildet; die
Reihen sind jambische Fünfheber mit weiblichem Schluß:

$$\prime \quad \prime \quad \prime \quad \prime \quad \prime$$
x xx xx xx xx xx (Endecasillabo vgl. § 20 i, S. 174 f.)

Im deutschen Sonett finden wir auch männlichen Schluß und
Reim.
Das Sonett ist eine besonders strenge Form. Es besteht aus 14 Zei-

[1] a. a. O. (S. 14) und S. 66.
[2] Vgl.: Fritz Schlawe: *Die deutschen Strophenformen.* Systematisch-chronologische Register
zur deutschen Lyrik 1600–1950. Stuttgart 1972.

len, die sich auf zwei Quartette (Vierzeiler) und zwei Terzette (Dreizeiler) verteilen. Diese Gliederung wird durch die streng festgelegte Reimstellung unterstrichen:

abba abba cdc cdc
cde cde
cde dce
u. a.

Wie das Reimschema zeigt, wird die Reimstellung in den Terzetten mannigfach variiert. Viele Sonette wechseln auch in den Quartetten den Reim: abba cddc. In der Regel bleibt in den Quartetten der umschließende Reim erhalten. In der Form heben sich die Quartette spürbar von den Terzetten ab. Mit dieser äußeren Gliederung deckt sich in der Regel auch die inhaltliche Struktur. So haben wir nach den Quartetten, also nach den ersten acht Zeilen, meist einen deutlichen Absatz. Enjambement kommt an dieser Stelle bei strenger Formung nicht vor.

Noch strengere Vorschriften gab es in der alten italienischen Poetik. Danach sollte das erste Quartett eine Behauptung und das zweite deren Beweis enthalten. Das erste Terzett sollte die Bestätigung und das abschließende letzte Terzett die Verallgemeinerung bringen. Auch in der neueren Geschichte des Sonetts gibt es immer wieder Versuche, die Inhalte der durch die formale Struktur vorgegebenen Struktureinheiten von vornherein genauer festzulegen. Man vergleiche dazu etwa Johannes R. Bechers theoretische Bemühungen um das Sonett. In der dichterischen Praxis sind solche überstrengen Regeln jedoch meist überspielt worden.

Hier ein formales Muster, ein Sonett über das Sonett:

Zwei Reime heiß ich viermal kehren wieder,
Und stelle sie, geteilt, in gleiche Reihen,
Daß hier und dort zwei eingefaßt von zweien
Im Doppelchore schweben auf und nieder.

Dann schlingt des Gleichlauts Kette durch zwei Glieder
Sich freier wechselnd, jegliches von dreien.
In solcher Ordnung, solcher Art gedeihen
Die zartesten und stolzesten der Lieder.

Den werd ich nie mit meinen Zeilen kränzen,
Dem eitle Spielerei mein Wesen dünket
Und Eigensinn die künstlichen Gesetze:

Doch wem in mir geheimer Zauber winket,
Dem leih ich Hoheit, Füll' in engen Grenzen
Und reines Ebenmaß der Gegensätze.

A. W. Schlegel, Das Sonett)

Die Gefahr des Sonettmachens, die Form überzubewerten und den echten lyrischen Ton zu verfehlen, wird gerade an diesem Mustersonett deutlich. Doch kennen wir von August Wilhelm Schlegel auch viele künstlerisch wertvolle Sonette. Der Vorteil der strengen Form aber besteht vornehmlich darin, daß sie den Dichter zwingt, seine Gefühle, sein Empfinden zu objektivieren, wie das Sonett überhaupt zu mehr gedanklicher als zu rein gefühlsmäßiger Auseinandersetzung neigt. Das Sonett ist eine anspruchsvolle Form und ist deshalb gegen belanglose Inhalte überaus empfindlich. Es strebt seinem Gehalte nach zur gültigen Aussage.

Die folgenden Gedichte legen ebenfalls Zeugnis ab für das Ringen um die Form:

Natur und Kunst, sie scheinen sich zu fliehen
Und haben sich, eh man es denkt, gefunden;
Der Widerwille ist auch mir verschwunden.
Und beide scheinen gleich mich anzuziehen.

Es gilt wohl nur ein redliches Bemühen!
Und wenn wir erst in abgemeßnen Stunden
Mit Geist und Fleiß uns an die Kunst gebunden,
Mag frei Natur im Herzen wieder glühen.

So ist's mit aller Bildung auch beschaffen:
Vergebens werden ungebundne Geister
Nach der Vollendung reiner Höhe streben.

Wer Großes will, muß sich zusammenraffen;
In der Beschränkung zeigt sich erst der Meister,
Und das Gesetz nur kann uns Freiheit geben.

(Goethe. Aus: Vorspiel bei der Eröffnung
des Schauspielhauses zu Lauchstädt)

Das trunkene Sonett

Oh, ich bin trunken von der Trunkenheit
Des neuen Lebens! Kann nicht an mich halten.
Ich möchte dehnen mich und mich entfalten
Und möchte Stimme sein auch eurer Zeit!

Ich komm weit her aus der Vergangenheit.
Ich fühle mich bedrängt in meinen Engen.
Die Form durchrüttelt dieser Widerstreit,
Als würde er die alte Form mir sprengen.

Ich lebe nur die vierzehn kurzen Zeilen
Und möcht verweilen, möchte nicht so eilen!
Ich möchte sein ein trunkener Gesang,

Frei strömend und begrenzt nicht in der Länge!
Sagt: oder leb ich viele Leben lang
Der Kürze wegen und dank meiner Strenge?!

(Becher)

Ein *Sonettenkranz* besteht aus vierzehn und einem Sonett. Die einzelnen Gedichte werden dadurch miteinander verbunden, daß die
Schlußzeile des einen als die Anfangszeile des folgenden Sonetts
wiederkehrt. Das 15. Sonett (das *Meistersonett*) besteht vollends
aus den Anfangszeilen der 14 anderen. Es wird in der Regel zuerst
abgefaßt. Einen Sonettenkranz dichtete Johannes R. Becher „Auf
die Toten im Zweiten Weltkrieg". Die einander entsprechenden
Schluß- und Anfangszeilen der einzelnen Sonette erscheinen darin
manchmal mit leichten Variationen.
Es kommen auch Sonette mit anderen Zeilenbausteinen vor. So
besteht das folgende Sonett aus fünfhebigen auftaktlosen Versen,
in denen – an einer besonders markanten Stelle – ein Vierheber
eingelagert ist (Wás wir tún, sind Vórarbeíten):

In der Schwebe zwischen Flug und Fall,
Noch gebunden an das Kräftefeld
Unsrer Erde, die sie läßt und hält,
Kreist sie schwerelos im nahen All –

Bild des Erdenmenschen: Sicherheit
Gibt die Schwere uns und unserm Haus.
Doch wir wollen über uns hinaus
Und versuchen die Unendlichkeit.

Freilich: andre werden weiter reisen,
Unsern Mond wie ihren Garten kennen
Und das Klima fremder Sterne preisen.

Was wir tun, sind Vorarbeiten.
Aber noch in lichtjahrfernen Zeiten
Wird man ihren Namen staunend nennen.

(Rainer Kirsch, Kosmonautin 1963)

Die Geschichte des Sonetts kennt vielerlei *Abwandlungen* und auch *Auflösungen* dieser strengen Form. Eine entscheidende Umformung erfuhr das Sonett in England zur Shakespearezeit. Hier blieben vom eigentlichen Sonett nur noch die 14 Zeilen übrig, die sich auf drei Quartette mit einem abschließenden Reimpaar verteilen, also vier: vier: vier: zwei Zeilen (abab | cdcd | efef | gg). Gruppiert sich das eigentliche Sonett inhaltlich wie formal um den tieferen Einschnitt nach den ersten acht Zeilen zwischen den Quartetten und Terzetten als Mitttelachse, so orientiert sich dieses *„Shakespearesonett"* durch das abschließende Reimpaar ganz auf den Schluß. Diese Form wurde auch in Deutschland nachgebildet, fand hier jedoch zunächst keine weite Verbreitung. In der Gegenwartslyrik lebt diese Spielart des Sonetts, die niemals ganz vergessen war, neu auf und findet sich auch bei Johannes R. Becher:

Dein Wort hat mich einst in den Schlaf gesungen,
Liebkosend mich, ein zarter Mutterlaut.
Durch viele Wände ist dein Wort gedrungen
Als ein Geflüster, heimlich und vertraut.

In deiner Sprache habe ich gedichtet,
Geträumt, geliebt, in ihr hab ich gedacht.
Dein Wort, dein starkes, hat mich aufgerichtet.
Dein Wort hat mich erfreut und angelacht.

In deiner Sprache, Deutschland, werd ich sterben,
Am besten werd ich dir verständlich sein.
Die besten meiner Worte wirst du erben.
Wenn Sonne scheint, ist es dein Sonnenschein.

In deiner Sprache wird mir einst geschrieben:
„Er schrieb fürs Volk und ist ihm treu geblieben."

(Becher, In deiner Sprache)

Es gibt auch Sonette mit kürzeren Zeilenbausteinen, doch sind sie immer nur als Sonderfälle zu betrachten. Sonette mit verschieden langen Zeilen finden wir bei Rainer Maria Rilke in seinen „Sonetten an Orpheus", die auch sonst die hergebrachten Formen des Sonetts sprengen. Daraus bringen wir ein Beispiel:

> Atmen, du unsichtbares Gedicht!
> Immerfort um das eigne
> Sein rein eingetauchter Weltraum. Gegengewicht,
> in dem ich mich rhythmisch ereigne.
>
> Einzige Welle, deren
> allmähliches Meer ich bin;
> sparsamstes du von allen möglichen Meeren –,
> Raumgewinn.
>
> Wie viele von diesen Stellen der Räume waren schon
> innen in mir. Manche Winde
> sind wie mein Sohn.
>
> Erkennst du mich, Luft, du, voll noch einst meiniger Orte?
> Du, einmal glatte Rinde
> Rundung und Blatt meiner Worte.
>
> (Rilke, Sonette an Orpheus, II, I)

Diese Form ist dem Inhalt angemessen. Wie sich die feste Vorstellungswelt auflöst und verdunkelt, so wird auch die metrische Form fließend und diffus.

b) Die Terzinenstrophe

Sie ist das epische Grundmaß in DANTES „Göttlicher Komödie" (um 1300). Ihre Nachbildung wurde schon im 16. Jahrhundert in Deutschland versucht, aber erst die Dante-Übersetzungen um 1800 verschafften dieser Strophe größere Verbreitung. Im Deutschen wendet sich dieses im Italienischen epische Maß mehr ins Lyrische, so schon bei Goethe im Eingangsmonolog des Faust II: „Des Lebens Pulse schlagen frisch lebendig . . .". Versbaustein der Terzine ist wieder (wie im italienischen Sonett) der jambische Fünfheber, im Italienischen der Endecasillabo. Formstrenge Dichter – so

Goethe – verwenden nur weibliche Reime, doch sind im Deutschen männliche Ausgänge zugelassen. Wie schon der Name sagt (Terzine = Dreizeiler), bilden drei solcher Reihen die Strophe. *Charakteristisch ist die Reimstellung, die immer diese Form hat: aba bcb cdc . . . vzvz.* Der Abschluß wird durch eine Zeile mit dem Reim der Mittelzeile der letzten Strophe gegeben.

Die Strophenform wird niemals streng gewahrt. Strophensprung ist fast die Regel, wozu der fortlaufende Reim trefflich paßt. Die reichen Ausdrucksmöglichkeiten dieser Versform zeigen zwei Terzinenpartien – eine von Goethe, die er nach erneuter Beschäftigung mit Dantes Werk geschaffen hat (1826), und eine aus neuester Zeit, die ganz auf den lyrischen Ton abgestimmt ist.

Schillers Reliquien

Im ernsten Beinhaus wars, wo ich beschaute,
  Wie Schädel Schädeln angeordnet paßten;
  Die alte Zeit gedacht ich, die ergraute.
Sie stehn in Reih geklemmt, die sonst sich haßten,
  Und derbe Knochen, die sich tödlich schlugen,
  Sie liegen kreuzweis, zahm allhier zu rasten.
Entrenkte Schulterblätter! was sie trugen,
  Fragt niemand mehr, und zierlich-tätge Glieder,
  Die Hand, der Fuß, zerstreut aus Lebensfugen.
Ihr Müden also lagt vergebens nieder,
  Nicht Ruh im Grabe ließ man euch, vertrieben
  Seid ihr herauf zum lichten Tage wieder,
Und niemand kann die dürre Schale lieben,
  Welch herrlich-edlen Kern sie auch bewahrte
  Doch mir Adepten war die Schrift geschrieben,
Die heilgen Sinn nicht jedem offenbarte,
  Als ich inmitten solcher starren Menge
  Unschätzbar-herrlich ein Gebild gewahrte.
Daß in des Raumes Moderkält und Enge
  Ich frei und wärmefühlend mich erquickte,
  Als ob ein Lebensquell dem Tod entspränge!
Wie mich geheimnisvoll die Form entzückte!
  Die gottgedachte Spur, die sich erhalten!
  Ein Blick, der mich an jenes Meer entrückte,
Das flutend strömt gesteigerte Gestalten.
  Geheim Gefäß, Orakelsprüche spendend,

Wie bin ich wert, dich in der Hand zu halten,
Dich höchsten Schatz aus Moder fromm entwendend
Und in die freie Luft, zu freiem Sinnen,
Zum Sonnenlicht andächtig hin mich wendend!
Was kann der Mensch im Leben mehr gewinnen,
Als daß sich Gott-Natur ihm offenbare:
Wie sie das Feste läßt zu Geist verrinnen,
Wie sie das Geisterzeugte fest bewahre.

(Goethe)

Du bist um mich, wohin ich mich auch wende.
Kein Dunkel ist, in dem ich Dich nicht sehe.
Der Regen streichelt zärtlich meine Hände,

Der Wind umgibt mich sanft mit Deiner Nähe,
und meine Schritte hallen auf den Steinen,
wenn ich allein durch diese Straßen gehe,

Als wären sie begleitet von den Deinen.
In meinen Schläfen, meinen Handgelenken
scheinen sich unsere Pulse zu vereinen.

Ich fühle Deine Wärme, und mein Denken
ist nur bemüht, daß es Dein Wesen fände,
um sich in seine Tiefen zu versenken

und darin auszuruhen ohne Ende.

(Bostroem, Terzinen des Herzens)

c) Das Ritornell

Es besteht aus 3 Zeilen, von denen die Mittelzeile reimlos bleibt, also: awa bwb cwc. Dadurch wird die Stropheneinheit stärker als bei der Terzine herausgehoben. Ursprünglich bildete ein Ritornell, also eine Strophe allein, das ganze Gedicht. Die erste Zeile, in der meist eine Blume genannt oder angerufen wird, ist in der Regel kürzer, die zweite und dritte Zeile bestehen oft aus Endecasillabos.

Frauen-Ritornelle

Blühende Myrte –
Ich hoffte süße Frucht von dir zu pflücken;
Die Blüte fiel; nun seh' ich, daß ich irrte.

Schnell welkende Winden –
Die Spur von meinen Kinderfüßen sucht' ich
An eurem Zaun, doch konnt' ich sie nicht finden.

Muskathyazinthen –
Ihr blühet einst in Urgroßmutters Garten;
Das war ein Platz, weltfern, weit, weit dahinten!

Dunkle Zypressen –
Die Welt ist gar zu lustig;
Es wird doch alles vergessen.

(Storm)

d) Die Stanze

Auch die Stanze *(Ottave rime* = Achtzeiler) dient im Italienischen
vorwiegend der epischen Dichtung (z. B. bei Tasso und Ariost). Sie
hat im Deutschen ebenfalls einen mehr lyrischen Charakter ange-
nommen, hat als eine bewußt kunstvolle Strophe etwas Feiertäg-
liches und wird deshalb meist nur für gewichtigere Inhalte gebraucht. Wie unsere Beispiele zeigen, behält die Stanze jedoch immer etwas von ihrem epischen, erzählenden Ton. Stanzen erscheinen in der deutschen Dichtung seit dem 17. Jahrhundert, zunächst
mit Alexandrinerzeilen, dann auch mit Zeilen von verschiedener
Taktzahl, so u. a. bei Wieland. Erst Johann Jakob Wilhelm Heinse
bildete ab 1774 die italienische Form strenger nach, Goethe
und Schiller folgten ihm darin, später Platen, Liliencron und
andere.
Die Stanze besteht aus acht jambischen Fünfhebern (Endecasillabo, vgl. S. 174), die im Italienischen immer weiblich ausgehen.
Stanzen dieser Art sind im Deutschen jedoch äußerst selten:

Daimon, Dämon

Wie an dem Tag, der dich der Welt verliehen,
Die Sonne stand zum Gruße der Planeten,
Bist alsobald und fort und fort gediehen
Nach dem Gesetz, wonach du angetreten.
So mußt du sein, dir kannst du nicht entfliehen,
So sagten schon Sybillen, so Propheten,
Und keine Zeit und keine Macht zerstückelt
Geprägte Form, die lebend sich entwickelt.

(Goethe, Urworte. Orphisch)

Im allgemeinen läßt man nach Heinses Vorbild weibliche und männliche Reime planvoll wechseln:

> O schwebe doch nun auch zu mir hernieder,
> Du schönstes Kind der hellgestirnten Nacht!
> Zum drittenmal hab ich voll Feuer wieder
> Den Morgenstern mit mattem Blick erwacht.
> Es locken dich der Nachtigallen Lieder,
> Der Blüten Duft, von Lunen angelacht,
> So süß, als ob im Schatten dieser Bäume
> Endymion von ihrer Liebe träume.
>
> (Heinse. Aus: Laidon)

Unsere Beispiele haben schon die für die Stanze charakteristische Reimstellung erkennen lassen: ab ab ab cc. Seit Heinse (siehe oben) werden a und c meist weiblich gebildet, b dagegen männlich. Die Strophe ist deutlich zweiteilig (6 + 2 Zeilen). Sinn und Gehalt gipfeln in der Regel in dem abschießenden Reimpaar. Diesen Aufbau läßt die folgende Strophe gut erkennen:

> Der Morgen kam, es scheuchten seine Tritte
> Den leisen Schlaf, der mich gelind umfing,
> Daß ich, erwacht, aus meiner stillen Hütte
> Den Berg hinauf mit frischer Seele ging;
> Ich freute mich bei einem jeden Schritte
> Der neuen Blume, die voll Tropfen hing:
> Der junge Tag erhob sich mit Entzücken,
> Und alles war erquickt, mich zu erquicken.
>
> (Goethe, Zueignung)

Vergleiche auch Goethes Zueignungsstanzen zum „Faust" („Ihr naht euch wieder, schwankende Gestalten").

Die Stanze begegnet uns bei Goethe vor allem in Gedichten der Selbst- und Rückbesinnung (siehe die Zueignungsstanzen zu den Gedichten und zum „Faust").

In der Form leicht variierend und in einem ebenso leicht parodierenden Ton trefflich zum Inhalt und zu der Absicht des Gesamtwerkes passend, verwendet Detlev von Liliencron die Stanze – neben anderen Strophenformen – in seinem „kunterbunten Epos" „Poggfred" (zuerst 1896, später erweitert):

Dies ist ein Epos mit und ohne Held,
Ihr könnt's von vorne lesen und von hinten,
Auch aus der Mitte, wenn es euch gefällt.
Ja, wo ihr wollt, ich mache nirgends Finten,
Klaubt euch ein Verslein aus der Strophenwelt!
So sucht ein Kind im Kuchen nach Korinthen.
Ob sie euch schmecken, kümmert mich fürwahr nicht,
So lest denn mit Geduld! Meinetwegen gar nicht.

Liliencron. Aus: Poggfred, 1. Kantus)

Die Stanze hab ich eben plagiiert.
Nanu? Nu na? Nunu? Nana? Na ja!
Ich hab sie nur ein wenig variiert.
Nu na? Na nu? Nana? Nunu, Na ja!
Das hat mich aber wirklich nicht geniert.
O oh! Ojeh! O ne! Na ja!
  Zwar ist es Diebstahl, geistesarm und ledern;
  Indes, wer schmückt sich nicht mit fremden Federn.

(Liliencron. Aus: Poggfred, 21. Kantus)

§ 25 Die Nachbildung antiker Strophen (Deutsche Ode)

Oden nannte man im Griechischen einfache, meist gesungene Lieder, deren metrischen Aufbau bereits die Römer nachbildeten. Namentlich war es HORAZ (65 v. u. Z. bis 8 u. Z.), der diese Kunstformen in der römischen Dichtung heimisch gemacht hat. Und an Horaz knüpften die späteren Dichter an, wie überhaupt die lateinische Literatur Mittler zwischen antiker und neuerer Kunst gewesen ist. Im 18. Jahrhundert ging man auch auf die griechischen Vorbilder selbst zurück. Zunächst versuchte man, den Gehalt der antiken Ode nachzubilden, danach aber auch die Form. Es ist vor allem KLOPSTOCKS Verdienst, der 1747 seine ersten Oden dichtete, die antiken Strophenmaße in die deutsche Lyrik eingebürgert zu haben. Von den Zeitgenossen folgten u. a. Voß und Hölty. Später haben vor allem Hölderlin und Platen die Ode gepflegt.

Der Ode kommt von Hause aus eine gewisse Feierlichkeit und Größe des Inhalts zu. Das macht verständlich, warum man noch heute einfachere Gedichte, die einen gehobenen Ton anschlagen, als Oden bezeichnet. Goethes „Oden an Behrisch" sind z. B. freie Rhythmen, keine Nachbildungen antiker Versmaße.

Unter „Ode" versteht man also zweierlei: 1. allgemein ein feierli-
ches, dem Gehalt der antiken Oden entsprechendes Gedicht (im 18.
Jahrhundert konnte übrigens fast jedes singbare Gedicht Ode ge-
nannt werden), 2. ein Gedicht von metrisch genau geregeltem Stro-
phenbau nach dem Vorbild antiker Kunstübung. In diesem Sinne
wird der Begriff von der Verslehre verstanden.

Die Ode hat einen fest geregelten metrischen Bauplan. An genau
vorherbestimmten Stellen verlangt sie unterschiedlich gefüllte
Takte (in der deutschen Ode kommen Takte von einer bis zu fünf
Silben vor). Somit ist gesetzmäßig vorgeschrieben, wo ein ein-,
zwei-, drei- oder mehrsilbiger Takt zu stehen hat. Die Schwierig-
keit, Oden zu verfassen, liegt gerade darin, diese starre Füllung zu
verwirklichen. So mag die Ode eine fast überstrenge Form genannt
werden, die sehr anspruchsvoll wirkt und deshalb nach Größe und
Würde des Gehalts verlangt. Wie alle antiken Versmaße kennt
auch die Ode keinen Reim.

Es gibt die verschiedensten Odenformen, wählte doch der griechische Lyriker Pindaros, der Schöpfer der nach ihm benannten *pinda-*
rischen Ode, der von 522 bis 448 v. u. Z. gelebt hat, mit einer Ausnahme für jedes Gedicht einen anderen metrischen Aufbau und
eine eigene Melodie. Wir wollen hier nur die antiken Strophenmaße aufzählen, die auch in der deutschen Literatur größere Verbreitung gefunden haben, und müssen darauf verzichten, alle Nachbildungen und Abwandlungen antiker Strophen vorzuführen.

a) Die sapphische Strophe

Sie ist nach der größten Dichterin des Altertums, der um 600
v. u. Z. in Griechenland lebenden SAPPHO (sprich: saffo) benannt,
die dieses Versmaß bevorzugte.

Die Strophe besteht aus drei sapphischen Versen:

$$- \cup - \bar{\cup} - \cup \cup - \cup - \bar{\cup}$$

und einem Adoneus (benannt nach den Liedern um den Tod des
Adonis):

$$- \cup \cup - \bar{\cup}$$

Wir haben mit Absicht das antike Schema gesetzt. – forderte eine
lange Silbe und ◡ eine kurze. Wo im Schema beide Zeichen stehen
(◡̄ oder ◡ konnte für eine kurze Silbe auch eine lange oder für eine
lange eine kurze Silbe eintreten. Der Sinn dieser Zeichen wurde
von den deutschen Dichtern und Theoretikern des 18. und 19. Jahrhunderts nicht immer richtig verstanden, so daß man sich bemühte,
für – eine Hebung und für ◡ eine Senkung zu setzen. Mißverständnisse stellten sich gelegentlich da ein, wo im Griechischen und Lateinischen zwei Möglichkeiten freigegeben waren. Im allgemeinen
hat die sapphische Strophe im Deutschen diesen Rhythmus:

´   ´   ´   ´   ´
Stets am Stoff klebt unsere Seele, Handlung

´   ´   ´   ´   ´
Ist der Welt allmächtiger Puls, und deshalb

´ ´   ´   ´   ´
Flötet oftmals tauberem Ohr der hohe

´   ´
Lyrische Dichter.

(Platen, Los des Lyrikers)

$$
\begin{array}{c|c|c|c|c}
\acute{} & \acute{} & \acute{} & \acute{} & \acute{} \\
xx & xx & x\,\cup\,\cup & xx & xx \\
\end{array}
$$

$$
\begin{array}{c|c|c|c|c}
\acute{} & \acute{} & \acute{} & \acute{} & \acute{} \\
xx & xx & x\,\cup\,\cup & xx & xx \\
\end{array}
$$

$$
\begin{array}{c|c|c|c|c}
\acute{} & \acute{} & \acute{} & \acute{} & \acute{} \\
xx & xx & x\,\cup\,\cup & xx & xx \\
\end{array}
$$

$$
\begin{array}{c|c}
\acute{} & \acute{} \\
x\,\cup\,\cup & xx \\
\end{array}
$$

Mehr ins Lyrische gewandt erscheint diese Strophe bei Hölty und
später bei Lenau:

´   ´   ´   ´   ´
Stille wird's im Walde, die lieben kleinen

´   ´   ´   ´   ´
Sänger prüfen schaukelnd den Ast, der durch die

´   ´   ´   ´   ´
Nacht dem neuen Fluge sie trägt, den neuen

´   ´
Liedern entgegen.

(Lenau, Abendbilder)

Klopstock hat diese Strophe abgewandelt, indem er den dreisilbigen Takt, den „Daktylus", wandern ließ: in der ersten Zeile steht
er an erster Stelle, in der zweiten an zweiter und in der dritten
Zeile an dritter Stelle.

Blume, du stehst verpflanzet, wo du blühest,

Wert, in dieser Bestattung nicht zu wachsen,

Wert, schnell wegzublühen, der Blumen Edens

Bessre Gespielin.

(Klopstock, Die tote Clarissa)

```
 ´      ´     ´     ´    ´
x∪∪ | xx  | xx  | xx | xx

 ´      ´     ´     ´    ´
xx   | x∪∪ | xx  | xx | xx

 ´      ´     ´     ´    ´
xx   | xx  | x∪∪ | xx | xx

 ´      ´
x∪∪ | xx  |
```

Neue Variationen erlebte diese Strophe durch eine andere feste
Stellung des dreisilbigen Taktes, so bei Hölderlin in der Ode „Unter den Alpen gesungen".

b) Die alkäische Strophe

ALKÄOS stammte aus Mytilene auf Lesbos und war ein älterer Zeit-
genosse der Sappho. Das Strophenmaß seiner Gedichte bestand
aus

zwei alkäischen Versen: $\bar{\cup} - \cup - \bar{\cup} - \cup \cup - \cup \, \underset{\smile}{\cup}$

einem Neunsilber: $\bar{\cup} - \cup - \bar{\cup} - \cup - \bar{\cup}$

und einem Zehnsilber: $- \cup\cup - \cup\cup - \cup - \bar{\cup}$

Die Umbildung ergab im Deutschen meist diese Gestalt:

Nur einen Sommer gönnt, ihr Gewaltigen!

Und einen Herbst zu reifem Gesange mir,

Daß williger mein Herz, vom süßen

Spiele gesättigt, dann mir sterbe.

(Hölderlin, An die Parzen)

x	xx	xx	xᴗᴗ	xx	x
x	xx	xx	xᴗᴗ	xx	x
x	xx	xx	xx	xx	
	xᴗᴗ	xᴗᴗ	xx	xx	

Die alkäische Strophe zählt zu den beliebtesten Odenformen in Deutschland. Sehr oft findet sie sich schon bei Klopstock und Hölty. Hölderlin verwendete sie mehr als sechzigmal.

Daß die hohe Form der Ode auch zu humoristisch-parodistischer Wirkung genutzt werden kann, beweist Hölty mit der Ode „An eine Tobakspfeife" oder mit dem folgenden Gedicht:

Stets wohne Gleichmut, Freund, und Zufriedenheit

In deiner Seele, wann dir der Rezensent

Ein Weihrauchkörnlein streuet oder

Spöttischen Tadel verströmt und Grobheit.

(Hölty, Parodie)

c) Die erste asklepiadeische Strophe

Es gibt verschiedene Formen der asklepiadeischen Strophe, die in ihren Grundtypen auf den griechischen Dichter ASKLEPIADES zurückgehen, der um 300 v. u. Z. auf Samos lebte. Die einzelnen Strophen ergeben sich aus verschiedenen Kombinationen folgender Versreihen:

der kleineren asklepiadeischen Verse: – ū – ∪ ∪ – | – ∪ ∪ – ∪ ∪̲

des Pherekrateus   – ∪ – ∪ ∪ – ū

und des Glykoneus: – ū – ∪ ∪ – ∪ ∪̲

Im Deutschen werden vor allem zwei Grundformen nachgebildet, von denen eine in der ersten asklepiadeischen Strophe vorliegt.[1] Die Strophe hat im Deutschen diesen Rhythmus:

> Welchen König der Gott über die Könige
>
> Mit einweihendem Blick, als er geboren ward,
>
> Sah vom hohen Olymp, dieser wird Menschenfreund
>
> Sein und Vater des Vaterlands!
>
> (Klopstock, Friedrich der Fünfte [von Dänemark])

xx	x∪∪	x‖	x∪∪	xx	x
xx	x∪∪	x‖	x∪∪	xx	x
xx	x∪∪	x‖	x∪∪	xx	x
xx	x∪∪	xx	x	(Nachbildung des Glykoneus)	

Diese Strophe erkennt man leicht daran, daß in den ersten drei Zeilen nach der jeweils dritten Hebung ein deutlicher Einschnitt zu spüren ist. Hölty und Platen haben dieses Maß durch eine andere Stellung des dreisilbigen Taktes leicht abgewandelt:

> Lange begehrten wir, ruhig allein zu sein,
>
> Lange begehrten wir's, hätten erreicht es heut,
>
> Aber es teilt mit uns diese Genossenschaft
>
> Wein und Jugend, ein feurig Paar.
>
> (Platen, Lange begehrten wir)

---

[1] Die Zählung nach erster, zweiter, dritter usw. asklepiadeischer Strophe ist willkürlich und kann daher in einzelnen Handbüchern voneinander abweichen.

d) Die zweite asklepiadeische Strophe

Sie hat im Deutschen diese Form:

Wer das Tiefste gedacht, liebt das Lebendigste,

Hohe Tugend versteht, wer in die Welt geblickt,

Und es neigen die Weisen

Oft am Ende zu Schönem sich.

(Hölderlin, Sokrates und Alcibiades)

xx | x∪∪ | x|| | x∪∪ | xx | x

xx | x∪∪ | x|| | x∪∪ | xx | x

xx | x∪∪ | xx   (Nachbildung des Pherekrateus)

xx | x∪∪ | xx | x   (Nachbildung des Glykoneus)

Diese Strophe wählte Hölderlin neben der alkäischen zu seinem Lieblingsmaß. Versuche zu Nachbildung hat es schon vor Klopstock gegeben, bei dem sich dieses Maß ebenfalls verhältnismäßig oft findet, so auch in seiner berühmten Ode „Der Züricher See". Stärker ins Lyrische gewendet erscheint die Strophe bei Hölty:

> Wunderseliger Mann, welcher der Stadt entfloh!
> Jedes Säuseln des Baums, jedes Geräusch des Bachs,
> Jeder blinkende Kiesel
> Predigt Tugend und Weisheit ihm!
>
> (Hölty, Das Landleben)

Auf die Vorführung weiterer Nachbildungen antiker Odenstrophen soll hier verzichtet werden. Hingewiesen sei noch auf die Tatsache, daß manche Vorbilder auch variiert werden, wie wir das an der sapphischen und asklepiadeischen Strophe kennengelernt haben. In der Gegenwartslyrik findet man Nachbildungen dieser strengen antiken Strophenformen verhältnismäßig selten. Doch wählte Johannes Bobrowski für seine „Ode auf Thomas Chatterton" die sapphische Form, und Stephan Hermlin verfaßte sein Gedicht „Der Tod des Dichters. In memoriam Johannes R. Becher" in asklepiadeischen Strophen:

Nahe schon ist der Herbst, nah ist im Fall der Frucht
Das Verklingen des Lieds, dort, wo der Wald erdröhnt
Tief vom Sturz seiner Toten ·
Und den Stürmen, die südwärts wehn.

(Hermlin)

e) Eigene Odenstrophen im Deutschen

Schon Klopstock begann, nach dem Muster der antiken Formen eigene Strophenbaupläne zu entwerfen und durchzuführen. Wie die antiken Oden haben auch diese Strophen wechselnde Taktfüllungen, deren Stellung jedoch durch den metrischen Rahmen genau vorbestimmt ist. Aus der Fülle der Beispiele, die Klopstocks Odendichtung bietet, heben wir eine durch die Anwendung einsilbiger Takte besonders interessante Formung heraus:

Schrecket noch andrer Gesang dich, o Sohn Teutons,

Als Griechengesang, so gehören dir Hermann,

Luther nicht an, Leibniz, jene nicht an,

Welche der Hain Bragas verbarg.

(Klopstock, Der Nachahmer)

Da selbst Klopstocks Zeitgenossen nicht immer den beabsichtigten Zeitfall erkennen konnten, war es nötig, in Form eines Schemas die Rhythmenbilder gleich mitzuliefern, die so aussahen:

$$– \cup \cup – \cup \cup – \cup \cup – – \cup$$
$$\cup – \cup \cup – \cup \cup – \cup \cup – \cup$$
$$– \cup \cup – | – \cup – \cup \cup –$$
$$– \cup \cup – | – \cup \cup –$$

Wenn die feste Gebundenheit der Takttypen (Taktfüllungen) nun ebenfalls noch aufgegeben wird, dann sind wir bei echten freien

Rhythmen angelangt. Auch fest gebundene Oden können für das
aufnehmende Ohr – besonders wenn es mit den antiken oder
vom Dichter selbst gesetzten Regeln nicht vertraut ist – dem Klang
der freien Rhythmen nahekommen. Klopstock selbst bezeichnete
einmal seine Dichtungen in freien Rhythmen als „Oden, welche in
jeder Strophe das Silbenmaß verändern". Dabei wird noch das
Vorbild der pindarischen Ode mitgewirkt haben. Daß man auch
von anderen Versarten aus zu freien Rhythmen gekommen ist, haben wir auf S. 193 dargelegt.
In der Lyrik der Gegenwart treffen wir auch Gedichte an, die in
ihrer Form zwar den Oden ähneln – auch sie verlangen an vorbestimmten Stellen bestimmte Silbenzahlen, die aber einen ganz
anderen Ursprung haben.

> Zwíschen Blúmen und Bérgen,
>
> Zwíschen Búchern und Tráumen
>
> Begánn mein Lében.

Diese Verse sind eher aus freien Rhythmen herausgewachsen und
bilden hier nach inhaltlichen Belangen eine feste metrische Strophenform:

$$
\begin{array}{c|c|c}
' & ' & ' \\
xx & x\cup\cup & xx \\
' & ' & ' \\
xx & x\cup\cup & xx \\
\end{array}
$$

$$
\begin{array}{c|c|c}
 & ' & ' \\
x & xx & xx \\
\end{array}
$$

Doch die Möglichkeit der freien Strophenbildung ist nur für die
erste Strophe gegeben. Nachdem einmal die Form festgelegt worden ist, müssen auch die folgenden Strophen diesen Rhythmus
nachbilden.

> Mánchmal schwér und gefáhrlich,
>
> Wár's doch sínnvoll – und álso
>
> Ein schónes Lében.

(Herzfelde, Zwei Leben)

Die bisher besprochenen Strophen sind in der Minderzahl. Sie
waren nach Form, Inhalt und Gehalt bereits in anderen Literaturen vorgeprägt, und sie wurden mit ganz bestimmten festen Traditionen übenommen und weitergeführt und begründeten ihrerseits wieder neue und eigene Traditionen in der deutschen Dichtung.

Die vielfältigen Inhalte, Erlebnisse und Stimmungen, die im Fühlen und Denken eines Menschen die Entwicklung der Gesellschaft
widerspiegeln, fanden noch in anderen Formen ihren adäquaten
literarischen Ausdruck. Heimische Volksliedformen leben weiter,
z. B. die Hildebrandsstrophe und die Morolfstrophe. Auch fremde
Muster können übernommen worden sein. Ebenso wird man Formen neu geschaffen haben. Die Klärung der Frage nach dem Ursprung jeder einzelnen Form muß Aufgabe der weiteren For-
schungsarbeit sein. Wir behandeln diese Strophen zunächst nur im
Hinblick auf die Zahl ihrer Reihen.

Über den Aufbau solcher Reihen haben wir bereits gesprochen; es
gibt einfache Reihen und zu Ketten (Langzeilen) verbundene
Reihen. *Im folgenden sprechen wir von der Reihe als Zeile und folgen damit dem heute üblichen Schreibgebrauch.* Eine Langzeile besteht demnach aus zwei Zeilen. Die Reihen haben meist gleiche
Taktzahl, besonders in den Volksliedern (beachte hier volle und
stumpfe Kadenz, S. 97 ff.), doch werden gelegentlich auch kürzere
Reihen wirkungsvoll eingebaut.

a) Strophen unter vier Zeilen

ZWEIZEILER sind nicht allzu häufig:

> Es steht ein lind in jenem tal,
> ist oben breit und unten schmal.
>
> (Volkslied, Text nach F. M. Böhme)

oder:

> Über die Heide hallet mein Schritt;
> Dumpf aus der Erde wandert es mit.
>
> Herbst ist gekommen, Frühling ist weit –
> Gab es denn einmal selige Zeit?

Brauende Nebel geistern umher;
Schwarz ist das Kraut und der Himmel so leer.

Wär' ich hier nur nicht gegangen im Mai!
Leben und Liebe – wie flog es vorbei.

(Storm, Herbst)

Im Sinnspruch treten auch oft zwei *Alexandriner* (S. 163 f.) zusammen:

Freund, so du etwas bist, so bleib doch ja nicht stehn:
Man muß aus einem Licht fort in das andre gehn.

(Angelus Silesius, aus: Der cherubinische Wandersmann.
Text nach Johannes R. Becher)

Ein Zweizeiler ist auch das *Distichon,* das aus einem Hexameter und einem Pentameter besteht (vgl. S. 189 ff.).
DREIZEILER haben kaum größere Verbreitung gefunden, im ganzen sind sie noch seltener als Zweizeiler:

Ein kleines Lied. Wie geht's nur an,
Daß man so lieb es haben kann,
Was liegt darin? Erzähle!

Es liegt darin ein wenig Klang,
Ein wenig Wohllaut und Gesang
Und eine ganze Seele.

(Ebner-Eschenbach, Ein kleines Lied)

Es fegt der Sturm die Felder rein,
es wird kein Mensch mehr Hunger schrein.
Mahle, Mühle, mahle!

(Dehmel, Erntelied)

Zu den Dreizeilern gehören auch *Terzine* und *Ritornell,* die bereits in anderem Zusammenhang (S. 203 ff.) besprochen worden sind.

b) Vierzeilige Strophen (Vierzeiler)

In einem kühlen Grunde,
Da geht ein Mühlenrad,
Meine Liebste ist verschwunden,
Die dort gewohnet hat.

(Eichendorff, Das zerbrochene Ringlein)

Mit Vierhebern als Zeilenbausteinen ist diese Strophe besonders im Volkslied und in der volkstümlichen Lyrik beliebt, ja man hat sie geradezu als *Volksliedstrophe* bezeichnet. Das ist freilich nicht ganz korrekt, weil die vierzeilige Strophe im älteren Volkslied selbst noch keine Vorrangstellung vor den mehrzeiligen Strophenmaßen innehat. Erst seit dem Ende des 18. Jahrhunderts nimmt sie an Häufigkeit zu (vgl. u. a. Goethe „Es war ein König in Thule" und Heine „Ich weiß nicht, was soll es bedeuten"). In der modernen Lyrik wird diese Form ebenfalls gepflegt, doch tritt sie an Bedeutung wieder zurück.

Die „Volksliedstrophe" kann ganz liedhaft gestaltet werden (siehe obiges Beispiel), sie kann aber auch sprechmäßig bewegt sein, so daß sie auch in der Balladendichtung erscheint:

> Wer reitet so spät durch Nacht und Wind?
> Es ist der Vater mit seinem Kind;
> Er hat den Knaben wohl in dem Arm,
> Er faßt ihn sicher, er hält ihn warm.
>
> (Goethe, Erlkönig)

Nicht zufällig erscheint diese Strophe besonders in der sozialistischen Literatur zur Gestaltung des Lebens und des Kampfes der werktätigen Massen:

> Die Hügel hingen rings voll Tau;
> Da hat die Lerche gesungen.
> Da hat geboren die arme Frau –
> Geboren den armen Jungen.
>
> (Weerth, Der Kanonengießer)

Aber auch mit anderen Bausteinen, mit kürzeren und besonders mit längeren Zeilen von fünf oder sechs Takten ist die vierzeilige Strophe in der modernen Lyrik beliebt:

> Wir liebten uns. Ich saß an deinem Lager
> Und sah auf deinen todesmatten Mund.
> Dein Auge suchte mich, ein blasser Frager:
> Hörst du den Sensenschnitt im Wiesengrund?
>
> (Liliencron, Der Maibaum)

Sechsheber finden sich in Georg Heyms Gedicht „Der Krieg" (angeführt S. 179).

c) Fünfzeilige Strophen

Wir wollen hier nur einige der möglichen Formen nennen. Ihre Bausteine können Zeilen von verschiedener Länge sein (meist Vier- und Fünfheber).

Eine Spielart lernten wir bereits mit der *Morolf-* und mit der *Lindenschmidstrophe* kennen (vgl. § 15 d, S. 141 f.).

Sehr wirkungsvoll ist auch folgende Anordnung, die vor allem Theodor Storm bevorzugt (vgl. auch „Die Stadt").

Das macht, es hat die Nachtigall	Reim: a
Die ganze Nacht gesungen;	b
Da sind von ihrem süßen Schall,	a
Da sind in Hall und Widerhall	a
Die Rosen aufgesprungen.	b

(Storm, Die Nachtigall)

Die vierte Zeile wiederholt rhythmisch die dritte und verzögert damit ausdrucksvoll den Abschluß der Strophe, wodurch die schließende Zeile besonders nachdrücklich wirkt.

Eine andere – ebenfalls nicht seltene – Anordnung finden wir in folgender Strophe, deren Gliederung wieder durch den Reim unterstrichen wird:

Ihr, die ihr überlebtet in gestorbenen Städten,	Reim: a
Habt nun endlich mit euch selbst Erbarmen!	b
Zieht nun in neue Kriege nicht, ihr Armen,	b
Als ob die alten nicht gelanget hätten:	a
Ich bitt euch, habet mit euch selbst Erbarmen!	b

(Brecht, An meine Landsleute)

d) Sechszeilige Strophen

Wir heben zwei auffallende Formungen heraus, die jeweils mit verschiedenen Zeilenbausteinen erscheinen können. Wieder läßt der Reim ihren Aufbau schärfer heraustreten:

Die linden Lüfte sind erwacht,	Reim: a
Sie säuseln und weben Tag und Nacht,	a
Sie schaffen an allen Enden	b

O frischer Duft, o neuer Klang!   c ⎞
Nun, armes Herze, sei nicht bang!   c ⎟
Nun muß sich alles, alles wenden.   b ⎠

(Uhland, Frühlingsglaube)

Einen ähnlichen Aufbau lernten wir bereits in dem Gedicht „Der Mond ist aufgegangen" (Claudius) kennen (vgl. S. 29).

In der folgenden Anordnung strebt die Strophe – ähnlich wie die achtzeilige Stanze – auf ein abschließendes Reimpaar zu:

Die Leidenschaft bringt Leiden! – Wer beschwichtigt   a
Beklommenes Herz, das allzuviel verloren?   b
Wo sind die Stunden, überschnell verflüchtigt?   a
Vergebens war das Schönste dir erkoren!   b
Trüb ist der Geist, verworren das Beginnen;   c ⎞
Die hehre Welt, wie schwindet sie den Sinnen.   c ⎠

(Goethe, vgl. auch „Was soll ich nun vom Wiedersehen hoffen")

Diese Strophe findet sich häufig bei Schiller (z. B. „Die vier Welt-alter").

e) Siebenzeilige Strophen

Aus der Vielzahl der möglichen Spielarten (vgl. auch S. 224) heben wir nur eine viel verwendete heraus.

„Was hör ich draußen vor dem Tor,   Reim: a
Was auf der Brücke schallen?   b
Laßt den Gesang vor unserm Ohr   a
Im Saale widerhallen!"   b
Der König sprachs, der Page lief;   c
Der Knabe kam, der König rief: c
„Laßt mir herein den Alten!"   w (Waise)

(Goethe, Der Sänger)

Die Reimstellung weist schon auf den charakteristischen Aufbau hin. Die fünfte Zeile wird in ihrem Rhythmus wiederholt, die Strophe kann so erst mit der siebenten Zeile (statt sonst mit der sechsten) ausklingen.

f) Achtzeilige Strophen

Sie haben meist den einfachen Aufbau, den wir bereits in der *Hildebrandsstrophe* (S. 140 f) kennengelernt haben.

Charakteristisch ist die Reimstellung: ab ab cd cd oder wa wa wb wb (selten).

Als Beispiele für die häufig vorkommende achtzeilige Strophe nennen wir das Volkslied „Der Winter ist vergangen" und Goethes Ballade „Der Fischer".

Eine leichte Abwandlung dieser Form – auch mit längeren Reihen – finden wir in folgendem Gedicht:

Erstatte ich dir, Deutschland, einst Bericht,	Reim: a
Um über meine Taten auszusagen,	b
So überreiche ich dir mein Gedicht:	a
Vor dir sind alle Seiten aufgeschlagen,	b
Durchblicke mich, schau tief in mich hinein,	c
Auf daß ich nichts vergesse mitzuteilen!	d
Die stillste Zeile, Stille zwischen Zeilen,	d
Mögen beredt und eine Antwort sein.	c

(Becher, Zeit der Verbannung)

Die ebenfalls achtzeilige *Stanze* haben wir bereits auf S. 206 kennengelernt.

g) Strophen mit mehr als acht Zeilen

Sie sind in der modernen Lyrik verhältnismäßig selten. Im Volks- und im Kirchenlied und in der älteren Kunstdichtung begegnen sie öfter. Im folgenden bringen wir Beispiele aus der Lyrik des 19. Jahrhunderts:

> Tief ins Gebröckel, in die Mergelgrube
> War ich gestiegen, denn der Wind zog scharf;
> Dort saß ich seitwärts in der Höhlenstube
> Und horchte träumend auf der Luft Geharf.
> Es waren Klänge, wie wenn Geisterhall
> Melodisch schwinde im zerstörten All;
> Und dann ein Zischen, wie von Moores Klaffen;

In sich zusammen brodelnd eingesunken,
Mir überm Haupt ein Rispeln und ein Schaffen,
Als scharre in der Asche man den Funken.
Findlinge zog ich Stück auf Stück hervor
Und lauschte, lauschte mit berauschtem Ohr.

(Droste-Hülshoff, Die Mergelgrube)

Und der das Lied für euch erfand
In einer dieser Nächte,
Der wollte, daß ein Musikant
Es bald in Noten brächte!
Heißt das: ein rechter Musikant!
Dann kläng' es hell durchs deutsche Land:
    Pulver ist schwarz,
    Blut ist rot,
    Golden flackert die Flamme!

(Freiligrath, Schwarz-Rot-Gold)

Wir können in unserem Abriß nicht alle Formen und Arten solcher
langen Strophen aufzählen.

§ 27 *Innere Strophengliederung*

a) Die Strophe ist nicht weiter untergliedert

Eine Zwei- oder Dreigliederung wird nicht deutlich empfunden.
(Über die Unterschiede siehe b), c) und d).) Als Beispiel verwei-
sen wir auf Goethes Gedicht „Es war ein König in Thule...".
Einen solchen Bau haben meist die Strophen bis zu vier Zeilen.
Die fünfzeiligen sind schon deutlich gegliedert (zwei- oder drei-
teilig).

b) Die Strophe schließt mit einem Kehrreim

Reim bedeutet ursprünglich auch Zeile, Kehrreim heißt also Zeile,
die in allen Strophen wiederkehrt. Diese Art des Aufbaues ist uns

aus dem gesungenen Volkslied geläufig, sie kommt aber auch in
der ausschließlichen Sprechdichtung vor:

> Im düstern Auge keine Träne,
> Sie sitzen am Webstuhl und fletschen die Zähne:
> „Deutschland, wir weben dein Leichentuch,
> Wir weben hinein den dreifachen Fluch –
> Wir weben, wir weben!"
>
> (Kehrreim)
(Heine, Die Weber)

c) Die Strophe baut sich deutlich aus zwei Teilen auf

In ihrem Rhythmus wirkungsvoll voneinander abgesetzt hat Mörike beide Teile seines Gedichtes „Um Mitternacht"; dabei verwendet er am Schluß gleichzeitig den Kehrreim:

> Gelassen stieg die Nacht ans Land,
> Lehnt träumend an der Berge Wand,
> Ihr Auge sieht die goldne Waage nun
> Der Zeit in gleichen Schalen stille ruhn;
>
> } ruhiger, ausgeglichener Versgesang

> Und kecker rauschen die Quellen hervor,
> Sie singen der Mutter, der Nacht, ins Ohr
> Vom Tage,
> Vom heute gewesenen Tage.
>
> } freie Taktfüllung
>
> (Mörike, Um Mitternacht)

Die stilistischen Ausdruckswerte des veränderten Versganges
springen deutlich ins Ohr.

d) Die Strophe hat den bekannten dreiteiligen Bau (vgl. S. 143),
der nach seinem Vorkommen in italienischen Kanzonen auch
Kanzonenform genannt wird.

> Den liebsten Buhlen, den ich han,
> Der liegt beim Wirt im Keller,
> } I. Stollen
>
> Er hat ein hölzens Röcklein an
> Une heißt der Muskateller.
> } II. Stollen (Gegenstollen)
>
> } Aufgesang

> Er hat mich nächten trunken g'macht
> Und fröhlich heut den ganzen Tag:
> Gott geb ihm heint ein gute Nacht!
> } Abgesang
>
> (Volkslied aus dem 15. Jh., Text nach F. M. Böhme)

Diese Gliederung kommt im gesungenen Liede vor allem durch die Musik zur Geltung. Der Gegenstollen wiederholt die Melodie des ersten Stollens. Der Abgesang hat eine andere Melodie. Auch die Reimstellung kann zur Gliederung beitragen.

In der reinen Sprechdichtung wird die Dreigliederung weniger deutlich, sie findet sich aber in vielen mehr als fünfzeiligen Strophen, z. B. in Goethes Ballade „Der Sänger". Der Abgesang wird auch gern durch einen Kehrreim gebildet.

§ 28 Gedichte mit freien (ungleichen) Strophen

Die Strophen sind metrisch nicht vorgeschrieben, sie ergeben sich jeweils nur aus dem Inhalt. Die so entstehenden Gruppen, die man auch *freie Strophen* nennen kann, haben unterschiedliche Länge, oft auch unterschiedliche Reihen als Bausteine.

Solche freie Strophengliederung lyrischer Gedichte hat es in unserer deutschen Versgeschichte zu allen Zeiten gegeben, häufiger werden diese Gedichte allerdings erst seit dem 18. Jahrhundert. Eine Parallele dazu bietet die *freie Gruppenbildung* in den *freien Rhythmen* (vgl. Goethes „Prometheus", zitiert auf S. 194 f.).

Als Beispiel dafür, wie verschieden solche Strophen in ihrem Rhythmus und Ausdruck sein können, setzten wir Goethes Gedicht:

Auf dem See

Und frische Nahrung, neues Blut
Saug ich aus freier Welt;
Wie ist Natur so hold und gut,
Die mich am Busen hält!
Die Welle wieget unsern Kahn
Im Rudertakt hinauf,
Und Berge, wolkig himmelan,
Begegnen unserm Lauf.

Aug, mein Aug, was sinkst du nieder?
Goldne Träume, kommt ihr wieder?
Weg, du Traum! so hold du bist:
Hier auch Lieb und Leben ist.

Auf der Welle blinken
Tausend schwebende Sterne,
Weiche Nebel trinken
Rings die türmende Ferne;
Morgenwind umflügelt
Die beschattete Bucht,
Und im See bespiegelt
Sich die reifende Frucht.   (Goethe)

Jede Strophe hat entsprechend ihrem Inhalt und ihrer Stimmung ihren eigenen Klang. Die erste Strophe läßt die Hebungen und Senkungen – entsprechend dem festen Rudertakt – ganz regelmäßig wechseln. Alle Verse beginnen mit einem Auftakt. Der Strophenbaustein ist die viermal wiederkehrende Langzeile, die vier und drei Hebungen sprachlich verwirklicht (vgl. S. 172).

Die zweite Strophe hebt sich von der vorausgehenden deutlich durch den fehlenden Auftakt ab. Alle Verse, sämtlich voll ausgefüllte Vierheber, setzen hart und gewichtig mit einer Hebung ein und ziehen Sprecher und Hörer sofort in ihren Bann. Der Wechsel von *jambischen* und *trochäischen Versen* bringt hier den Wechsel der Stimmung zum Ausdruck. Eine neue Vorstellung drängt sich unvermittelt auf und kann nur mit harter Energie abgewiesen werden *(Wég, du Tráum, . . .)*. Diese Bewegung vom gewaltsamen Andrängen bis zur entscheidenden Abwehr des Traumes, der Erinnerung, prägt sich deutlich im Rhythmus dieser Mittelstrophe aus.

In der dritten Strophe hat sich die Spannung völlig gelöst. Jede Zeile atmet wieder die unbeschwerte Heiterkeit des Augenblicks. Und gelöst ist auch der Rhythmus. Alle Verse beginnen wieder ohne Auftakt. Und gerade hier zeigt sich, wie wenig der Verseingang den Gesamttonfall der Verse bestimmen muß. Diese Verse setzen nämlich trotz des trochäischen Einganges weich ein. So rückt die erste Zeile beinahe in die Nähe einer Versreihe mit doppeltem Auftakt. Die erste Hebung wird nur noch angedeutet *(Àuf der Wélle blínken . . .*, vgl. auch Vers 6 und 8 dieser Strophe: *Dìe bescháttete* und *Sìch die réifende)*. Schon dadurch lockert sich das starre Versgefüge ein wenig auf, wirkt spielerischer, lebendiger. Dieser Eindruck wird noch durch die häufigen Auflösungen unterstützt: statt sonst zweisilbiger Takte kommen gerade in dieser Strophe mehrfach drei Silben auf einen Takt, zum Beispiel *schwebende* (Z. 2), *türmende* (Z. 4) usw. Ebenso tragen die kürzeren Reihen, durchweg Dreiheber, zur Auflockerung und gefälligen Gestaltung bei. Hörten wir aus der ersten Strophe den festen Rudertakt heraus, so erleben wir jetzt, wie ein frischer Morgenwind das Wasser kräuselt und wie sich das Boot leise auf den Wellen wiegt. Diese Bewegung ist im Rhythmus der Strophe meisterhaft eingefangen.

Betrachten wir den Gesamtaufbau des Gedichts, so erkennen wir, daß zwei Achtzeiler einen Vierzeiler als Kern umschließen. Dadurch tritt die kürzere Mittelstrophe fast überdeutlich heraus. Gerade sie bildet ja auch formal wie inhaltlich die Achse des sich in wundervoller Geschlossenheit darbietenden Gedichts.

Gedichte mit freier Gruppenbildung, mit *freien Strophen,* sind besonders in der modernen Lyrik beliebt. Dabei können die einzelnen Strophen – wie schon im vorigen Beispiel – kunstvoll gefügt sein:

Wie jede Blüte welkt und jede Jugend
Dem Alter weicht, blüht jede Lebensstufe,
Blüht jede Weisheit auch und jede Tugend
Zu ihrer Zeit und darf nicht ewig dauern.
Es muß das Herz bei jedem Lebensrufe
Bereit zum Abschied sein und Neubeginne,
Um sich in Tapferkeit und ohne Trauern
In neue, andre Bindungen zu geben.
Und jedem Anfang wohnt ein Zauber inne,
Der uns beschützt und der uns hilft, zu leben.

Wir sollen heiter Raum um Raum durchschreiten,
An keinem wie an einer Heimat hängen,
Der Weltgeist will nicht fesseln uns und engen,
Er will uns Stuf um Stufe heben, weiten,
Kaum sind wir heimisch einem Lebenskreise
Und traulich eingewohnt, so droht Erschlaffen,
Nur wer bereit zu Aufbruch ist und Reise,
Mag lähmender Gewöhnung sich entraffen.

Es wird vielleicht auch noch die Todesstunde
Uns neuen Räumen jung entgegensenden,
Des Lebens Ruf an uns wird niemals enden . . .
Wohlan denn, Herz, nimm Abschied und gesunde!

(Hesse, Stufen. Aus: „Das Glasperlenspiel")

227

In diesem Gedicht haben alle Verse den gleichen strengen Bau; ausnahmslos sind sie alternierende Fünfheber mit einsilbigem Auftakt und weiblichem Schluß, durch Reim kunstvoll gebunden. Unterschiedlich ist nur die Länge der einzelnen Strophen. Dagegen vereinigt das folgende Gedicht drei vierzeilige Strophen, von denen jede für sich einen eigenen Aufbau hat (die Zeilen sind verschieden lang), womit sie einerseits den freien Rhythmen verwandt sind, andererseits in ihrer Schlichtheit und mit ihrer Reimbildung an das Volkslied erinnern:

> Wie die Frühlingsblätter müssen
> wir sein, bevor wir küssen,
> so zart einhüllen unser Verlangen
> wie die Blätter der Bäume Stangen,
>
> so windstill stehn
> wie wir die Blätter am Abend sehn,
> so durchsichtig verhüllt,
> so willenlos erfüllt,
>
> so nur dem Vogellied ergeben,
> als würden wir niemals beben,
> so ganz in unsre Wurzeln verklommen,
> als würden wir niemals zueinander kommen.
>
> (Maurer, Vor dem Küssen)

Freie Gruppenbildung – mit und ohne Reim – erscheint schließlich als natürliches Pendant zu den metrischen Freiheiten der freien Rhythmen (vgl. auch unsere Beispiele in § 23, auf S. 194 ff.).

> Da hab ich
> den Pirol geliebt –
> das Glockenklingen, droben
> aufscholls, niedersanks
> durch das Laubgehäus,
>
> wenn wir hockten am Waldrand,
> auf einen Grashalm reihten
> rote Beeren; mit seinem
> Wägelchen zog der graue
> Jude vorbei.

Mittags dann in der Erlen
Schwarzschatten standen die Tiere,
peitschten zornigen Schwanzschlags
die Fliegen davon.

Dann fiel die strömende, breite
Regenflut aus dem offenen
Himmel; nach allem Dunkel
schmeckten die Tropfen,
wie Erde.

(Bobrowski. Aus: Kindheit)

D. RÜCKBLICK AUF DIE GESCHICHTLICHE ENTWICKLUNG DER METRISCHEN FORMEN[1]

---

[1] Dieser Überblick muß bei dem Fehlen geeigneter Einzeluntersuchungen notwendigerweise fragmentarisch sein, doch soll er den Blick des Lesers auf die vielen offenen Frage- und Problemstellungen lenken.

In den vorangegangenen Abschnitten wurden die wichtigsten Vers- und Strophenmaße nach rein formalen Gesichtspunkten aneinandergereiht. Um kein falsches Bild aufkommen zu lassen, ist es notwendig, noch einmal mit allem Nachdruck darauf hinzuweisen, daß die hier aufgezählten Versformen ihrer Entstehung wie ihrer Entfaltung nach an einen konkret historisch-gesellschaftlichen Prozeß gebunden sind. Der Wandel im Gebrauch der einzelnen metrischen Formen vollzieht sich nicht im luftleeren Raum, sondern wird bestimmt und bedingt durch die Gesamtentwicklung der Literatur und der diese Literatur und Kultur tragenden Gesellschaft.

Schon im frühfeudalen, althochdeutschen Zeitraum ist die Ablösung des germanischen Stabreimverses durch den neuen Reimvers kein zufälliges und unerklärbares Ereignis. Der Stabreimvers, der bis in die germanische Sippengesellschaft zurückreicht, konnte – trotz innerer Entwicklung – nur ganz bestimmte Inhalte und Gehalte aufnehmen, wie er ja auch von seiner Vortragsart her eine besondere, wuchtige und nachdruckgebende Form verlangte, die dem germanischen Heldenlied, etwa dem Hildebrandslied, durchaus gemäß war. Doch im christlichen Versepos, wie es uns im „Heliand" überliefert ist, erreichte diese Versgattung deutlich einen Endpunkt, über den hinaus eine Weiterentwicklung nicht mehr möglich war. Gerade im „Heliand" zeigt sich, wie der alte germanische Vers von innen her umgestaltet wurde, wie epische Breite und Beredsamkeit den Vers in seinem Umfang anschwellen ließen (vgl. die Schwellverse, S. 125), so daß der metrische Rahmen durch die sprachliche Überfülle fast gesprengt wurde. Ohnehin knüpfte der Heliandvers nicht direkt an die germanische Volks- und Heldendichtung an, sondern hatte sein unmittelbares Vorbild in älteren angelsächsischen Bibelepen.

Für Otfrids „Evangelienbuch" jedenfalls war der Stabreimvers nicht mehr tragbar, barg er doch zuviel an heidnischen Formungen und Assoziationen in sich. Der neue christliche Gehalt dieser Dichtung verlangte nach einer ihm gemäßen Form. Der Mönch Otfrid wollte und konnte nicht mehr deklamieren wie der heidnisch-germanische Skop. Für ihn bot sich weit eher der christlich-lateinische Hymnenvers als nachahmenswertes Vorbild an, wobei nicht sicher zu entscheiden ist, ob es vor Otfrid schon ähnliche deutsche Verse dieser Art gegeben hat. Und wieder zeigt sich, daß eine Form nicht unbesehen übernommen werden kann. Der lateinische Hymnenvers wird von seinem neuen – epischen – Inhalt her umgeschmolzen und muß sich der germanischen Sprache und dem ererbten Versgefühl anpassen. Dieser Ablöseprozeß der einen durch die andere Versart läßt deutlich erkennen, wie die Geschichte der Formen auf die Geschichte der literarischen Inhalte und der Sprache zurückführt und abhängig ist von der jeweiligen kulturtragenden Schicht.

Zwei Jahrhunderte später war nicht mehr der Mönch der ausschließliche Träger der Kultur; sondern auch der weltliche Dichter, der „Spielmann", meldete sich mit neuen Erzählstoffen und mit neuen Wertsetzungen zu Wort. Der sich zum Hochfeudalismus (= hohes Mittelalter) entwickelnden gesellschaftlichen Situation, die dann eine Blüte des mittelalterlichen höfischen Ritterstandes heraufgeführt hat, entsprach es, wenn nunmehr auch der Ritter begann, seine Welt literarisch zu gestalten und die Dichtung mit seinen Idealen zu durchdringen. Der sowohl vom Spielmann als auch vom Ritter gepflegte mittelhochdeutsche Reimvers, der seit dem 11. und 12. Jahrhundert, also seit der frühhöfischen Literatur, erscheint, hatte eine andere Gestalt als der vom Geistlichen geprägte althochdeutsche Vers (vgl. Otfrids „Evangelienbuch"). Er gestattete die größten Füllungsfreiheiten und drängte durch häufige Verwendung der Reimpaarbrechung und des Zeilensprungs auf fortlaufende Erzählung.

Ihren Höhepunkt erreichte die vom Rittertum getragene Dichtung

der Feudalzeit in der mittelhochdeutschen Klassik, jener hochhöfischen Zeit, da Hartmann von Aue, Wolfram von Eschenbach,
Gottfried von Straßburg und der uns namentlich nicht bekannte
Verfasser des Nibelungenliedes als Epiker neben den Lyrikern
Heinrich von Morungen, Reinmar von Hagenau und Walther von
der Vogelweide wirkten. Ihre Dichtung wurde weitgehend bestimmt durch das Ideal der „mâze", des erstrebten Ausgleiches
zwischen den gesellschaftlichen Gegensätzen, dessen die ritterlich-
feudale Gesellschaft für ihren – bereits gefährdeten – Fortbestand
so dringend bedurfte. Das Ideal der „mâze" fand auch in der Versgestaltung seinen Niederschlag, sowohl in dem Beschränken allzu
großer Füllungsfreiheiten als auch in dem Streben nach reinen
Reimklängen, die in allen deutschen Sprachlandschaften als
rein empfunden werden sollten. Dabei gibt es zwischen den einzelnen Dichtern charakteristische Unterschiede, bei Gottfried von
Straßburg etwa die dem Inhalt seiner Tristandichtung weitgehend
adäquaten geglätteten Verse von höchstem musikalisch-melodi-
schem Reiz, bei Wolfram von Eschenbach, dem „findære wilder
mære", dagegen die weit freiere Sprachbehandlung im Vers. Beachtet zu werden verdient noch, daß die mittelhochdeutschen
Reimpaare nicht unterschiedslos für alle Stoffe verwandt wurden.
Für die alten, aus schon sagenhaft gewordener germanischer Vor-
zeit überkommenen Stoffe wählte man, wahrscheinlich einer festen
Tradition entsprechend, strophische Formen (siehe Nibelungenlied, Kudrunlied, Dietrichepen). Wieder sehen wir, wie auch hier
der Inhalt die Form bestimmt und wie ihrerseits die Form wieder
auf den Inhalt zurückwirkt.
In der Formengeschichte der Lyrik zeichnet sich ein ähnlicher Vorgang ab. Auch hier drückte der ritterliche Sänger sowohl der Lied-
als auch der Spruchdichtung in bezug auf Formung und Inhalt seinen Stempel auf. Besonders in der Lyrik verwirklichte sich das ver-
feinerte Formgefühl der hochhöfischen Feudalkultur am augen-
scheinlichsten. Im Versbau der Lyrik setzte sich das Ideal der
„mâze" am frühesten und konsequentesten durch, wobei die Blütezeit des Minnesangs auch eine Blüte der künstlerischen Formen
brachte.
Überall dort, wo der Inhalt erstarrt und sich kaum weiterent-
wickelt, muß auch die Form ihres Gehaltes entleert werden und

weitgehend erstarren. Das läßt sich besonders deutlich an dem von Handwerksmeistern seit dem 14. Jahrhundert zunftmäßig ausgeübten deutschen Meistergesang beobachten. Bald nach seiner Entstehung erstarrte er inhaltlich wie formal. Am Ende des 16. Jahrhunderts war er historisch überholt und konnte keine nennenswerte Kunstleistung mehr hervorbringen. Dagegen hat sich das gleichzeitige Volkslied nach Inhalt und Gestalt die lebensechte Frische, Wirklichkeitsfülle und Unmittelbarkeit wahrer Kunst bis heute bewahrt (vgl. S. 150 ff.). Daß aber auch die Meistersinger – jetzt allerdings außerhalb ihrer engen Zunft und Singschule – dort anders dichten und lebensnähere Formen entwickeln konnten, wo sie für ein breiteres Publikum aus allen Schichten des Volkes schufen, beweisen ihre zahlreichen und zum Teil durchaus bedeutenden Schwänke und Fastnachtsspiele, wofür sie den mehr volkstümlichen Knittelvers wählten. Hans Sachs' Meistergesänge sind zumeist längst vergessen, seine Schwänke aber leben wie seine Fastnachtsspiele noch heute als kulturelles Erbe unseres Volkes fort.

Um die Wende zum 17. Jahrhundert setzte eine völlige Neuorientierung des geistigen Lebens und der wertenden Haltung ein. Vorausgegangen waren große ideologische Bewegungen des jungen Bürgertums (Renaissance, Humanismus und Reformation) und die revolutionären Erhebungen der Bauern, die folgenschwere Niederlage im Großen Deutschen Bauernkrieg, die Wirren der Gegenreformation sowie die Festigung der Macht der einzelnen Fürsten. Die territoriale Entwicklung zum deutschen landesfürstlichen Absolutismus hatte begonnen. Während sich im übrigen Europa die von einer starken Bourgeoisie unterstützten Nationalstaaten herausbildeten, blieb im Gegensatz dazu Deutschland zerrissen und gespalten. Aber gerade in der Dichtung und in der Sprache zeigte sich der Wille nach breiter nationaler Geltung. In engem Zusammenhang damit steht, daß – wie auch in den anderen Ländern – die lateinische Sprache immer mehr an Bedeutung verlor und durch neue Dichtung in der Muttersprache abgelöst wurde. Immerhin begannen aber Paul Fleming und Andreas Gryphius noch mit Lyrik in lateinischer Sprache. Die besondere Lage in Deutschland macht erklärlich, daß die Dichter ihr Augenmerk mehr und mehr auf die in ökonomischer, politischer und kultureller Hinsicht weiter fortgeschrittenen Länder, also auf Italien, England, Holland und vor allem auf Frankreich richteten.

Die Stärkung des Feudalabsolutismus brachte sowohl die Abhängigkeit der Dichter von der höfisch-adligen Gesellschaft als auch eine neue Orientierung auf diese Kreise und auf ein höfisch beeinflußtes oder gebundenes Bürgertum mit sich. Dadurch wurden – von Ausnahmen abgesehen – für lange Zeit breite Schichten des Volkes von der Entwicklung zur nationalen Literatur ausgeschlossen. Als Ganzes gewannen erst in der zweiten Hälfte des 18. Jahrhunderts im vorklassischen Sturm und Drang die breiten Volksmassen wieder Bedeutung für die deutsche Literatur. Ganz abgerissen ist die Entwicklung der Volkspoesie niemals, nur stand sie etwa anderthalb Jahrhunderte lang völlig im Schatten einer höfisch orientierten bürgerlichen wie auch spätfeudalen Dichtung. Das wirkte sich natürlich auch im metrischen Bereich aus. Die heimischen Formen des Volksliedes oder des Knittelverses wurden von Opitz' Versreform überhaupt nicht beachtet, ja, sein Satz, wonach jeder Vers entweder ein Trochäus oder ein Jambus sein soll, schloß die freigefüllten volkstümlichen Verse von vornherein aus. Nur bedingt hat auch das Volkslied auf das „Kunstlied" des 17. Jahrhunderts – etwa im sangbaren Gesellschaftslied – Einfluß nehmen können. Größer war seine Bedeutung allerdings für das Kirchenliedschaffen, das seinerseits auch wieder das Kunstlied beeinflußte.

Andererseits brachte die Hinwendung zum französisch-holländischen Vorbild nicht nur in inhaltlicher, sondern auch in metrisch-formaler Hinsicht manche Bereicherung. Bedenkt man, daß ein großer Teil der damaligen deutschen Literatur überhaupt nur aus Übersetzungen bestand (Übersetzen war damals nichts Zweitrangiges und wurde in der Wertschätzung kaum unter eigenes Erfinden gestellt!), so versteht man, wie mit dem Inhalt auch die neue dazugehörige Form übernommen wurde. Daraus erklärt sich, warum der Alexandriner und der gemeine Vers in der Literatur des 17. Jahrhunderts und auch noch des 18. Jahrhunderts so große Verbreitung gefunden haben, kam in ihnen doch ein Zwang zum Einfügen in eine feste vorgegebene Ordnung zum Ausdruck, worin sich der Machteinfluß der herrschenden Klasse und ihrer Kultur zeigte. Für die Entwicklung der Lyrik aber war noch eine andere inhaltliche wie formale Bindung wichtig, die Bindung an die weitgehend vom Italienischen her beeinflußte Musik. In der Verbindung mit der Musik kam man zum erstenmal in Deutschland zu Versen mit vorherrschenden dreisilbigen Takten (zu Daktylen und schweren Daktylen) und zu ganz neuen Versarten (etwa zu Madrigalversen).

Nach unseren Einsichten in das dialektische Wechselverhältnis zwischen Form und Inhalt, auch zwischen Sprachstoff und metrischer Gestaltung, ist es selbstverständlich, daß die fremden Versformen nicht unverändert übernommen werden konnten. Der ganz anderen Art der deutschen Sprache entsprechend, deren Akzentverteilung nach festen Gesetzen streng geregelt ist, nahm z. B. der Alexandriner einen ganz neuen Charakter an und wurde noch starrer – und manchmal auch klappernder – als im Französischen, wo auf sprachliche Hebungen und Senkungen keine so große Rücksicht genommen zu werden brauchte. Deshalb erreichte der deutsche Alexandriner von vornherein nicht jene Fülle des Ausdrucksreichtums, die diesem Versmaß im Französischen eigen ist. Im Verlaufe der Entwicklung veränderte er seine Ausdrucksmöglichkeiten und seine Aussagekraft, auch wenn diese Veränderung im metrischen Schema nicht in Erscheinung tritt. Es ist auch für den Aussagewert durchaus nicht gleichgültig, ob ein Versmaß in der Lyrik, im Sinnspruch (z. B. bei Logau), in der Tragödie oder im Lustspiel gebraucht wird.

Um die Mitte des 18. Jahrhunderts beobachten wir in der deutschen Literaturgeschichte den Beginn einer neuen Phase. Die Überwindung der höfisierten Haltung und Gesinnung und damit auch des französischen Klassizismus, der noch für Gottsched Muster und Ziel literarischen Schaffens war, fand in der Versgeschichte folgerichtig seinen Ausdruck im Bruch mit dem Alexandriner. Doch ist es nicht so, daß dies ein völlig gleichlaufender und in allen Etappen gleichzeitiger Prozeß gewesen wäre; im Gegenteil, die neuen aus dem Emanzipationskampf des Bürgertums erwachsenen Inhalte waren schon vorher da, deuteten sich bereits in den alten Formen an, bis endlich der Zeitpunkt erreicht war, da der neue Gehalt die metrische Einengung sprengen mußte, da der Dichter – um mit Schiller zu sprechen – nicht mehr jedes Gefühl, jeden Gedanken in dieses „Bette des Prokrustes" zwingen wollte und konnte. So verzichtete man im bürgerlichen Trauerspiel ganz auf die gebundene Sprache (vgl. Lessings „Emilia Galotti" und Schillers „Kabale und Liebe"), nachdem sich in der Epik, und namentlich im Roman, die Prosa endgültig durchgesetzt hatte.

Innerhalb des Prozesses der Herausbildung einer eigenständigen bürgerlichen Ideologie nimmt die deutsche Klassik eine besondere Stellung ein. Sie hält der Misere ihrer deutschen halbfeudalen und halbbourgeoisen Wirklichkeit ihre idealen Forderungen entgegen, um der Begrenztheit ihres bürgerlichen trivialen Daseins zu entgehen. Die deutschen Dichter der Klassik wollten das Menschlich-Große des Bürgertums und das National-Bedeutsame in ihren Werken gestalten und mußten deshalb, um sich auf die Höhe der Zeit zu erheben, die eigene deutsche Wirklichkeit poetisch erhöhen. Das beeinflußte Stoffwahl (aus der Antike, der Geschichte; bedingt auch aus dem Gegenwartsgeschehen) und Stilmittel; „denn nur der große Gegenstand vermag/Den tiefen Grund der Menschheit aufzuregen" (Schiller). Insbesondere bot der Vers Möglichkeiten der Überhöhung des Sprachstils. Goethes Umarbeitung seiner „Iphigenie" von der Prosa- zur Versfassung deutet z. B. an, daß die Klassiker auch im Drama nicht völlig auf die sprachlich stilisierende Form des Verses verzichten wollten; ähnliches gilt für das Epos.

Welchen Wert unsere Klassiker der Wahl einer adäquaten metrischen Form beimaßen, geht aus einem Brief von Schiller an Goethe vom 24. November 1797 hervor, in welchem Schiller ausführlich die Prinzipien darlegt, die ihn bei der Versbearbeitung des ursprünglich in Prosa geplanten „Wallenstein" geleitet haben. Hier wird deutlich, wie wenig die Versifizierung einen nur äußerlichen Vorgang bedeutet:

„Ich habe noch nie so augenscheinlich mich überzeugt als bei meinem jetzigen Geschäft, wie genau in der Poesie Stoff und Form, selbst äußere, zusammenhängen. Seitdem ich meine prosaische Sprache in eine poetisch-rhythmische verwandle, befinde ich mich unter einer ganz anderen Gerichtsbarkeit als vorher, ... Man sollte wirklich alles, was sich über das Gemeine erheben muß, in Versen wenigstens anfänglich konzipieren, denn das Platte kommt nirgends so ins Licht, als wenn es in gebundener Schreibart ausgesprochen wird ...
Der Rhythmus leistet bei einer dramatischen Produktion noch dieses Große und Bedeutende, daß er, indem er alle Charaktere und alle Situationen nach

Einem Gesetz behandelt und sie, trotz ihres innern Unterschiedes, in Einer Form ausführt, dadurch den Dichter und seinen Leser nötiget, von allem noch so Charakteristisch-Verschiedenen etwas Allgemeines, rein Menschliches zu verlangen. Alles soll sich in dem Geschlechtsbegriff des Poetischen vereinigen, und diesem Gesetz dient der Rhythmus sowohl zum Repräsentanten als zum Werkzeug, da er alles unter Seinem Gesetze begreift. Er bildet auf diese Weise die Atmosphäre für die poetische Schöpfung, das Gröbere bleibt zurück, nur das Geistige kann von diesem dünnen Elemente getragen werden."

Das gegenseitige Bestimmungsverhältnis zwischen Form und Inhalt ist damit treffend erfaßt und formuliert, und Goethe stimmte hier ausdrücklich zu. Als adäquates Maß aber mußte sich der Blankvers beinahe von selbst anbieten. Vor allem Shakespeare, dessen von der Ideologie der Renaissance erfülltes, an nationalen wie volkstümlichen Gehalten reiches realistisches Werk auf die deutsche Dramatik seit Lessing stärksten Einfluß ausgeübt hat, hatte dieses Versmaß mit Erfolg verwendet. Die Geschichte der Shakespeare-Rezeption zeigt, wie man sich auch hier erst zur adäquaten deutschen metrischen Gestaltung vortasten mußte. Die überragende Schlegel-Tiecksche Übersetzungsleistung steht doch erst am Abschluß einer ernsthaften Bemühung um den „deutschen Shakespeare", wobei es anfänglich auch an Prosaübertragungen, etwa von Wieland, nicht gefehlt hat. Der Blankvers bot den deutschen Dichtern gerade das, was sie brauchten: Regel und Gesetz bei weitgehender Freiheit. Er war Bindung und Freiheit zugleich. Der Blankvers war reimlos und entbehrte daher des einengenden ständigen Zwanges, nach korrespondierenden Reimklängen zu suchen. Der Vers lebte geradezu vom Enjambement und gestattete daher das Weiterführen des Satzes über die Versgrenze hinaus. Hinzu kam das kunstvolle Ausnutzen der metrisch nicht vorbestimmten Zäsuren, der Verseinschnitte. Der Satz konnte mitten im Vers enden oder neu beginnen. Ein Blankvers konnte sogar auf mehrere Sprecher verteilt werden, ein Kunstgriff, den später besonders Heinrich von Kleist in seinen Dramen gerne anwendete. So verbinden sich gerade im Blankvers Gesetz und Zufall zu einer sinnvollen Einheit. Wo der Vers endet, weist der Satz über ihn hinaus, und wo der Satz aufhört, drängt der Vers weiter. Damit unterstützt die charakteristische Spannung zwischen Vers und Satz wirkungsvoll die dramatische Grundhaltung. Wo die Stimmung ausgeglichener und lyrischer wird, vermindert sich auch dieser Spannungsunterschied. Wie verschieden Blankverse aber im einzelnen gestaltet sein können, sollten die Proben auf S. 176 ff. beweisen.

Doch auch der Blankvers paßte nicht für alle dramatischen Stoffe. So wählte Schiller dieses Maß nur für die beiden letzten Stücke der Wallenstein-Trilogie, während er im „Lager" die einfachen Soldaten, die Bauern und das Lagervolk in Knittelversen reden ließ, ein Versmaß, das man einige Zeit zuvor neu aus der Volkspoesie und aus der Dichtung der Hans-Sachs-Zeit gewonnen hatte. – Auch Goethe hat bekanntlich in seinem „Faust" die verschiedensten Versarten verwendet, wobei die freien „Faustverse" der Dichtung die haltgebende Versstruktur verleihen, weil sie alle anderen Maße in sich aufnehmen können. Der Wechsel der Versarten ist aber nicht zufällig, sondern erwächst gesetzmäßig aus den Forderungen des aussagereichen und vielfältigen Inhalts.

Die bürgerliche deutsche Klassik ist auch dadurch gekennzeichnet, daß es ihr gelang, die Schranken höfisch-klassizistischer Kunstauffassung zu durchbrechen und zu einem neuen Bild von der Antike zu kommen. Hier suchte und fand das deutsche Bürgertum humanistische Ideale, für die es in der deutschen Wirklichkeit noch keine Entsprechung gab. An der Antike zogen Inhalt und Gehalt an, gleichzeitig fand man „edle Einfalt und stille Größe" (Winckelmann) auch in der Form bestätigt. Von der „Nachahmung" und Verarbeitung der Inhalte schritt man daher – „antiker Form sich nähernd" (Goethe) – auch zur Nachbildung der adäquaten Formen vor. Im Bereich des Metrischen zeigt sich das deutlich in dem Versuch, für die antiken Vers- und Strophenmaße eine genaue deutsche Entsprechung zu finden. Aufschlußreich ist auch hier wieder die Geschichte der Übersetzungen. Homers Epen wurden zunächst in Prosa, in reimlose Alexandriner, dann auch in Blankverse übertragen, bis 1781 Johann Heinrich Voß die annähernd versgetreue Nachbildung des antiken Hexameters gelang, nachdem bereits dreiunddreißig Jahre früher Klopstock mit den ersten Gesängen seines „Messias" die Eignung des Hexameters auch für die deutsche Epik bewiesen hatte. Dort, wo die Dichter der Klassik nach größerer epischer Gestaltung im Sinne der Antike strebten, wählten sie nun bezeichnenderweise dieses antikisierende Versmaß, so Goethe im „Reineke Fuchs" und in „Hermann und Dorothea". Dabei spielt in diesem Zusammenhang keine Rolle, daß der deutsche Hexameter einen völlig anderen Versgang und Charakter hatte als der antike. Wichtig ist allein, daß Dichter und Publikum, von antikem Bildungsgut beeindruckt, glaubten, sich in antiken Rhythmen zu bewegen.

Diese Dichtungen gehören mit zu den eindrucksvollsten, der Antike verpflichteten Leistungen unserer bürgerlichen Klassik,

einer historisch abgeschlossenen Phase der deutschen Literaturgeschichte.

Die antike Formkunst beeinflußte auch die Entwicklung der
deutschen Lyrik. Wieder ist es so, daß man die Größe und Er-
habenheit der antiken Ode schon ziemlich früh nachzubilden versucht hat (wie ja auch „Ode" im Sprachgebrauch der damaligen
Zeit ein Gedicht von einem bestimmten Stil und innerer Haltung
meint; dasselbe gilt auch für den Begriff der „Elegie"). Erst auf
einer bestimmten Stufe kam zur Nachahmung des Inhalts auch die
der metrischen Form. Ganz offensichtlich wurde dieser Zeitpunkt mit dem Wirken Klopstocks, Voß' und Höltys erreicht.
Vorbild war ihnen vor allem die lateinische Odendichtung des
Horaz. Später wird die Ode dann vor allem von Friedrich Hölderlin und von August Graf von Platen gepflegt. Als Ganzes ist
auch die Odendichtung Ausdruck der klassischen Bestrebungen
einer abgeschlossenen Literaturperiode, worüber auch vereinzelte
Nachklänge im 20. Jahrhundert – so bei dem bürgerlich-christ-
lichen Dichter Rudolf Alexander Schröder – nicht hinwegtäuschen
können. Wirklich volkstümlich ist die Odendichtung kaum geworden. Daß die Odenform für bestimmte Inhalte auch heute noch
eine relative Berechtigung haben kann, soll damit nicht geleugnet
werden.

(Wie man in unserem Jahrhundert aus ganz anderen Ansätzen
heraus zu ähnlichen festgefügten und zugleich freien Strophen
kam, haben wir auf S. 216 angedeutet. In ihrem Ergebnis scheinbar
ähnlich, sind diese Strophen ihrer Entstehung und ihrer Haltung
nach doch völlig verschieden.)

Für das deutsche Bürgertum des ausgehenden 18. Jahrhunderts
war Weltoffenheit eine Lebensnotwendigkeit, wollte es nicht in
seiner eigenen feudal bedrückten Enge ersticken. So kommt es,
daß man sich auch die Schätze der Weltliteratur – ein Wort, das
erst jetzt, und zwar bezeichnenderweise von Goethe, geprägt
wurde – aufzuschließen suchte, wobei das neue Geschichts-
bewußtsein den Blick freigab auf das geschichtlich bedingte Ge-
wachsensein der Formen. Englische, italienische, französische, spanische Verse und Strophen wurden möglichst formgetreu nachgebildet, wobei neben Terzinen vor allem die Stanze und das Sonett gepflegt wurden. Das Sonett zählt noch heute zu den Haupt-

formen lyrischer Kunst. Auch morgenländische Vorbilder fanden Eingang in die deutsche Dichtung, so durch Rückerts und Platens Nachbildung des persischen Ghasels. Bei aller Problematik hinsichtlich der ideologisch-restaurativen Rolle der Romantik hat diese Literaturströmung ebenfalls viel zum formalen Ausbau und zur schöpferischen Weiterentwicklung der deutschen Verskunst beigetragen.

Die deutsche Klassik hatte ihre nationale Aufgabe aber nur dadurch erfüllen können, daß sie neben dem humanistischen Bildungsgut der Antike und anderer vorgeprägter Nationalkulturen auch die kunstschöpferische Leistung der breiten Volksmassen mit einbezog. Mit der Aufnahme, Pflege und Weiterführung der deutschen Volkspoesie sind unlösbar die Namen Herder, Bürger, Goethe u. a. verbunden. Von dieser Zeit an ist der Einfluß des Volksliedes auf den metrischen Formenschatz der deutschen Lyrik nicht mehr wegzudenken. Er reicht über Uhland, Eichendorff, Chamisso, Mörike, Heine, Weerth und andere bis zu Weinert, Brecht und Becher, um nur einige markante Namen herauszugreifen.

Zu Beginn des 19. Jahrhunderts war die Pflege der deutschen Volkspoesie durch die Romantiker nicht zuletzt Ausdruck des wachsenden deutschen Nationalbewußtseins, dem gerade während der nationalen Unterdrückung durch Napoleon und der Zeit der Befreiungskriege geschichtliche Bedeutung zukam. Doch drückt sich das Verhältnis des deutschen Bürgertums zu den realen Bedürfnissen und den revolutionären Ideen der Volksmassen auch in seiner Stellung zu deren Kunstbetätigung zur „zweiten Kultur" (Lenin), aus. Allzu Oppositionelles und Progressives wurde ausgeschieden oder umgedeutet. Im Versbereich findet das eine deutliche Parallele in den metrischen Glättungen und Überarbeitungen in der 1806 entstandenen Sammlung „Des Knaben Wunderhorn" von Arnim und Brentano. So bedeutet diese Vermittlung durch die Romantiker in formaler Hinsicht wiederum eine gewisse Beschränkung alten Reichtums.

Die weitgehende Aneignung und Nutzbarmachung der fremden wie der eigenen Formen bilden nun auch den Hintergrund und die Voraussetzung für eine der wichtigsten formgeschichtlichen Leistungen aus der Goethezeit: unter Verwendung der überkommenen Formen dringen die Dichter zur einmaligen, organisch von innen her gewachsenen Gestalt vor, die nun dem Inhalt völlig adäquat ist. Goethes „Wandrers Nachtlied" („Über allen Gipfeln ist Ruh") oder Mignons Lied „Kennst du das Land" zum Beispiel sind nicht nur von ihrem Inhalt, sondern auch von ihrer Gestalt her – wozu auch die metrische Formgebung gehört – unwiederholbar.[1] Solche Gedichte sind Gipfelleistungen, wie sie seit der Klassik immer wieder als erstrebenswert empfunden werden.

Die einmalige Form wird am überzeugendsten in den freien Rhythmen erreicht. Sie stellen eine Neuschöpfung der Klopstock-Goethe-Zeit dar. Schon in Klopstocks Oden, später in Goethes freien und volkstümlichen Versen, danach insbesondere in Hölderlins Odendichtung erkennen wir, wie die sprachliche Bewegung und Ergriffenheit die Versgrenzen überfluten und wie schließlich der neue weltanschauliche Gehalt, verbunden mit einem fast überstarken Gefühl, die Verse von innen her sprengt. Die feste metrische Bindung wurde aufgegeben und durch Anklänge an die alten Versformen ersetzt. Die so entstandenen freien Rhythmen sind der formgeschichtliche Ausdruck des Stürmens und Drängens der jungen bürgerlichen Generation am Ausgang des 18. Jahrhunderts. Es dürfte kein Zufall sein, daß gerade große weltanschauliche Fragen in dieser Versart gestaltet werden. Wir erinnern nur an Klopstocks „Genesung", das erste uns bekannte Gedicht in freien Rhythmen von 1754, oder an seine „Ode" (!) „Die Frühlingsfeier". Für Goethe mag der Hinweis auf sein Empörertum im „Prometheus" oder auf den humanistischen Gehalt seines Gedichtes „Das Göttliche" („Edel sei der Mensch") genügen. Ähnliches ist auch bei Hölderlin, zum Beispiel in „Hyperions Schicksalslied", ja selbst noch in Heines „Nordseebildern" zu beobachten. Daß der Gehalt jedoch immer ein anderer ist, ist wohl selbstverständlich. Natürlich können die freien Rhythmen noch andere Inhalte aufnehmen, doch setzen sie im allgemeinen eine hymnisch-gehobene Grundhaltung voraus.

Die freien Rhythmen stellen Grenzformen metrischer Gestaltung dar. Wo die tragende, starke innere Begeisterung fehlt, gehen sie

---

[1] Vgl. dazu vor allem W. Mohr, „Zu Goethes Verskunst". In: „Wirkendes Wort" 1953/54, auch seine Formulierung: „Die gewachsene Form einerseits, das geschichtsbewußte Formsymbol andererseits, man muß sie als Pol und Gegenpol verstehen."

in rhythmisierte Prosa über, die nach Sprechreihen abgeteilt wird. Diesen Schritt hat am Ende des 19. Jahrhunderts Arno Holz auch theoretisch zu begründen versucht. Er forderte, die freien Rhythmen Goethes oder Heines, die er nicht frei glaubte „von jenem falschen Pathos, das die Worte um ihre ursprünglichen Werte bringt", zu ersetzen durch die „natürlichen Rhythmen". Nicht der Vers soll die Einheit und rhythmische Struktur geben, sondern die willkürlich gewählte Zeile. Damit wird in der Spätzeit bürgerlicher Kunst auch theoretisch auf jede objektivierende metrische Bindung verzichtet. Wie die Inhalte ständig in Gefahr sind, nur vom Augenblickserlebnis getragen zu werden und sich ins rein Subjektive zu verlieren, so lebt auch die Form nur noch in willkürlicher Einmaligkeit, mit der der Dichter alle Nuancen seiner Augenblicksempfindung oder intellektuellen Reflexion festzuhalten versucht.[1] Wie unsicher aber dieser Boden ist, hat schon Arno Holz selbst durch die zahlreichen Überarbeitungen seines „Phantasus" bewiesen, in dem die Zeilen immer wieder anders aufgeteilt wurden. Die Aufgabe der Versform bedeutet überdies den Verzicht auf die objektivierende Kraft des metrischen Gesetzes und z. T. auch auf Klangschönheit, die dem Leser oder Hörer bereits die rhythmische Bereitschaft für die Aufnahme des Inhalts wecken können.

Aber die formalen Verfallserscheinungen spätbürgerlicher Kunstübung, wie sie im Zeitalter des Imperialismus und der sozialistischen Revolutionen in der Dekadenzliteratur sichtbar werden, bildeten doch nur eine Seite des natürlich nicht auf Deutschland beschränkten historischen Prozesses. Auf der anderen Seite ist eine Überkultivierung der Form zu verzeichnen, die auch dem Vers neue Reize und Wirkungen zuführt, jedoch durch die Überbetonung des Formalen sowie eine subjektivistische Wirklichkeitsentfremdung des Inhalts schließlich zum Formalismus ausartete.

[1] Vgl. dazu aus der bürgerlichen „Gegenwarts"lyrik:

> Heute noch in einer Großstadtnacht
> Caféterrasse
> Sommersterne,
> vom Nebentisch
> Hotelqualitäten in Frankfurt
> Vergleiche,
> die Damen unbefriedigt
> wenn ihre Sehnsucht Gewicht hätte
> wöge jede drei Zentner.
> (Benn, Teils-Teils)

Daneben förderte dieser Zeitraum Stoffe, die ihrem Gehalt nach so neu sind und in ihrer Gestaltung in die sozialistische Zukunft weisen, daß sie sich tatsächlich nicht mehr in die alten metrischen Formen zwingen lassen. Dafür bietet in der Weltliteratur die Lyrik des sowjetischen Dichters Majakowski ein hervorragendes Beispiel. Aber auch die deutsche Lyrik kennt freiere Formen. Sie stellen sich besonders dort ein, wo wir lyrische, stark gefühlsbetonte oder sehr nachdrücklich gemeinte Berichtsformen haben, zum Beispiel bei Bertolt Brecht in „Fragen eines lesenden Arbeiters", in „Die unbesiegliche Inschrift" oder etwa in dem Schlußteil des folgenden Gedichts:

Gingen wir doch, öfter als die Schuhe die Länder wechselnd,
Durch die Kriege der Klassen, verzweifelt,
Wenn da nur Unrecht war und keine Empörung.

Dabei wissen wir doch:
Auch der Haß gegen die Niedrigkeit
Verzerrt die Züge.
Auch der Zorn über das Unrecht
Macht die Stimme heiser. Ach wir,
Die wir den Boden bereiten wollten für Freundlichkeit,
Konnten selber nicht freundlich sein.
Ihr aber, wenn es soweit sein wird,
Daß der Mensch dem Menschen ein Helfer ist,
Gedenkt unsrer
Mit Nachsicht.

(Brecht. Aus: An die Nachgeborenen)

Die Zeileneinteilung ist hier keineswegs zufällig oder gar willkürlich. Das zeigt sich auch darin, daß man sie nicht ändern kann, ohne damit zugleich die Kraft der ganzen Aussage zu zerstören. Die Zeilengliederung ist nicht metrisch bedingt, sondern sie folgt dem Gesetz des Inhalts. Dabei nutzt der Dichter wirkungsvoll die uns vom Vers her bekannten Möglichkeiten des Enjambements. Dasselbe können wir auch sonst in unserer Gegenwartslyrik beobachten:

Am 2. Mai –
In der Sowjetunion ein Feiertag, denn
Der 1. allein
Kann die Freude, den Stolz nicht fassen –

Am 2. Mai hatte mein Freund –
Er war dem Konzentrationslager in Deutschland
Kürzlich entronnen –
Geburtstag.

(Herzfelde, An eine Moskauer Straßenbahnschaffnerin)

Mögen diese Gedichte auch rein äußerlich denen im freien Zeilenstil spätbürgerlicher Dichter ähneln, so sind sie als Ganzes doch grundverschieden. Die Einmaligkeit der Aussage ist nicht mehr Selbstzweck, sondern ist Ausgangspunkt für die Gestaltung des Allgemeingültigen, ja manchmal sogar des Monumentalen. Damit gewinnen die Dichter neue Ausdrucksformen für die progressivparteiliche Gestaltung der gesellschaftlichen Wahrheit und des Typischen. Von diesem Gehalt aus gewinnt die von innen her mitgewachsene rhythmische (nicht metrische!) Form ihre künstlerische Berechtigung und ihren objektiven Wert. Wieder zeigt sich, daß jede echte Analyse von dem dialektischen Inhalt-Form-Verhältnis auszugehen hat, weil die bloße Formbetrachtung notwendigerweise zu falschen Ergebnissen – in diesem Falle Gleichsetzungen – führen muß.

Verfolgt man die Entwicklung des Formbestandes von der Klassik bis zur Gegenwart, so bemerkt man, daß sich das Verhältnis zum Vers gewandelt hat. Epische Werke sind in Versform kaum noch möglich, Romane und Novellen in Versen sind Ausnahmen, die die Regel nur bestätigen. Auch im Drama ist der Vers mehr und mehr zurückgedrängt worden. Die neuen Inhalte verlangten nach ungebundeneren Ausdrucksformen. Ein naturalistisches, auf soziales Milieu und Detailtreue orientiertes Drama zum Beispiel ist von seiner Haltung her in Versen überhaupt nicht denkbar. Goethes Forderung und Bestätigung der Schillerschen Überlegungen zum Wesen von Vers und Prosa (s. S. 239): „Alle dramatische Arbeiten (und vielleicht Lustspiel und Farce zuerst) sollten rhythmisch sein" gilt nach der inhaltlichen Wandlung der dramatischen Dichtung infolge der veränderten gesellschaftlichen Bedingungen seit jener Zeit heute nur noch sehr bedingt, wie ja auch Schillers Ergebnisse nicht unbesehen auf die Gegenwartsliteratur übertragen werden dürfen. Daß aber auch auf der Bühne der Gegenwart, im sozialistisch-realistischen Drama, der Vers noch seine –

wenn auch an Bedeutung eingeschränkte – Funktion und Berechtigung hat, haben Dichter unserer Zeit bewiesen.

In der Lyrik zeigt sich besonders seit der zweiten Hälfte des 19. Jahrhunderts ein ständiges Vordringen der metrisch-freieren Formen (freie Rhythmen, freie Verse, freie Strophen usw.). Mannigfaltiger – wie die Inhalte – sind auch die Formen der Lyrik geworden. Wieweit heute viel gebrauchte Genres, wie Song oder Kantate, neue metrische Formen hervorgebracht haben, wäre noch im einzelnen zu untersuchen, wobei der Unterschied zwischen gesungenem und gesprochenem Vers nicht außer acht gelassen werden dürfte. Nach wie vor werden auch die traditionellen Vers- und Strophenmaße weiter gepflegt und haben durch neue Inhalte neue Ausdrucksmöglichkeiten und damit auch neue Daseinsberechtigung gewonnen (vgl. etwa Bechers neues Sonettwerk oder seine Verwendung des Alexandriners in unserem Abriß S. 33 ff. u. S. 163 ff.). Aufs Ganze gesehen bestätigt sich auch im metrischen Bereich: die deutsche Literatur der Vergangenheit wie der Gegenwart ist mit ihren unterschiedlichen und sich wandelnden gesellschaftlichen Bedingungen und Voraussetzungen nicht nur reich an Inhalten, sie ist auch reich an Formen.

Literaturhinweise

Für vertiefende Studien verweisen wir auf die folgenden Darstellungen und Handbücher, die auch noch weitere wissenschaftliche Literatur nachweisen. Dabei stellen wir in Rechnung, daß sowohl die Grundfragen als auch Einzelerscheinungen oftmals sehr unterschiedlich beurteilt werden. Darüber hinaus weist unser angehängtes Autorenregister die wissenschaftlichen Arbeiten aus, auf die wir im Text direkt Bezug genommen haben. Die Zahlen beziehen sich auf die Seiten, auf denen der Titel genannt wird.

Siegfried Beyschlag: Altdeutsche Verskunst in Grundzügen. Nürnberg 1969 (6. Aufl. des Buches von 1944: Metrik der mittelhochdeutschen Blütezeit in Grundzügen).

Bertolt Brecht: Über reimlose Lyrik mit unregelmäßigen Rhythmen. 1939. In Versuche 27/32, Heft 12. Berlin 1953.

Dieter Breuer· Deutsche Metrik und Versgeschichte. München 1981.

Andreas Heusler: Deutsche Versgeschichte. 3. Bd.e, Berlin und Leipzig 1925/1929. Nachdruck 1968.

Jens Ihwe (Hrsg.): Literaturwissenschaft und Linguistik. Ergebnisse und Perspektiven. 3 Bd.e, Frankfurt am Main 1971/1972.

Heinz Kahlau: Der Vers Der Reim Die Zeile. Wie ich Gedichte schreibe. Berlin 1974.

Friedrich Kauffmann: Deutsche Metrik nach ihrer geschichtlichen Entwicklung. Marburg 1912. Auf der Grundlage des von Vilmar und Grein 1870 zuerst herausgebrachten Titels.

Wolfgang Kayser: Kleine deutsche Versschule. 7. Aufl., Bern 1961 (1. Aufl. 1946).

Wolfgang Kayser: Geschichte des deutschen Verses. Zehn Vorlesungen. Bern/München 1960.

Jacob Minor: Neuhochdeutsche Metrik. 2. Aufl., Straßburg 1902 (1. Aufl. 1893).

Friedrich Neumann: Versgeschichte (Metrik). In: L. E. Schmitt (Hrsg.): Kurzer Grundriß der germanischen Philologie bis 1500. Berlin 1971. Bd. 2, S. 608 ff.

Hermann Paul: Deutsche Metrik. In: H. Paul: Grundriß der germanischen Philologie. 2. Aufl., Straßburg 1905 (1. Aufl. 1893).

Otto Paul: Deutsche Metrik. 7. Auflage, bearbeitet von Ingeborg Glier, München 1968 (1. Aufl. 1930).

Ulrich Pretzel: Deutsche Verskunst. Mit einem Beitrag über altdeutsche Strophik von Helmut Thomas. In: Deutsche Philologie im Aufriß, hrsg. von W. Stammler. 3. Bd., Sp. 2357 bis 2546. 2. Aufl., Berlin 1962 (1. Aufl. 1957).

Reallexikon der deutschen Literaturgeschichte. Begründet von Paul Merker und Wolfgang Stammler. Berlin 1925 ff. (Artikel zur Verslehre meist von Paul Habermann). 2. Aufl., völlig neu bearbeitet von Werner Kohlschmidt und Wolfgang Mohr. Berlin 1955 ff. (Artikel zur Verslehre u. a. von Wolfgang Mohr, Paul Habermann, Günther Schweikle).

Franz Saran: Deutsche Verslehre. München 1907.

Franz Saran: Deutsche Verskunst. Berlin 1934.

Ernst Stein: Wege zum Gedicht. Eine Einführung in Gedichtbetrachtung und Gedichtbehandlung. Berlin 1966 (Überarbeitung des gleichnamigen Buches. Halle 1963).

Gerhard Storz: Der Vers in der neueren deutschen Dichtung. Stuttgart 1970.

Josef Viktor Stummer: Vers, Reim, Strophe, Gedicht. Ein Lehr- und Lesebuch über das Handwerkliche der deutschen Dichtkunst. Thun und München 1968.

Christian Wagenknecht: Deutsche Metrik. Eine historische Einführung. München 1981.

Autorenregister für die zitierte wissenschaftliche Literatur

Sachregister

Die Zahlen verweisen auf die Seiten. Weitere Hinweise sind dem Text eingefügt.